儿童青少年
足球训练 全书

卢石 编著

人民邮电出版社

北京

图书在版编目（CIP）数据

儿童青少年足球训练全书 / 卢石编著. -- 北京：
人民邮电出版社，2022.10
ISBN 978-7-115-58347-5

Ⅰ. ①儿… Ⅱ. ①卢… Ⅲ. ①青少年－足球运动－运
动训练－教材 Ⅳ. ①G843.2

中国版本图书馆CIP数据核字(2022)第148824号

免责声明

内 容 提 要

本书是专门为我国不同年龄段儿童青少年编写的足球运动训练指南。作者以儿童青少年的生理
发育及心理发展特点为基础，结合自身扎实的理论基础和丰富的实践经验，采用图文结合的形式，
提供了针对不同年龄段儿童青少年的足球运动技术、战术、体能及心理训练的指导。不论是喜爱足
球运动的儿童青少年，还是运动俱乐部教练员和学校体育老师等儿童青少年足球训练指导者，均可
从本书中受益。

◆ 编　著　卢　石
　　责任编辑　刘　蕊
　　责任印制　周昇亮

◆ 人民邮电出版社出版发行　　北京市丰台区成寿寺路 11 号
　　邮编　100164　　电子邮件　315@ptpress.com.cn
　　网址　https://www.ptpress.com.cn
　　临西县阅读时光印刷有限公司印刷

◆ 开本：700×1000　1/16
　　印张：17.25　　　　　　　　2022 年 10 月第 1 版
　　字数：280 千字　　　　　　2022 年 10 月河北第 1 次印刷

定价：99.80 元

读者服务热线：(010)81055296　印装质量热线：(010)81055316
反盗版热线：(010)81055315
广告经营许可证：京东市监广登字 20170147 号

目　录

必要说明

1. 本书中的检查考核部分，由于现实情况的限制，主要采用了定性评价的方式。定量评价的标准尚需在进一步的调查研究之后方能较为科学合理地确定，特别是身体素质的定量评价标准。因此，本书中较少涉及。对于需要进行定量考核的方面，各教练员可以参考《国家学生体质健康标准》和其他专业资源提供的评价标准，例如鲁宾·罗素写作的《球星技术：青少年足球技术训练与测评标准》等。

2. 足球技术、战术的基本内容和数量是相对有限的，例如踢球只有脚内侧、脚背内侧、脚背正面和脚背外侧这几种基本脚法。但技术、战术的水平是可以不断提高的，并且要充分认识到儿童青少年足球训练的核心是提高能力。因此，高中阶段的训练可能出现看似内容和要求与初中阶段的训练的内容和要求相近的部分，此时应当从青少年的实际年龄阶段考虑，提高相应的训练目标，以促进青少年竞技能力的提升，切不能理解为是上一个年龄阶段相应部分的简单重复。

3. 儿童青少年足球训练的原则是多维度的。在不同的年龄阶段和训练过程中，训练原则的应用重点应当有所区别，这是每个教练员与教师在指导具体训练过程时需要分析与考虑的，绝不能一概而论、不分轻重、不分主次。

4. 本书中的训练方法示例，只是相应内容的训练方法方面较为基本的方法，只是希望能起到"抛砖引玉"的作用，而不是起到"一叶障目"、替代其他训练方法的作用。

5. 足球守门员是一个非常特殊的角色，儿童青少年足球守门员的训练方法与其他位置球员的训练方法并不相同。由于篇幅有限，本书不做详细介绍。

6. 为了使训练方法示例统一与规范，也为了使广大教练员与教师更直观地阅读训练方法的内容，本书对训练方法示例中的图示进行了如下统一化要求。

    传球路线用——▶表示。

    跑动路线用┈┈▶表示。

    运球路线用∿∿▶表示。

第 **1** 章　U6及学龄前阶段

1. 训练目标

1. 通过足球游戏引导学龄前儿童对足球运动产生兴趣。

2. 通过足球游戏初步发展学龄前儿童的基本身体控制能力。

3. 通过小型足球比赛培养学龄前儿童团结合作、诚实守信的基本意识与争取胜利的勇敢精神。

4. 通过足球游戏初步培养学龄前儿童形成用双脚处理球的行为习惯。

2. 基本训练内容

2.1　技术训练部分

1. 简单的脚部运球和颠球练习。

2. 多种形式的运球和控球练习。

2.2　战术训练部分

1. 进行小场地、多球门的运球得分或传球得分比赛。

2. 进行小场地、双球门的运球得分或传球得分比赛。

2.3　身体训练部分

借助足球游戏，进行多种方向的跑动练习（如直线跑、曲线跑、折线跑、前进与后退跑等），跳跃和转身的基本步法练习，以及灵活性、协调性、身体平衡和动作节奏感的发展练习。

2.4　心理训练部分

以表扬为主，鼓励儿童多与同伴合作并遵守游戏规则，激发儿童通过自己的努力和与同伴的合作争取胜利的欲望和信心。

2.5 理论学习部分

　　1. 介绍足球大小的分类（3号球、4号球和5号球）和足球运动的分类（十一
人制足球、五人制室内足球和五人制沙滩足球——这些都是有正式规则的
比赛）。

　　2. 介绍球星的励志成长经历。

　　3. 观看高水平的足球比赛。

2.6 比赛检验部分

　　进行小场地的双球门和多球门的小组比赛（如2V2、3V3、4V4和5V5等人
数均等的比赛以及人数不等的比赛），让儿童体验足球运动所带来的快乐。

3. 基本训练方法

3.1 运球准确性游戏

训练目标

1. 培养队员脚、眼配合的协调性与身体
的灵活性。
2. 培养队员以脚触球的用力感觉。
3. 提高队员运球的准确性。

组织方法

区域　直径10m的圆形。
器材　标志盘，球，标志服。
方法　在圆形区域内自由摆放10个标志
盘，让6名队员各自运球触碰标志盘。
变化
1. 根据队员能力调整圆形区域的直径。
2. 改变圆形区域内标志盘的数量。

训练要点

1. 跑动协调，身体平衡。控制脚触球的用力方向。
2. 努力延长脚与球的接触时间，把球控制在离身体1m的范围内。
3. 逐步让队员体会用脚的不同部位运球，如用脚背内侧、脚背外侧、脚底内侧、脚背
正面和脚底运球等。

方法示意图

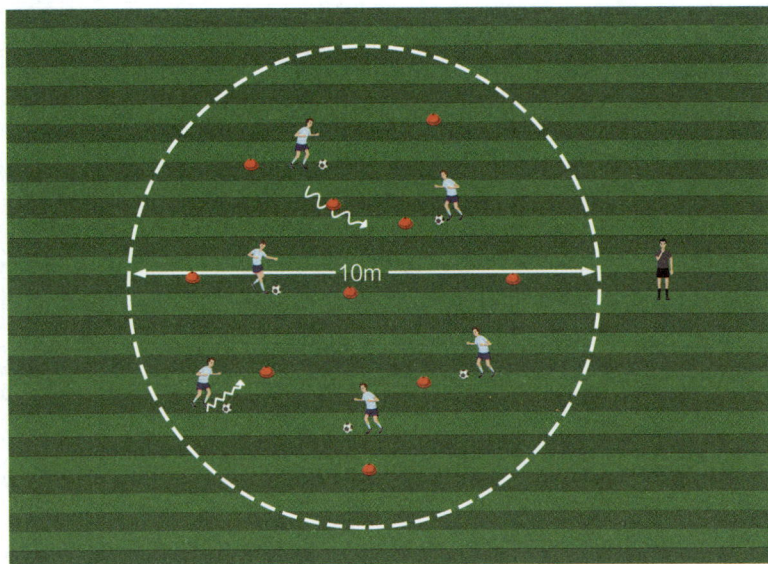

3.2 运球转移游戏

训练目标

1. 培养队员以脚接触球时身体的平衡能力。
2. 培养队员运球时的反应能力。

组织方法

区域　8m×16m。

器材　标志服，球，标志盘，标志桶。

方法　利用标志盘和标志桶围出2块区域。8名队员在1块区域内各自自由运球。教练员给出信号后，队员需快速将球运至另外1块区域。

变化　让队员在听到口令后原地转1圈，然后运球到另外1块区域。

训练要点

1. 运球时身体的协调性。
2. 听到口令后反应要快速。
3. 将球始终控制在离身体1m的范围内。
4. 让队员体会快速用脚背外侧运球。

*本书提供的图片仅为示意图，并未严格按照比例绘制，也未画出所有参训队员的所有运动路径。

方法示意图

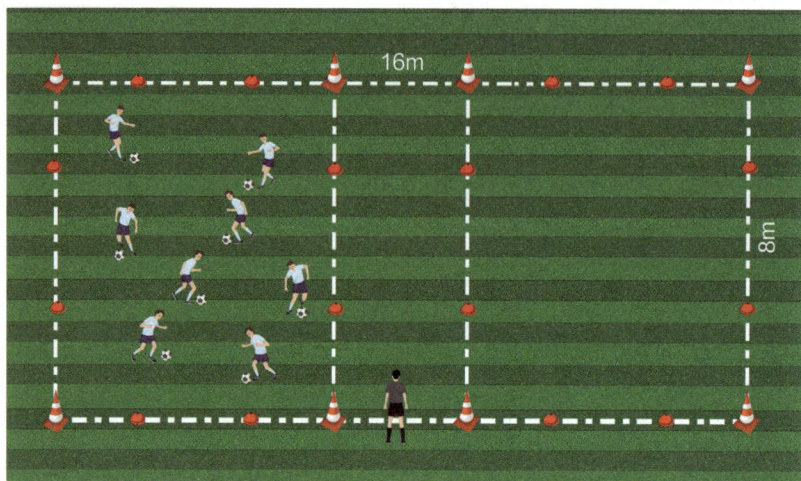

3.3 快速滑雪运球游戏

训练目标

1. 培养队员脚、眼配合的协调性和脚部控球的准确性。
2. 培养队员快速运球时变换方向的能力。
3. 培养队员在游戏中的竞争意识。

组织方法

区域 12m×15m。

器材 标志桶，球，标志服。

方法 在区域内用标志桶设置8个宽2m的球门，让10名队员各自在区域内运球。教练员喊出口令"滑雪"后，队员开始运球并穿过球门（滑雪）。已经穿过的球门不能再次穿过，比较每名队员穿过所有球门用的时间。队员应避免碰倒标志桶，若谁碰倒标志桶，则该队员需将标志桶摆放回原来的位置。

训练要点

1. 运球过程中要注意控制好球。
2. 运球时身体动作要协调。
3. 变向时重心下沉，步幅要小。
4. 避免在运球过程中与其他队员相碰撞。
5. 运球过程中迅速寻找未穿过的球门。
6. 体验用脚背内、外侧运球变向。
7. 注意安全。

方法示意图

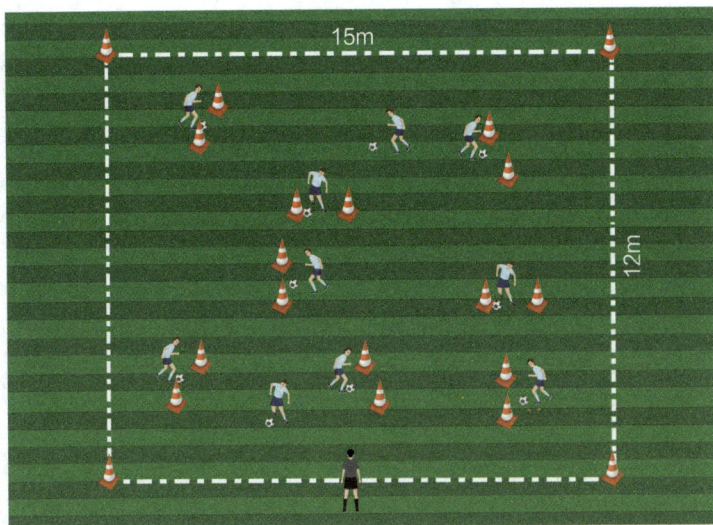

3.4　保护性运球游戏

训练目标

1. 让队员体验运球的乐趣。
2. 培养队员运球时观察四周环境的能力。
3. 培养队员运球变向的能力。
4. 培养队员保护球的能力。

组织方法

区域　9m×12m。

器材　球，标志服，标志盘，标志桶。

方法　7名队员各自运球，另1名队员作为抢球者站在场外。当教练员喊出口令"抢球"或"破坏"时，抢球者进入场地，争取把某一队员的球抢过来。被抢队员可抢其他队员的球。

变化

1. 用手抱球跑。
2. 设置2名抢球者。

训练要点

1. 保持对球的控制。
2. 向远离抢球者的方向运球。
3. 多观察抢球者的位置。
4. 球被抢时，使身体在球与抢球者之间。
5. 注意安全。

方法示意图

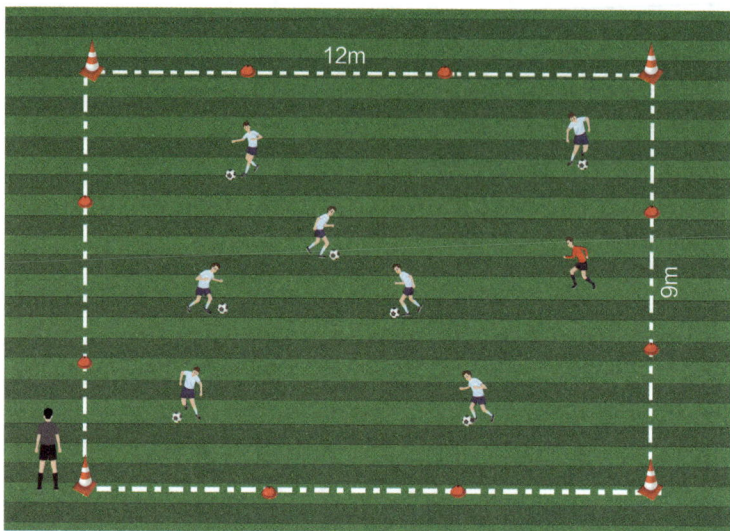

3.5 三角形运球游戏

训练目标

1. 培养队员运球变向的能力。
2. 培养队员遵守练习规则的习惯。
3. 让队员体验运球过程中的脚部推球动作。

组织方法

区域 10m×15m。

器材 球，标志服，标志桶。

方法 8名队员，每4名为1组，每组控1个球。让各组队员围成边长为5m的等边三角形，队员沿着三角形的每条边进行接力运球，比较哪组在规定时间内完成三角形运球的次数多。

变化

1. 改变运球方向。
2. 调整三角形的边长。

训练要点

1. 按照规定的线路运球。
2. 延长脚接触球的时间。
3. 运球时注意身体动作的协调性。
4. 运球脚接触球的部位要准确。
5. 控制球与身体的距离。

方法示意图

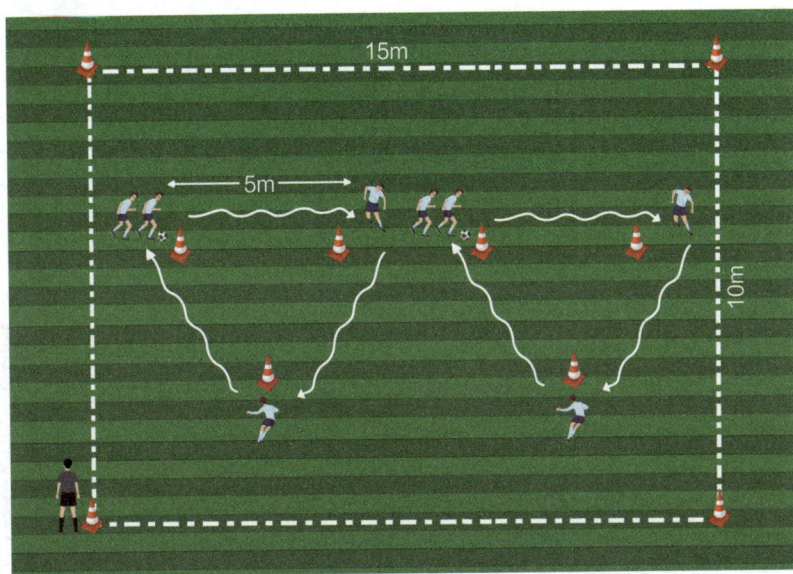

3.6 冰冻游戏

训练目标

1. 培养队员观察和用脚控球相配合的协调性。
2. 培养队员利用规则思考如何"解冻"同伴的能力。
3. 培养队员利用场地大小快速运球变向的能力。
4. 培养队员传球的准确性。
5. 培养队员对足球的兴趣。

组织方法

区域　12m×12m。

器材　球，标志服，标志盘，标志桶。

方法

1. 共6名队员参与，其中1名队员为猎人，其他5名队员交替控球和传球，同时躲避猎人。
2. 如果快要被猎人捉到，队员可大喊"冰冻"，并停止所有动作，则猎人无法抓到该队员。在"冰冻"队员接到其他同伴运来或传来的球后，该队员可"解冻"，即可继续在场地内运动。
3. 达到规定的时间后，"冰冻"队员转换身份为猎人。若队员全部"冰冻"，则任选其中1名队员成为猎人。

训练要点

1. 注意躲避猎人并在快要被猎人抓到前及时喊"冰冻"。
2. 球一旦出界，该队员就成为猎人。
3. 运球时控制好球并有效利用接到球就解除"冰冻"的规则。
4. 队员跑动步频要快，动作要协调、灵活。
5. 转身时要降低重心，用力蹬地，以头、上肢的协调动作带动身体做转身变向动作。

方法示意图

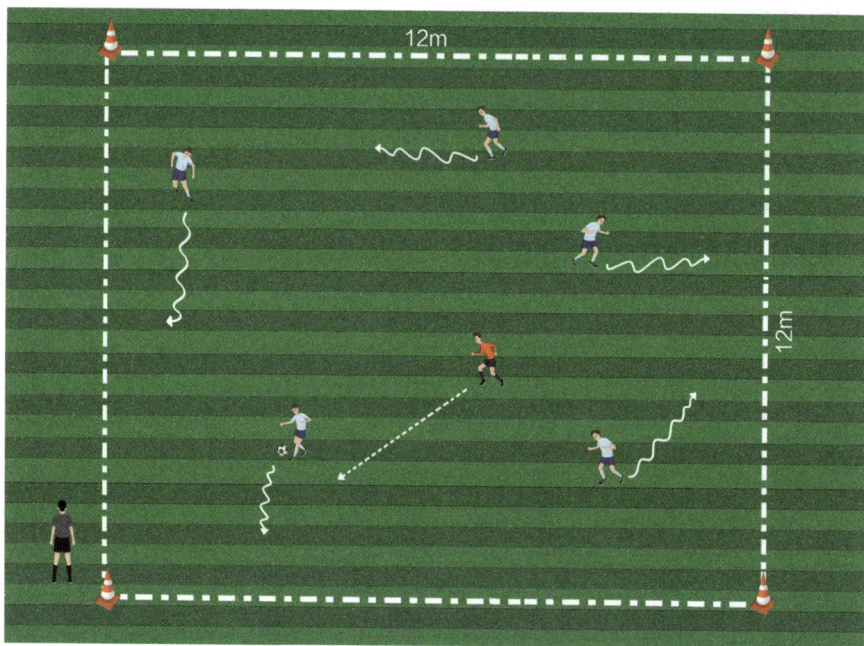

3.7 足球高尔夫游戏

训练目标

1. 培养队员初步观察场地内基本情况的能力。
2. 培养队员控制传球力量的能力。
3. 培养队员准确传球的能力。

组织方法

区域　20m×20m。

器材　球，标志服，标志杆，标志桶，标志盘。

方法　在场地内设置6根标志杆，代表球洞。6名队员，每3名为1组，每人1个球。每名队员都从指定的踢球点开球，除了以脚背或脚的其他部位踢球来代替高尔夫球杆击球外，其他规则类似于高尔夫比赛的规则。球必须击中标志杆才能判定为入洞，每名队员轮流进行，完成所有标志杆的触碰。以最少踢球次数完成全部标志杆的触碰的队员为胜方。

变化

1. 单人比赛。
2. 增加或减少人数或标志杆的数量。

训练要点

1. 体力消耗少，要求注意力集中。
2. 踢球动作要轻柔。
3. 踢球动作要协调。
4. 限定踢球时需用脚内侧、脚背踢球或用左脚踢球。

方法示意图

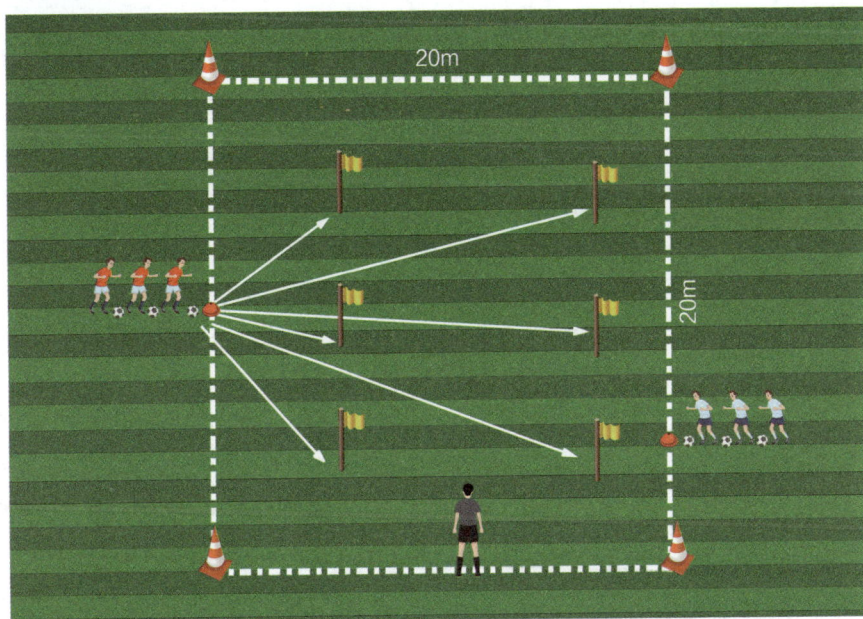

3.8 传球过球门游戏

训练目标

1. 培养队员对取得成功的信心。
2. 培养队员眼、脚配合的协调性。
3. 培养队员准确传球和控制传球力量的能力。
4. 培养队员遵守练习要求的良好习惯。

组织方法

区域 15m×15m。

器材 标志桶，球，标志服。

方法 6名队员，每人1个球。在场地内用标志桶设置若干个2m宽的小球门。让6名队员在场地内自由运球，得到教练员的信号后，用地滚球的方式将球传过离自己最近的球门，然后到球门另一端继续运球，每成功传球1次，队员需振臂欢呼1次"我真棒"。击倒标志桶的队员需将标志桶摆回原来位置。

变化 规定用不同部位传球。

训练要点

1. 运球时体验用踝关节发力来控球的感觉。
2. 运球时身体动作要协调自如。
3. 把握控球、传球时的力量。
4. 传球时要专注，动作要规范。
5. 成功将球传过球门后立即欢呼"我真棒"。

方法示意图

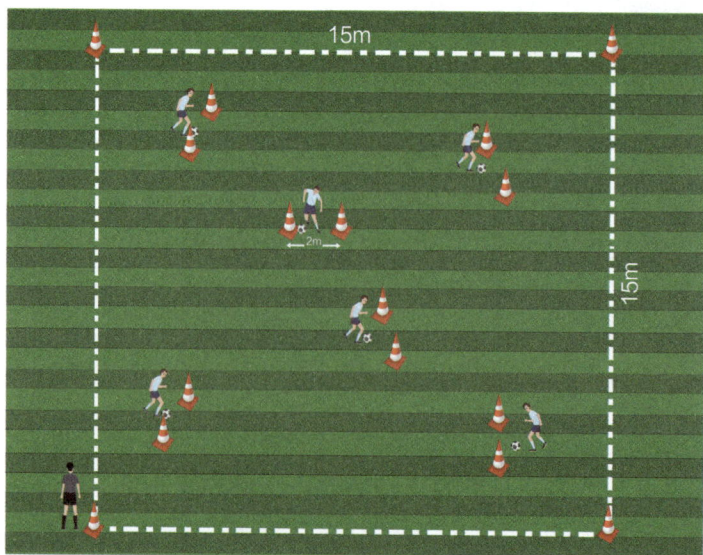

3.9　保龄球练习

训练目标

1. 培养队员准确踢球的能力。
2. 培养队员及时踢球的能力。
3. 培养队员参与练习的积极性。

组织方法

区域　直径5m的圆形。

器材　标志桶，球，标志服。

方法　以中点为圆心设置1个直径为2m的圆形，在圆形区域内放3个标志桶充当保龄球。在此圆的外边再画1个直径为5m的圆形。6名队员参与，其中1名队员在直径为2m的圆形区域外保护保龄球，其他队员在直径为5m的圆形区域外瞄准保龄球并用足球将其击倒。

变化

1. 增加直径为2m的圆形区域内标志桶的数量。
2. 增加大圆形区域的直径。

训练要点

1. 大圆形区域外队员可运球或者向同伴传球并寻找击倒保龄球的机会。
2. 保护保龄球的队员要随时观察场上情况，做到兼顾四周，反应要快。
3. 踢出的球的高度在膝关节以下。
4. 逐步体会用不同部位踢球的动作和技术要点。
5. 注意安全。

方法示意图

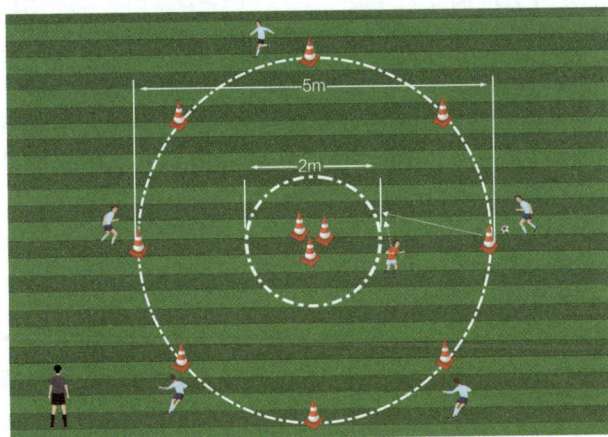

3.10 搬运足球游戏

训练目标

1. 培养队员快速观察、反应的能力。
2. 让队员体会跑动时重心的变化。
3. 培养队员边跑边观察场上情况的能力。
4. 培养队员用脚控制球的能力。

组织方法

区域 15m × 15m。

器材 标志桶，标志服，球。

方法 设置5个边长为2m的正方形区域，进行3V3比赛，蓝队的区域为A区，红队的区域为B区。蓝队队员用手抱球从中间方形区域或B区搬运足球至A区，红队队员用手抱球从中间方形区域或A区搬运足球至B区。在规定时间内看哪一队区域内的球更多。

变化

1. 以用脚运球的方式代替用手抱球。
2. 调整规定时间的长短和场地的大小。

训练要点

1. 有目的地将球运到目标区域。
2. 观察球的位置。
3. 跑动时身体要协调，步幅小、步频快、重心低。
4. 将球控制在一定范围内。

方法示意图

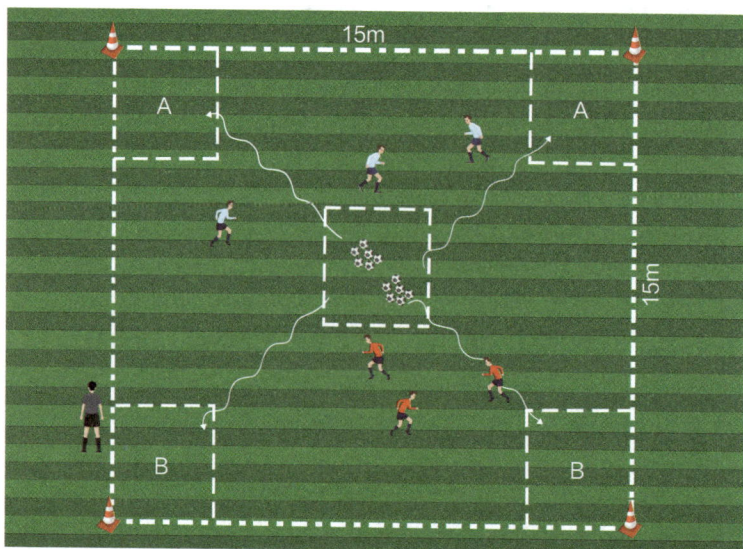

3.11　团队手拉手游戏

训练目标

1. 培养团队行动的一致性。
2. 培养队员传球、接球的能力。
3. 培养队员参与足球运动的积极性。

组织方法

区域　（1m+7m+1m）×6m。

器材　标志桶，标志服，球。

方法　间隔7m画2条平行线，2条平行线后间隔1m各画1条长度相等的线，所有线长为6m。

1. 8名队员，分成2支队伍。2支队伍的队员分别手拉手站成1条线，站在间隔1m的2条线之间。
2. 蓝队队员向红队队员踢球，红队队员接球。如果球出了间隔1m的2条线之间的区域，就由对方得1分；如果没有，由球所在位置红队队员将球踢向蓝队队员。
3. 手没拉住由对方得1分，踢出的球的高度高于膝关节也由对方得1分。

变化

1. 调整间隔距离。
2. 规则改为以将球传过得分区域为得分方式。

训练要点

1. 踢球和接球只能在 6m×1m 的范围内。
2. 注重集体移动。
3. 同队队员之间要交流，如互相传递向左或向右、手都拉紧、不要松手等信号。
4. 不要将球踢过肩。
5. 注意安全。

方法示意图

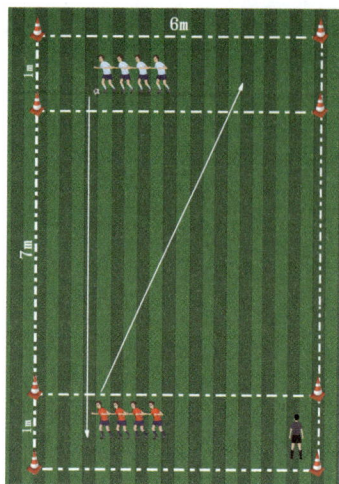

3.12 司机开车游戏

训练目标

1. 培养队员对足球运动的兴趣。
2. 培养队员养成遵守纪律的良好习惯。
3. 培养队员身体的平衡能力。
4. 培养队员运球和听到口令时应变的能力。

组织方法

区域　10m × 15m。

器材　球，标志服，标志盘，标志桶。

方法　6名队员，每人1个球。队员将球放在方形区域外的一侧作为起点开始运球，教练员扮交通警察。教练员喊出各种口令，队员做出相应反应。如喊出口令"红灯"，队员停球单脚站立；喊出口令"绿灯"，队员则继续运球；喊出口令"进服务站"，队员则坐在地上休息；喊出口令"进环岛"，队员则运球原地转圈；等等。

变化

1. 规定可以在场地内自由运球。
2. 规定用某一部位运球。
3. 增加"黄灯"口令，以"黄灯"为口令让队员在原地做脚内侧连续拨球或原地双脚连续踩球的动作。
4. 增加其他口令。

训练要点

1. 运球时始终将球控制在离身体1m的范围内。
2. 逐步体会用不同部位运球，触球时脚腕灵活、放松并做推送球动作。

方法示意图

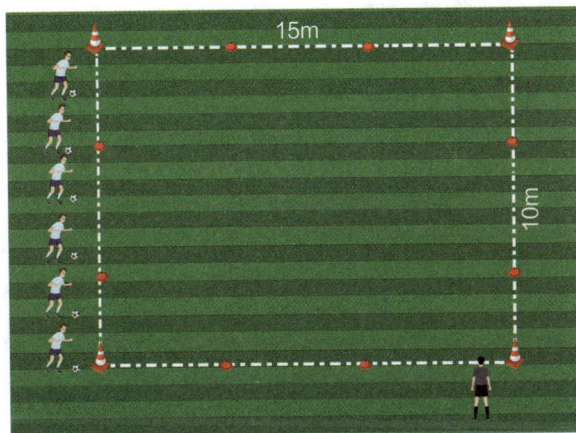

3.13　听名字传球游戏

训练目标

1. 培养队员迅速传球的能力。
2. 培养队员掌握不同跑步姿势的基本动作。
3. 培养队员跳跃时的协调能力。

组织方法

区域　10m×10m。

器材　球，标志服，标志桶，标志盘，标志杆。

方法　6名队员，2名队员为1组控1个球，同一组的2名队员相距大于5m。蓝队队员将球传给红队队员，红队队员接球。当蓝队队员喊出红队队员名字的时候，红队队员把球传给蓝队队员，传球后红队队员转身加速跑至标志杆处，绕过标志杆后回原位重复上述练习。重复5次练习后2支队伍交换位置。

变化

1. 队员被叫名字后迅速迎上前一次性将球回传给对方队队员，转身边跳边跑。
2. 传球后倒退跑。

训练要点

1. 力争听到名字后及时传球。

2. 控制传球力量和准确性。

3. 体会踝关节的紧张感。

4. 绕过标志杆的队员要快速跑。

5. 快速跑时动作要协调，要自然摆臂。

6. 逐步提高跳跃和倒退跑的动作协调性。

方法示意图

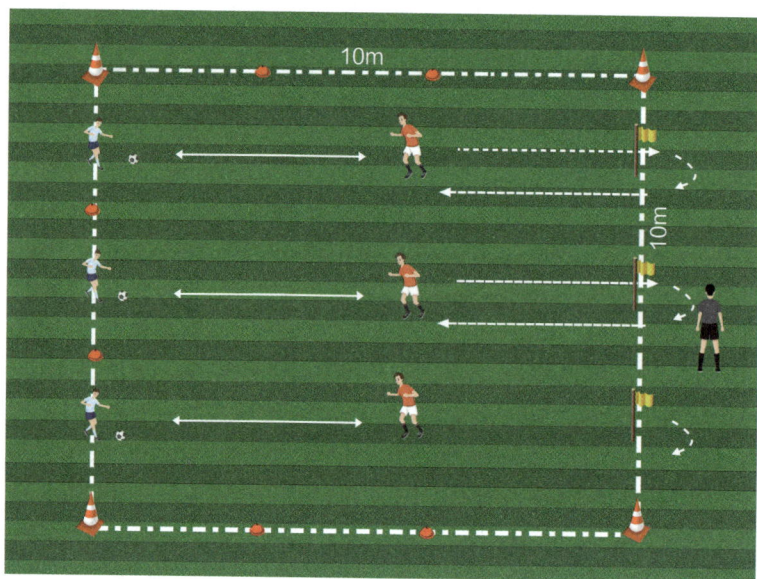

3.14 狼和羊游戏

训练目标

1. 培养队员快速反应的能力。

2. 培养队员的观察能力。

3. 提高队员的运球速度和变向能力。

4. 培养队员对足球的兴趣。

组织方法

区域　15m×15m。

器材　球，标志桶，标志盘，标志服。

方法　利用标志盘和标志桶围出5个边长为2m的正方形区域，将5个区域分别标为A、B、C、D、E。6名队员每人1个球，队员扮羊在场地内运球，当教练员喊出口令"狼来了"时，队员要快速运球至5个区域，这5个区域为安全区。

变化

1. 6名队员分3组，听到口令后，其他2组扮狼，剩下的1组扮羊并将球运至安全区。
2. 规定队员将球运至指定区域，如A区。

训练要点

1. 运球时动作要协调、灵活。
2. 听到口令后反应要快。
3. 快速寻找安全区。
4. 迅速变换运球速度或运球方向，避开扮狼的队员的追赶。

方法示意图

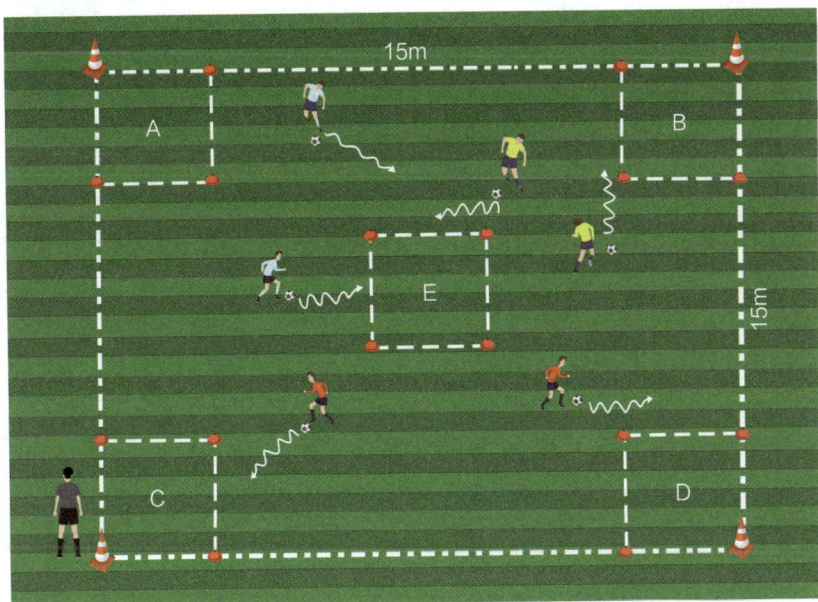

3.15 1V1比赛

训练目标

1. 培养队员在比赛中控制球并改变球的方向的能力。
2. 培养队员利用控球突破防守队员得分的能力。
3. 培养队员对足球的兴趣。

组织方法

区域 15m×10m。

器材 由标志桶组成的球门，球，标志服。

方法 共4名队员参与，2名队员分别在底线外，2名队员在场内。1名队员进攻，1名队员防守，有球队员将球带过对方底线即得分。每得1分场外2名队员与场内队员交换位置，轮流进攻。

变化 1V1有球门［无守门员（Goal Keeper，GK）］。

训练要点

1. 有球队员保持对球的控制。
2. 运球过线得分时，球需在离身体1m的范围以内。
3. 提示有球队员尝试绕过防守队员到达底线。

方法示意图

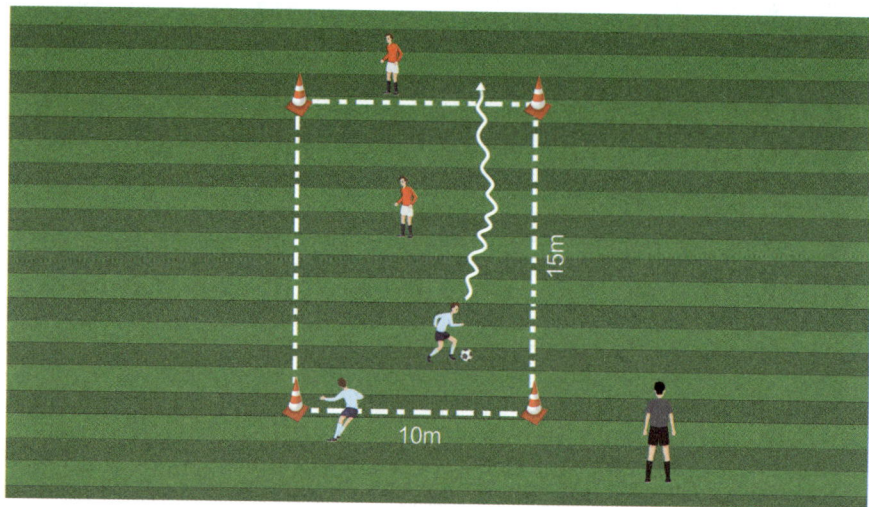

15m

10m

3.16　3V3比赛

训练目标

1. 培养队员在遇到多个防守队员时灵活传球、接球和运球的能力。
2. 让队员体会到参与足球运动的乐趣。

组织方法

区域　15m×20m。

器材　球，球门，标志服，标志桶，标志盘。

方法　6名队员，无守门员，进行3V3比赛。

变化

1. 调整比赛时间、比赛场地的大小或队员人数。
2. 允许传球后快速射门。

训练要点

1. 鼓励队员控制球并试图摆脱防守队员抢球。
2. 让队员体验参与比赛的乐趣。
3. 初步使队员体会正式比赛的流程。
4. 鼓励队员参与进攻或防守。
5. 注意安全。

方法示意图

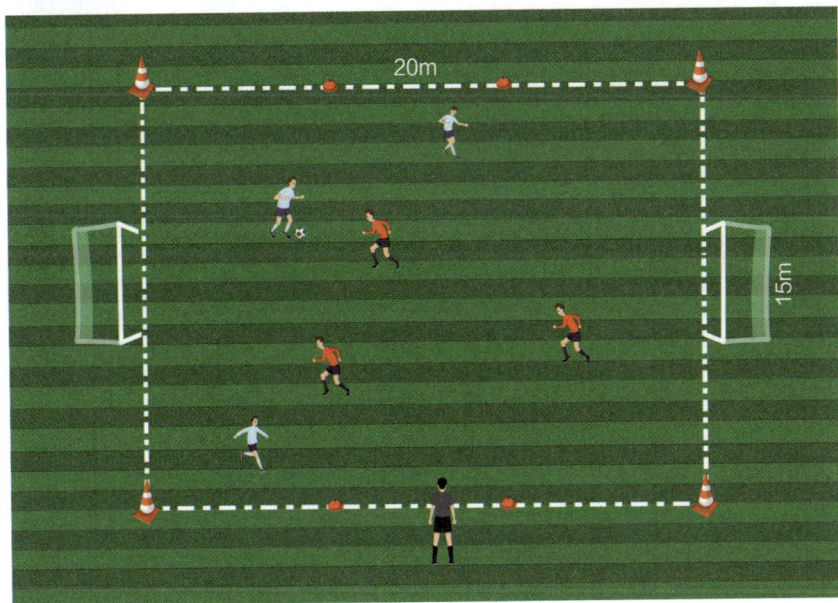

4. 基本要求

每周训练2~3次，每次训练30~45分钟。

采用形式多样的鼓励方式，比如口头表扬、给小五角星、发奖状等激励方式，安排与学龄前儿童年龄相适宜的游戏和活动，激发学龄前儿童参与的积极性。

5. 检查考核

学龄前儿童组没有具体的检查考核任务。

第2章 U7~U8（小学一~二年级）阶段

1. 训练目标

1. 通过足球游戏与足球的训练活动，进一步培养该学龄阶段的儿童对足球运动的兴趣。

2. 通过足球游戏与足球训练活动，进一步培养该学龄阶段的儿童认真对待学习与训练任务的意识，培养他们的团队合作意识；培养该学龄阶段的儿童初步形成遵守纪律的良好习惯；引导、教育该学龄阶段的儿童初步学会以积极乐观的态度对待学习与训练过程中的困难与挑战。

3. 通过足球游戏与足球训练活动，初步培养该学龄阶段的儿童以身体多部位颠控球为主的"熟悉球性"基本能力。

4. 让该学龄阶段的儿童，初步学习足球比赛中的头顶球，脚内侧、脚背内侧、脚背正面、脚背外侧传接球，射门等运球基本技术。

5. 让该学龄阶段的儿童，通过不同方式的1V1、2V2等练习，初步学习个人和小组进攻、防守的基本原则与基本方法，初步理解获得足球比赛胜利的基本方法与策略。

6. 通过足球游戏与足球训练活动，初步培养该学龄阶段的儿童的灵活性、协调性、柔韧性和平衡能力。特别注意要发展该学龄阶段儿童踝关节的灵活性。

7. 让该学龄阶段的儿童初步学习主要的比赛规则，如进球、越位犯规、直接任意球犯规、间接任意球犯规、界外球等，了解正式比赛场地各线区的规格与作用。培养该学龄阶段儿童公平竞争的基本意识。

2. 基本训练内容

2.1 技术训练部分

1. 以脚部及下肢为主要部位进行多种形式的颠控球练习，也可酌情进行头颠球练习。

2. 以脚背外侧、脚背内侧、脚背正面和脚内侧为主进行运球基本技术的练习。（直线运球应以脚背外侧与脚背正面运球为主，曲线球及斜折线球运球应以脚背外侧与脚背内侧运球为主，脚内侧运球多用于侧身掩护球时的直线运球以及斜折线运球过程中。）以脚掌、脚尖拖拉球为主要方法进行运球、控球基本技术练习。

3. 进行原地和较慢运动状态下的脚部、大腿、胸部接控球基本技术的练习，包括地滚球、反弹球和空中球等的练习。

4. 以脚背外侧、脚背内侧、脚背正面和脚内侧为主要部位进行多种形式的传球与射门基本技术的练习，也可酌情进行头顶球射门基本技术的练习。

5. 学习正面抢球、侧面抢球时的基本身体站姿与抢球方法。

2.2 战术训练部分

1. 进行多种形式的限定区域和攻守目标的相等人数加自由人（如1V1+自由人等）的攻守练习。

2. 进行不同得分方式与不同球门数量的小场地分队比赛。

3. 进行多种形式的限定区域和攻守目标的1V1、2V2攻守练习。

2.3 身体训练部分

本年龄段是U7～U8小球员（儿童）灵敏素质的敏感期。对这个时期的儿童进行灵敏性训练，能够取得良好的效果。这个时期同时也是进行柔韧性和速度训练的最佳时期。可选用步法练习、滚翻练习、转动练习、跳跃练习、曲线跑、穿梭跑、"T"形跑、躲闪球等方式全面提高该学龄阶段儿童的灵敏素质，提高柔韧性和速度。

1. 进行各种培养敏捷性的跑、跳跃、跨越练习，游戏和比赛。例如抓人游戏、各种接力比赛和障碍赛等。

2. 运用多种训练器械进行提高反应速度、平衡能力、协调性和节奏感的身体动作练习。

3. 进行提高踝关节的灵活性的练习。

2.4 心理训练部分

以表扬为主，鼓励儿童更好地完成学习与训练任务，增强其自信心。鼓励儿童多与同伴合作，并对遵守游戏规则与训练要求的儿童进行表扬。

2.5　理论学习部分

1. 讲授《足球竞赛规则》中的计胜方法、掷界外球、直接任意球与间接任意球犯规、越位犯规等内容。

2. 讲授颠好球的4个基本要点。

3. 讲授个人战术纪律的基本要求。

4. 介绍球星的励志成长经历。

5. 组织儿童观看高水平的足球比赛。

2.6　比赛检验部分

参加三人制、四人制、五人制为主的比赛，并以周末赛为主；借助1V1、2V2、3V3、4V4的无球门、双球门、多球门的比赛，向儿童介绍足球比赛的基本战术思想："对方控球时阻止对方进球并设法夺回控球权，通过合作去攻破对方球门。"

3. 基本训练方法

3.1　不同部位运球通过障碍练习

训练目标

通过练习，队员初步学会以下运球技术。
1. 脚背内侧运球。
2. 脚内侧运球。
3. 脚背外侧运球。
4. 脚背正面运球。

组织方法

区域　10m×10m。

器材　球，标志服，标志盘，标志桶，标志杆。

方法　6名队员每人运1个球，依次绕过标志盘、标志杆和标志桶，并在通过障碍的过程中用不同部位运球。

变化
1. 用脚背内、外侧等不同部位组合运球。
2. 进行左扣右拨、右扣左拨等扣拨练习。
3. 进行左右脚底拉球练习。

训练要点

1. 动作需协调自如。
2. 运球时步幅要小。
3. 控球时降低重心。
4. 触球时脚腕要灵活、放松，注意脚接触球的时间。
5. 身体要灵活并配合好脚下动作。

方法示意图

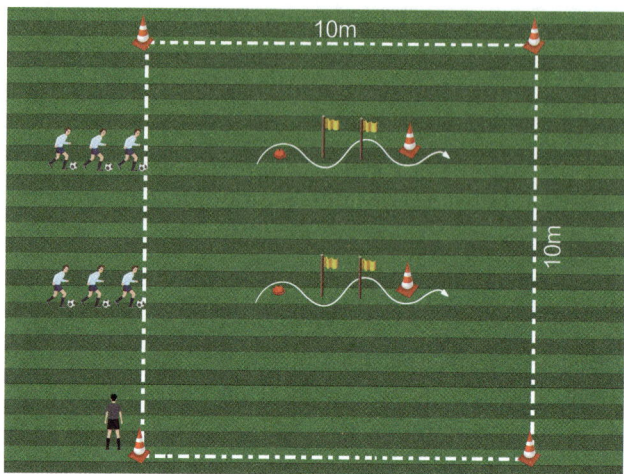

3.2 抢座位游戏

训练目标

1. 培养队员运球过程中的反应能力。
2. 培养队员参与足球游戏的积极性。
3. 培养队员观察能力。

组织方法

区域 直径15m的圆形。

器材 球，标志盘，标志服。

方法 8名队员参与，队员们在圆形区域外带球，放在圆形区域内的球的数量比带球队员的人数少1个。

1. 顺时针运球，听到教练员口令后停止带球，快速进入圆形区域内坐至另1个球上抢占位置。
2. 没有位置的队员被记录1次，连续2次没有抢到位置的队员，停止参与游戏1次。

变化

1. 转换带球方向。
2. 运球抢座位。

训练要点

1. 保持对球的控制以及与动作的配合。
2. 运球时步幅要小，降低重心。
3. 注意不变向运球时推送的动作。
4. 停止带球的时候球不能进入圆形区域内。
5. 提醒慢速带球或朝着圆形区域内带球的队员注意安全。

方法示意图

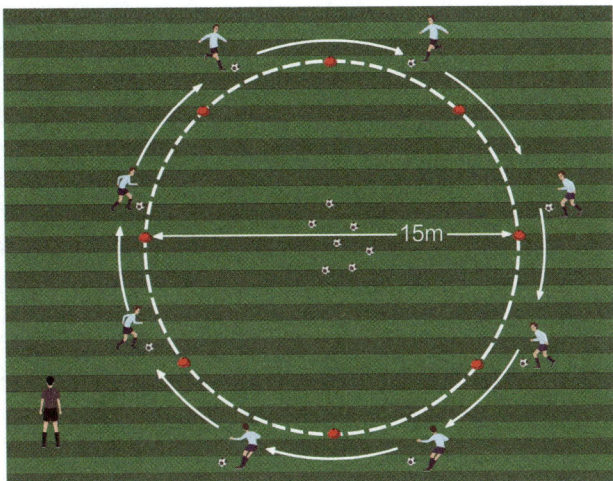

3.3 往返接力运球游戏

训练目标

1. 培养队员快速运球的能力。
2. 培养队员用脚触球的感觉。
3. 提高队员踝关节的灵活性。

组织方法

区域 10m×20m。

器材 标志桶，标志杆，球，标志服。

方法 把8名队员平均分成2组，在每组的前方放置1根标志杆。队员必须运球绕过标志杆，并运球返回至起点。把球传至下一个队员的脚下，每名队员都重复上述运球过程。最先完成的组即为胜者。

变化

1. 呈蛇线形设置多根标志杆，让队员绕杆完成接力比赛。
2. 换用脚背内侧、脚背外侧、脚背正面或脚内侧运球。

训练要点

1. 将球控制在一定的范围内，标准为不能追着球跑。
2. 运球时动作要协调、灵活。
3. 绕过标志杆时重心放低，步幅减小。
4. 灵活掌控身体重心。
5. 遵守规则。

方法示意图

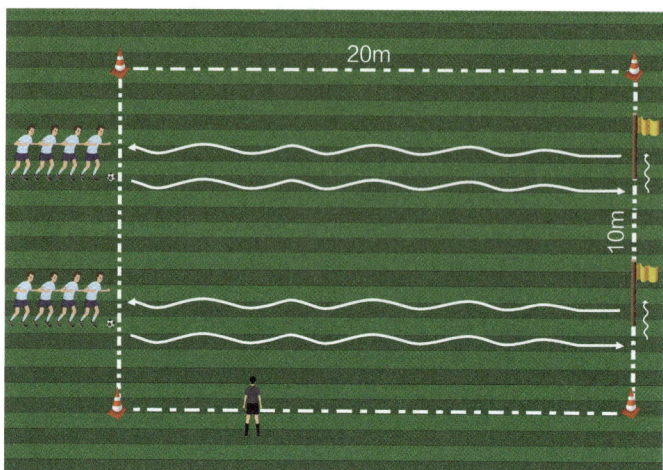

3.4 传球进门游戏

训练目标

1. 培养队员准确传球的能力。
2. 培养队员控制传球力量和传球路线的能力。
3. 培养队员接球的能力。

组织方法

区域 8m × 10m。

器材 标志桶，球，标志服。

方法 6名队员参与，每2人为1组，控1个球，在2人中间用标志桶设置宽2m的球门，传球队员用脚内侧传球，球通过球门得1分，记录规定时间内每组得分，得分高者为胜者。

变化

1. 根据队员水平调整场地大小。
2. 根据队员能力调整球门大小。
3. 换用脚背内侧、脚背外侧、脚背正面、脚内侧传球和接球。

训练要点

1. 踢球部位要准确。
2. 踢球动作要协调自如。
3. 接球动作要放松、柔和。
4. 接球与下个动作的衔接要快速。
5. 用各个部位传球和接球的动作要熟练。

方法示意图

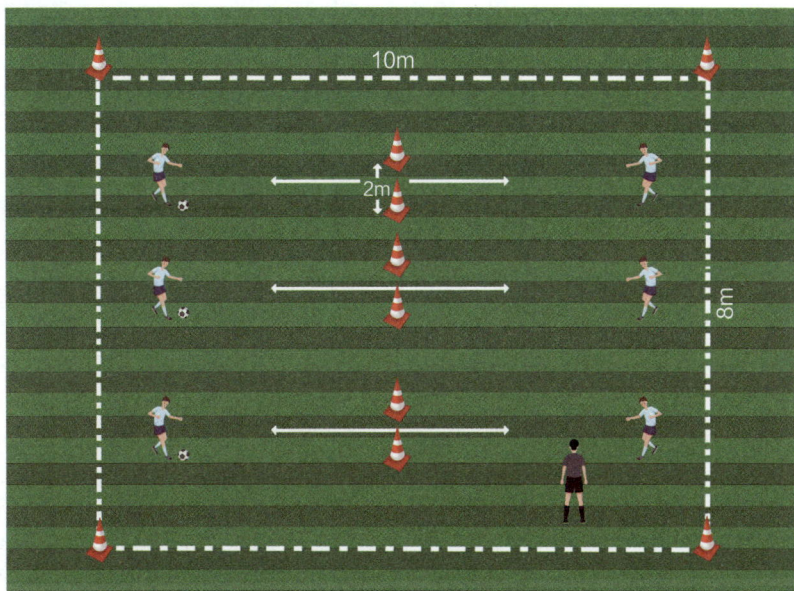

3.5 寻找朋友传球、接球游戏

训练目标

1. 培养队员传球、接球、运球以及观察周围的能力。
2. 培养队员运球、传球和接球的能力。
3. 初步培养队员衔接技术动作的能力。

组织方法

区域　10m×12m。

器材　标志盘，标志桶，球，标志服。

方法　8名队员，每2人为1组控1个球，每块场地进入2组球员，每名队员都要在自己所在场地内移动，然后和自己同伴进行传球、接球练习。听到教练员口令后，没有球的队员进入另1块场地找到同队队员组合后继续练习。

变化

1. 增加场地数量。
2. 用固定组合的搭配方式。
3. 用不同部位传球、接球。
4. 增加练习人数。

1. 队员要在移动中传球、接球。
2. 注意观察同伴的位置。
3. 快速寻找同伴。
4. 运球动作自然、协调，灵活变换推、拨、拉等运球动作。
5. 传球要准确，传球力量要适当。
6. 接球动作要柔和，接球目的要明确，与下一个动作的连接自然、合理。

方法示意图

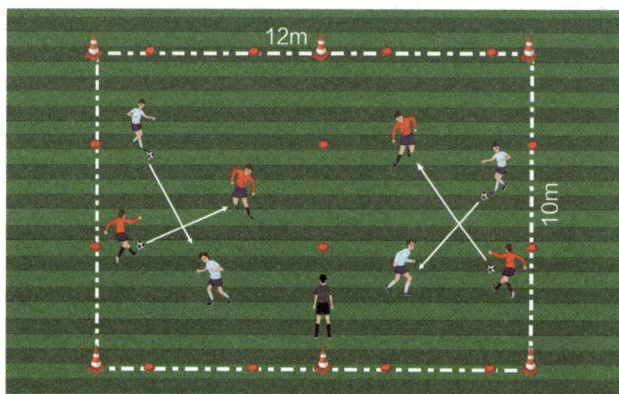

3.6 墙式传球练习

训练目标

1. 培养队员用1只脚传球的能力。
2. 培养队员传球后移动的能力。
3. 培养队员控制传球力量的能力，提高其传球的准确性。

组织方法

区域 12m×12m。

器材 球，标志服，标志桶。

方法 把12名队员分成2组。队员间相距5～10m，每名队员做"墙"后移动到本队队尾。

变化

1. 传球后，队员排至队员"墙"的对方队尾后面做"墙"。
2. 调整距离和队员人数。

训练要点

1. 传接球时固定用1只脚出球。
2. 接球时可以做各种接球动作。
3. 传球要准确，控制传球的力量。
4. 变换踢球部位：脚内侧、脚背正面、脚背内侧和脚背外侧。
5. 注意移动时脚步的灵活性。

方法示意图

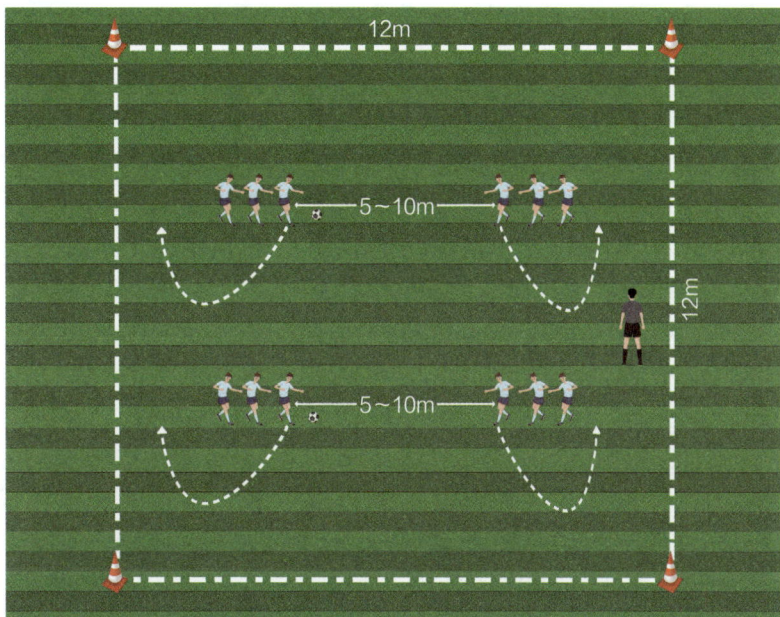

3.7 射击移动飞靶练习

训练目标

1. 培养队员观察周围的能力。
2. 培养队员快速反应和灵活运球的能力。
3. 培养队员传球的准确性和控制传球力量的能力。

组织方法

区域 10m×15m。

器材 标志盘，标志桶，球若干，标志服。

方法 设置如上规格的场地，在边长较短的两侧放置若干球。10名队员参与，6名蓝队队员在边长为10m的两端来回传球或运球，4名红队队员在边长为15m的两端进行地滚球传接，如果蓝队队员或所控制的球连续2次被红队队员传接的球碰到，那么蓝队队员与红队队员交换位置，依次进行游戏。

变化 不带球来回跑，躲闪传球。

1. 红队队员传球的高度在膝关节以下，红队队员要控制传球力量。

2. 蓝队队员传、接、控球时步幅要小，以便能随时改变节奏和速度。

3. 提前观察两侧传球的状况。

4. 保持快速应变。

方法示意图

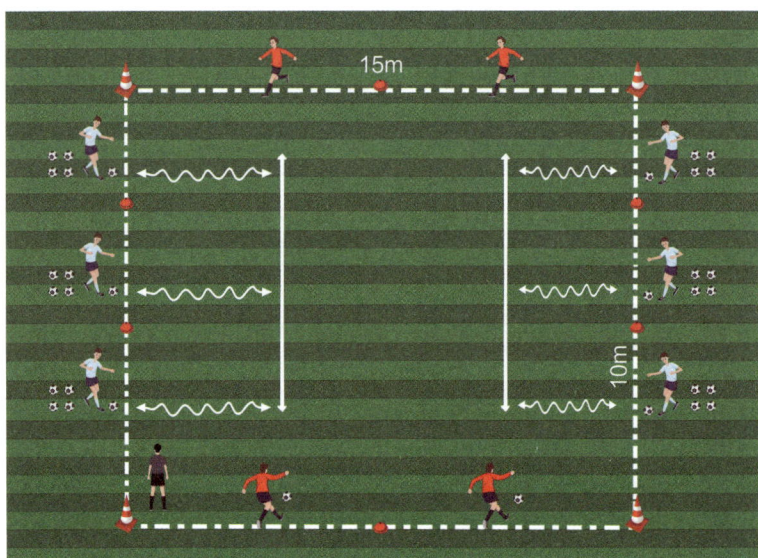

3.8 定位球射门练习

训练目标

1. 提高队员射门的准确性。

2. 培养队员观察守门员的位置的习惯。

3. 让队员体会用力射门的感觉。

组织方法

区域 10m×15m。

器材 标志服，标志盘，球门，标志桶，球。

方法 15名队员参与，5名队员为1组，每组1名守门员。将球放在地上，队员短距离助跑后进行射门。

1. 射门时可以用脚背正面、脚背内侧、脚背外侧、脚内侧。

2. 用1/4时间练习用左脚射门。

训练要点

1. 射门动作要协调、自如。
2. 开始时最主要的是射门动作的正确性、高度，而不是射门的力量和距离。
3. 射门前观察守门员的位置。
4. 控制好支撑脚的位置和身体的重心。
5. 射门的瞬间脚背绷紧。
6. 多鼓励队员以提高其射门的信心。

方法示意图

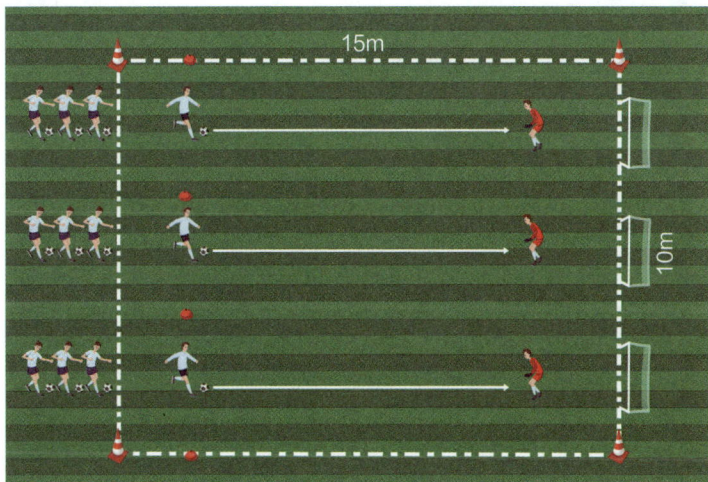

3.9　活动中射门练习

训练目标

1. 提高队员射门的准确性。
2. 培养队员观察守门员的位置的习惯。
3. 培养队员射门活动中带球的能力。

组织方法

区域　15m×15m。

器材　标志桶，球门，标志服，球。

方法　15名队员参与，5名队员为1组，每组1名守门员，进行射门练习。

1. 蓝队队员向背对球门的红队队员传球4~5m，红队队员将球横向传出。
2. 可用脚背正面、脚背内侧、脚内侧射门。用1/4时间练习用左脚射门。

变化　红队队员做球为定位球、反弹球、高球等。

训练要点

1. 射门时眼睛要紧盯球。

2. 提前观察守门员的位置。

3. 射门以准确性为主。

4. 学会正确判断射门活动中的球和支撑脚的位置。

5. 控制射门时的急躁情绪，避免盲目、大力射门。

6. 体会射门时踝关节用力的感觉。

方法示意图

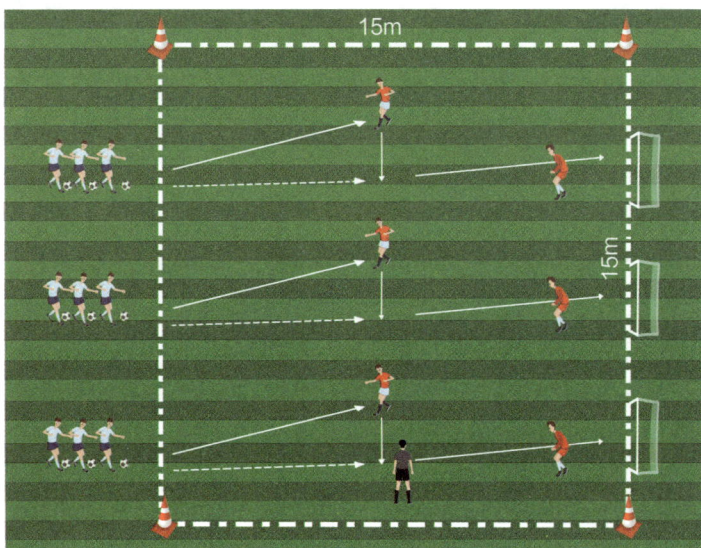

3.10 步法练习（1）

训练目标

1. 发展队员的灵敏素质。

2. 提高队员脚步的灵活性。

组织方法

区域 20m×20m。

器材 软梯，标志服。

方法 2个软梯摆放位置如下页图。8名队员参与，队员每步跑进1格，左右交替，再从另一端跑回来，排在起始队尾。

变化

1. 向右横向跑。

2. 向左横向跑。

3. 倒退跑。

训练要点

1.前脚掌着地。

2.步点要有节奏。

3.脚掌要落在格内。

方法示意图

3.11　步法练习（2）

训练目标

1.发展队员的灵敏素质。

2.提高队员脚步的灵活性。

组织方法

区域　20m×20m。

器材　圈，标志服。

方法　18个圈的摆放位置如下页图。队员按要求跑进圈内，左右交替，每个圈内左右脚各1次。向前为前进，向后为倒退。

变化　横向移动。

训练要点

1.前脚掌着地。

2.步点要有节奏。

3.脚掌要落在圈内。

4.提前思考脚下移动步点。

方法示意图

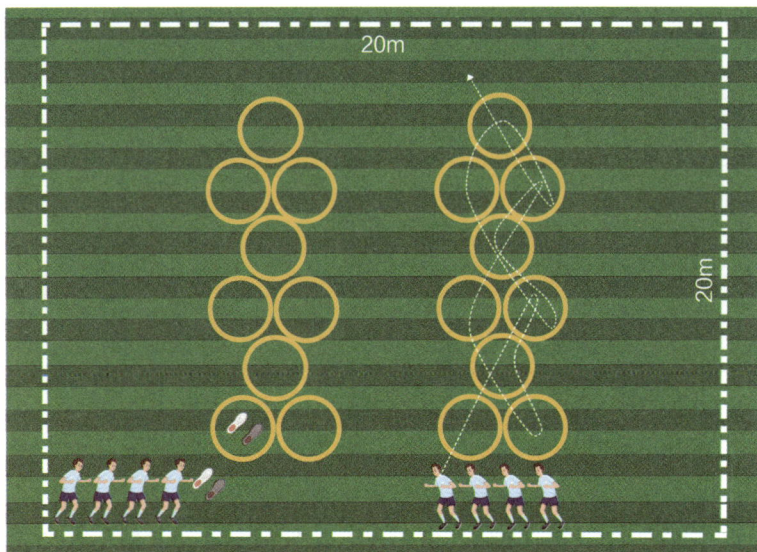

3.12 2V2手球式头顶球比赛

训练目标

1. 发展队员头顶球射门的技巧。
2. 培养队员判断球落点的能力。

组织方法

区域 8m×10m。

器材 标志盘，标志桶，球门，标志服，球。

方法 4名队员分为2队在如上规格的区域内比赛。场内设有2个6m宽的球门。持球一方的队员只能用手传球，队员不可以持球跑动，射门时只允许用头顶球，禁止使用反弹球。防守一方必须有1名队员退回球门做守门员，另一名防守队员不允许用手或者脚抢球。

变化

1. 规则改为只允许向前传球。
2. 每2次传球中必须有1次运用头顶球。

训练要点

1. 顶球部位要准确，动作要协调。

2. 顶球时眼睛要紧盯球。

3. 顶球时下颌微收。

4. 准确判断球的落点。

5. 把握好顶球的时机。

6. 教练员要鼓励队员，让队员顶球时不要害怕，睁开双眼。

方法示意图

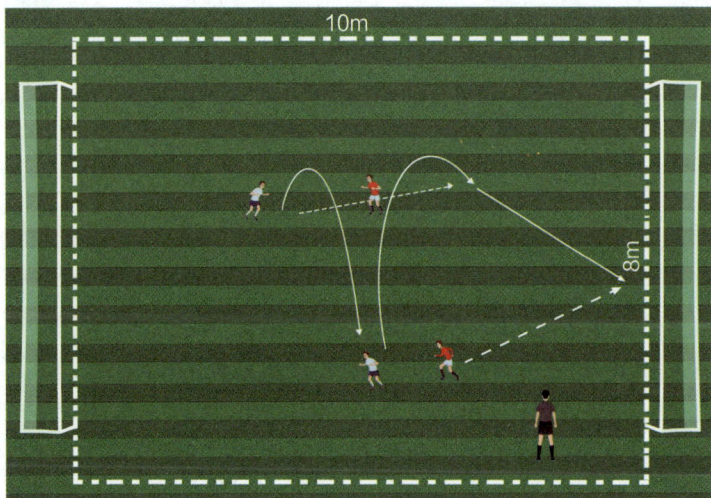

3.13　头顶球射门游戏

训练目标

1. 培养队员正向头顶球射门的能力。

2. 让队员体会到用头触球的感觉。

组织方法

区域　10m×10m。

器材　球门，标志桶，标志服，球。

方法　8名队员参与，将队员分成红、蓝两组。在如上规格的区域内，每组2名队员持球分别站在球门中间和一侧。这2名队员在球门线前抛球后防守球门，防守后成为头顶球射门队员，射门后持球站在球门一侧。2个组的头顶球射门队员交替进行射门。

变化　侧向头顶球。

方法示意图

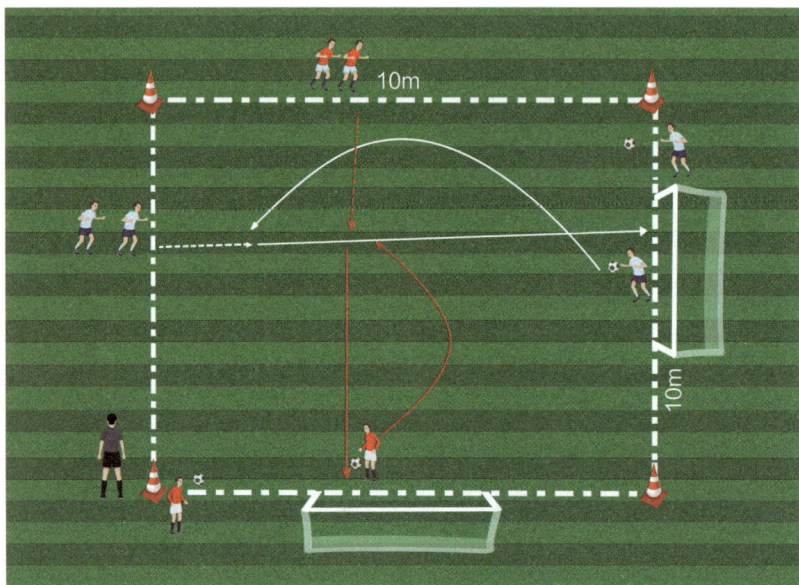

3.14 传球、接球和控球练习

训练目标

培养队员运动中传球、接球和控球的能力。

组织方法

区域 20m×20m。

器材 标志盘，标志桶，标志服，球。

方法 见下页的图。

变化

1. 规定仅用右脚或仅用左脚踢球。

2. 规定先用左脚，再用右脚踢球等。

3. 队员随意跑到球的另一侧。

4. 迎球接球。

5. 接球前先摆脱对手。

训练要点

1. 踢球部位要准确。
2. 传球力量要适当。
3. 接球动作要柔和，衔接合理。
4. 按变化要求进行具体的练习。
5. 教练员要采取鼓励式教学的方式。

方法示意图

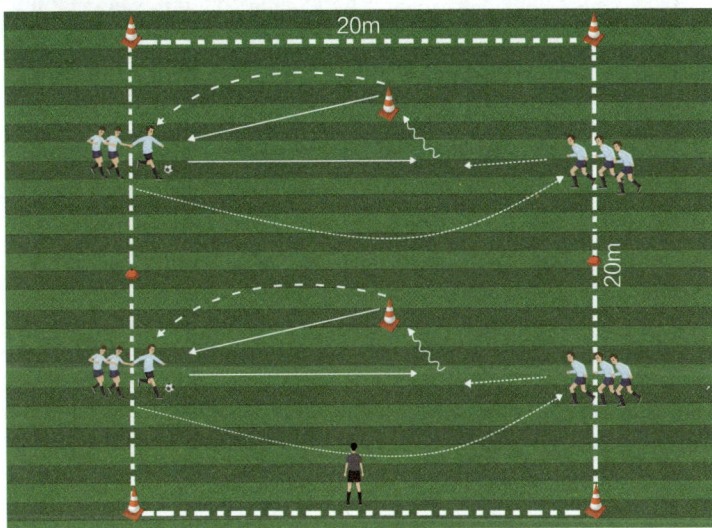

3.15　运球、传球和接球练习

训练目标

培养队员运用运球、传球和接球的组合技术的能力。

组织方法

区域　15m×15m。

器材　标志桶，标志服，球。

方法　6名队员参与。A位置的队员运球绕过标志桶，然后A位置的队员用右脚传球给B位置的队员。B位置的队员接球，把球接控到右侧，完成运球绕标志桶的练习后用左脚传给C位置的队员。

变化

1. 扩大场地。
2. 限定脚触球的部位。

1. 小步运球（注意培养节奏感）。
2. 控制球，使球位于身体前。
3. 抬头观察周围的状况。
4. 传球要准确，力量要适中。
5. 练习用脚的不同部位接球、传球和运球，
   如用脚背正面、脚背内侧和脚内侧等。

方法示意图

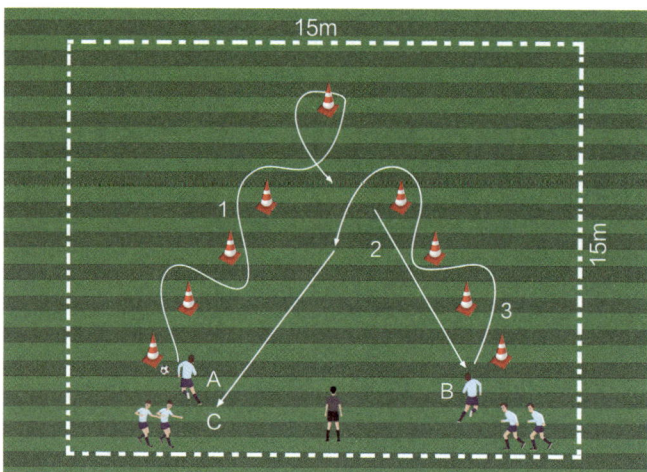

3.16　传球、接球和控球游戏

训练目标

培养队员运用快速传球、接球和控球组合技术的能力。

组织方法

区域　15m × 15m。

器材　标志服，标志桶，球。

方法　6名队员参与。将队员分为2组，一组在A位置，另一组在B位置。位于A位置的队员运球路线为线路1，传球至B位置，然后排在B位置队尾；位于B位置的队员运球线路与位于A位置的队员运球线路相反。

变化

1. 扩大场地。
2. 限定运球部位。
3. 规定运球方向。

训练要点

1. 运球动作要协调自如。

2. 传球要准确，传至接应同伴左脚或右脚。

3. 体会脚与球接触时的感觉。

4. 练习用脚的不同部位接球、传球和运球，如用脚背正面、脚背内侧和脚内侧等。

方法示意图

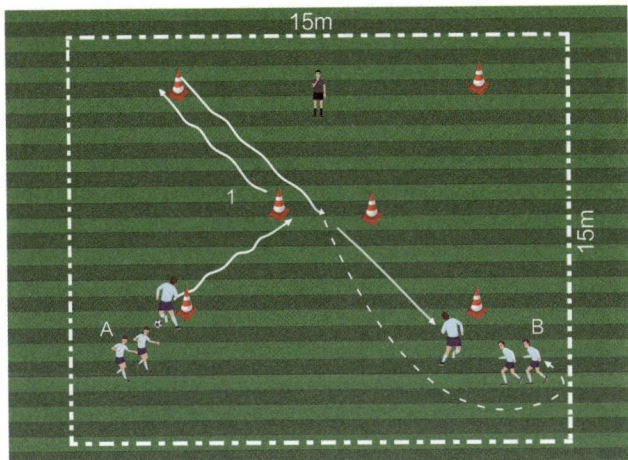

3.17　运球、传球、接球和射门

训练目标

培养队员运用组合技术的能力。

组织方法

区域　15m×15m。

器材　标志桶，球门，标志服，球。

方法　6名队员参与，另外设1名守门员。将队员分为A、B组，如下页图所示。A组队员运球后传球给B组队员，B组队员做"墙"后回传给A组队员，A组队员射门后捡球并排至B组队尾。

变化

1. 扩大场地。

2. 限定运球部位。

3. 规定运球方向。

4. 直接射门。

训练要点

1. 运球动作要灵活协调。

2. 有明显的推拨球动作。

3. 传球力量适当。

4. 射门前观察守门员的位置，注意踝关节变化。

方法示意图

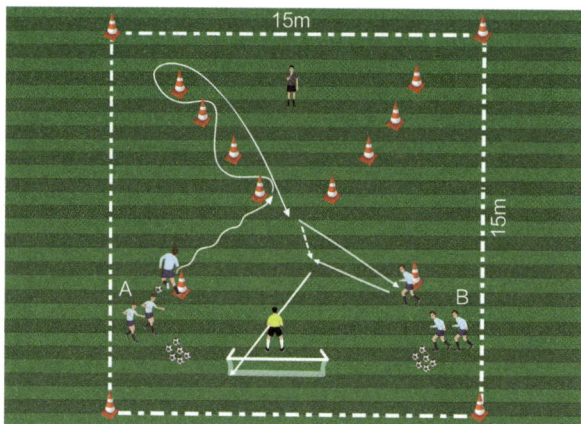

3.18 绕标志桶射门练习（1）

训练目标

1. 培养队员快速运球的能力。

2. 提高队员射门的准确性。

组织方法

区域 15m×15m。

器材 标志服，标志桶，球门，球。

方法 6名队员参与，另外设1名守门员。将队员分为A、B组。A组队员沿线路1运球射门后排在B组队尾，B组队员沿线路2（图中仅做示意，未完全画出）运球射门后排在A组队尾，依次进行。

变化 用不同部位运球和射门。

训练要点

1. 运球时稍微降低重心，控制好球。

2. 提前观察守门员的位置。

3. 射门时注意角度和准确性。

4. 射门时控制好支撑脚的位置和重心，避免将球射得过高。

方法示意图

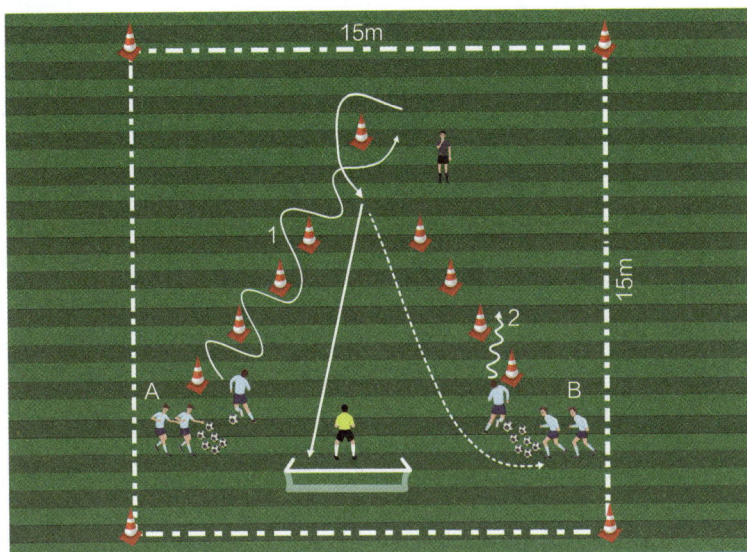

3.19　绕标志桶射门练习（2）

训练目标

1. 培养队员运球的能力。
2. 培养队员传球的能力。
3. 发展队员射门的技巧。

组织方法

区域　15m×15m。

器材　标志服，标志桶，球门，球。

方法　6名队员参与，另外设1名守门员。将队员分为A、B组。A组队员沿线路1运球射门后排在B组队尾，B组队员沿线路2（图中仅做示意，未完全画出）运球射门后排在A组队尾，依次进行。

变化　用不同部位运球和射门。

训练要点

1. 把握好踝关节对球的控制力度。
2. 提前观察守门员的位置。
3. 传球部位要准确，力量适中。
4. 射门时控制好支撑脚的位置和重心，避免将球射得过高。
5. 射门时注意准确性和球的角度。

方法示意图

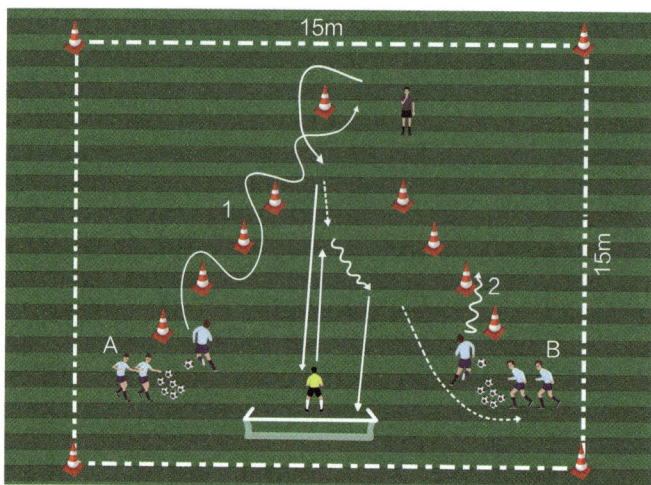

3.20 4V4+1比赛

训练目标

1. 培养队员应对局部5V4的能力。
2. 培养队员在比赛中运用技术的能力。

组织方法

区域 20m×30m。

器材 球门，球，标志桶，标志盘，标志服。

方法 9名队员参与，其中2名队员是守门员，1名队员是自由人，采用五人制足球比赛规则。

变化

1. 黄队队员只参与进攻并限制脚触球的次数。
2. 调整比赛时间、比赛场地的大小和队员人数。
3. 得分方法变化为只有头球射门才可得分。
4. 允许传球后快速射门。

训练要点

1. 让队员体验参加比赛的快乐。
2. 教练员要鼓励队员大胆控球并突破防守队员的抢球。
3. 初步使队员理解比赛的得分方式和简单规则。
4. 注意安全。

方法示意图

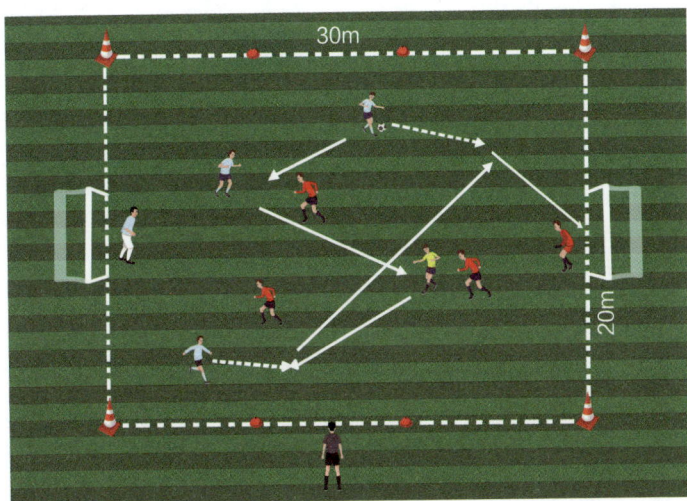

4.基本要求

1. 每周训练2~3次，每次训练30~45分钟，每周安排小型足球比赛至少1次。

2. 通过游戏活动和训练提高该学龄阶段儿童用不同部位运球的能力，教练员在教授基本技术和安排训练方法时，采用与该学龄阶段儿童年龄相适宜的教法和训练方法，以激发儿童参与的积极性。

3. 进行技术训练时，要特别注意动作的正确性，同时还要使技术得到全面训练。训练时强调双脚都可以踢球、停球、运球等，打好技术基础。在训练内容的选择上要有递进性。

4. 让该学龄阶段儿童通过练习1V1、2V2、3V3、4V4等小型比赛能自然地适应足球比赛，满足基础交流与沟通需要。教授儿童基础的个人战术和局部战术，让儿童养成观察周围情况的习惯，初步使儿童形成个人基本战术意识并乐于参加对抗式的游戏活动，让儿童体验足球运动项目的丰富乐趣。

5. 应该经常表扬儿童，来提高儿童学习技术的速度和对学习内容的兴趣。采用多样的赞扬方法，比如口头表扬、表情表扬、给小礼品等。

6. 该学龄阶段儿童特别信任老师或者教练员，教练员要成为其遵守时间、遵守约定等行为的楷模。

7. 培养该学龄阶段儿童身体的灵活性和快速反应的能力。

5. 检查考核

　　该学龄阶段的儿童在身体素质方面的检查考核参照教育部规定的学生体质健康标准。技术技能检查考核参照本书第11章"检查考核部分"的相应评价标准。

5.1　颠球测试

　　评估目的：测试队员球性熟练程度。

　　场地、器材：直径为8m的圆形区域。标志桶12个，球若干。

　　测试方法：队员在直径为8m的圆形区域内，分别用脚背正面、脚内侧、脚背外侧和大腿4个部位连续颠球。根据颠球的组数来判定球性熟练程度，并给出相应分值。

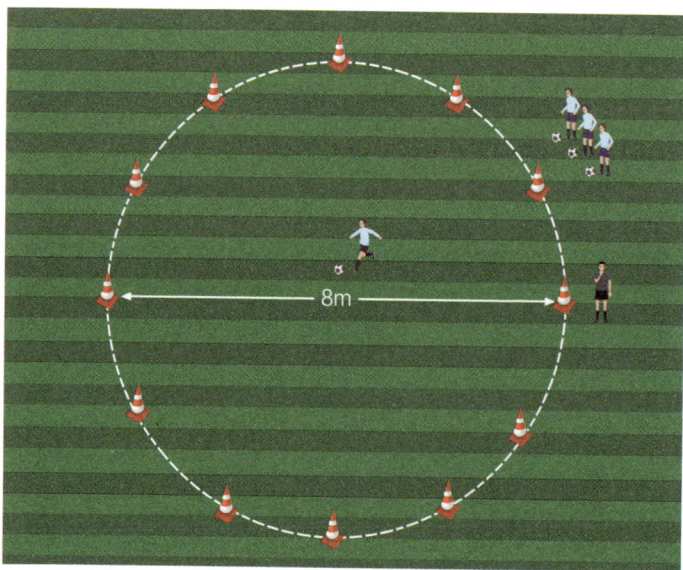

5.2　三角形地滚球传接球测试

　　评估目的：测试队员传接地滚球的能力。

　　场地、器材：3个直径为5m的圆形区域构成3个测试区域（A区、B区、C区），将3个区域的中心点连接起来可以围成一个边长为10m的等边三角形。球若干，标志桶3个。

测试方法：将测试队员分为若干组，每组3名队员。每组队员分别站在A区、B区、C区内，A区队员持球，测试开始由A区队员按逆时针方向传给B区队员，B区队员再将球传给C区队员，依次重复。传球部位不限，限定各区域内队员只能一次性接球后传球，球若传出或弹出测试区域外，队员可快速将球运回测试区域内继续传球，30秒后测试结束。计30秒内3人间相互传球、接球数量或对传球、接球的技术评分。

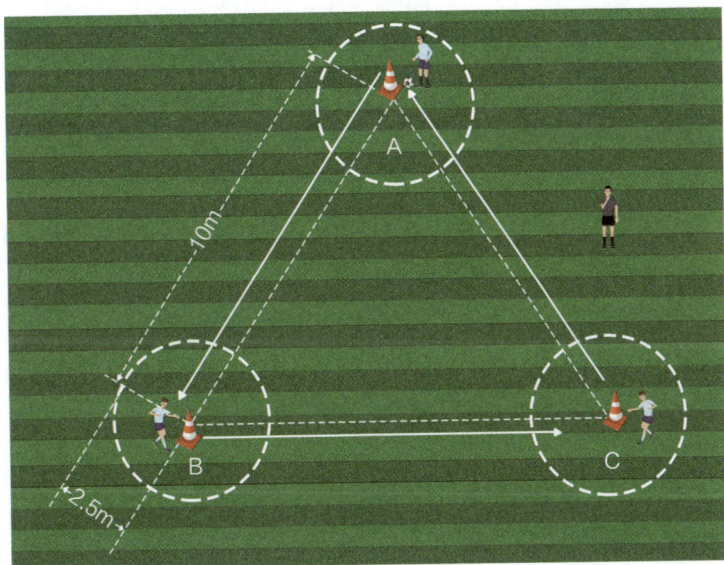

5.3 折返运球绕杆测试

评估目的：通过运球绕过相等距离的标志杆，衡量队员运球技术的熟练程度。

场地、器材：在球场上画1条长10m的线，中间插5根标志杆，每相邻2根标志杆之间的距离为2m。球若干，标志盘1个。

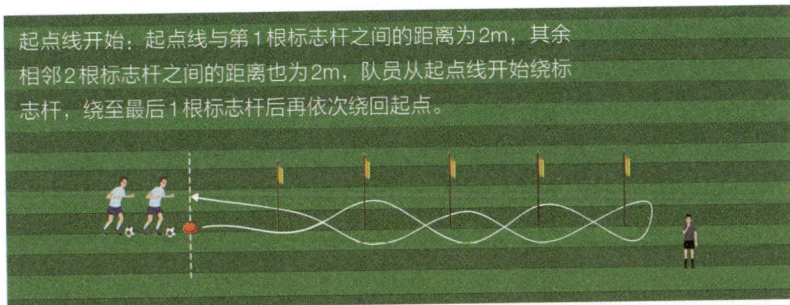

起点线开始：起点线与第1根标志杆之间的距离为2m，其余相邻2根标志杆之间的距离也为2m，队员从起点线开始绕标志杆，绕至最后1根标志杆后再依次绕回起点。

测试方法：听到口令后，从起点线运球，队员从起点线开始绕杆，绕至最后1根标志杆再依次绕回起点线，教练员对运球队员绕杆的技术评分。

5.4 射门测试

评估目的：采用得分和技术评定相结合的方式衡量队员对定点射门技术的掌握程度。

场地、器材：球门内插入2根标志杆，每根标志杆与其相对的内侧球门柱之间的距离为2m。标志桶2个，球1个或若干。

测试方法：队员站在距球门中心10m的位置，向球门射门10次，射入球门柱与标志杆之间得2分，射入2根标志杆之间得1分，射偏得0分。记录总得分并由教练员根据队员射门的力量、脚法等给予技术评分。

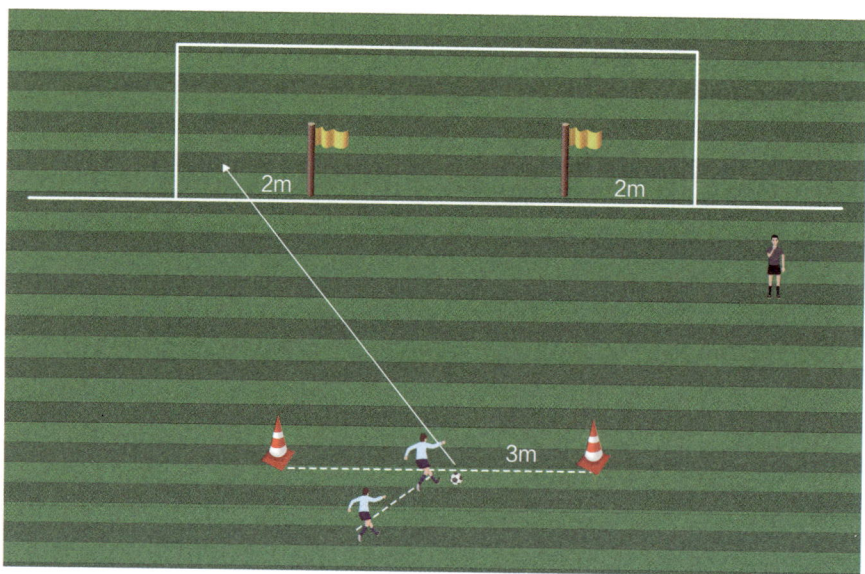

5.5 头顶球测试

评估目的：通过头顶球测试，衡量队员头顶球技术的熟练程度。

场地、器材：在球场上画4条线，AF线与BC线平行，且2条线相距4m，BC线长4m，CD线长4m。器材如下图所示。

测试方法：队员站在AF线后，抛球队员在区域E内，抛10个球，教练员记录队员将球顶入E区域的数量，并以头顶球的部位准确度等为标准评分。

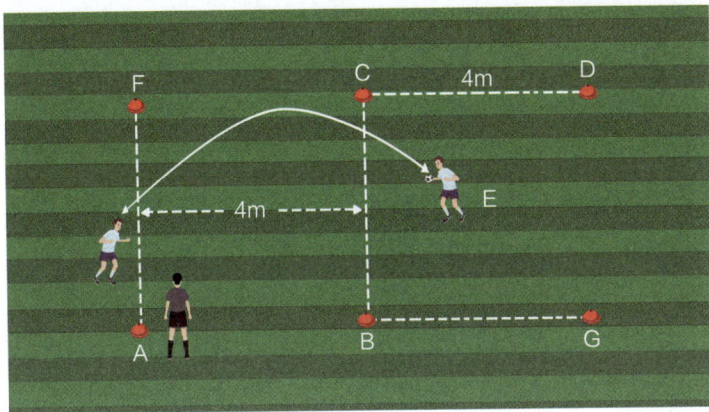

5.6 5V5比赛

评估目的：通过比赛综合评定队员在比赛中的技术运用情况和比赛能力。

场地、器材：在球场上布置一块20m×35m的场地，并放置4个标志桶、4个标志盘。2个球门。

测试方法：在规定区域内，2队进行时长40min的5V5比赛（包括2名守门员）。

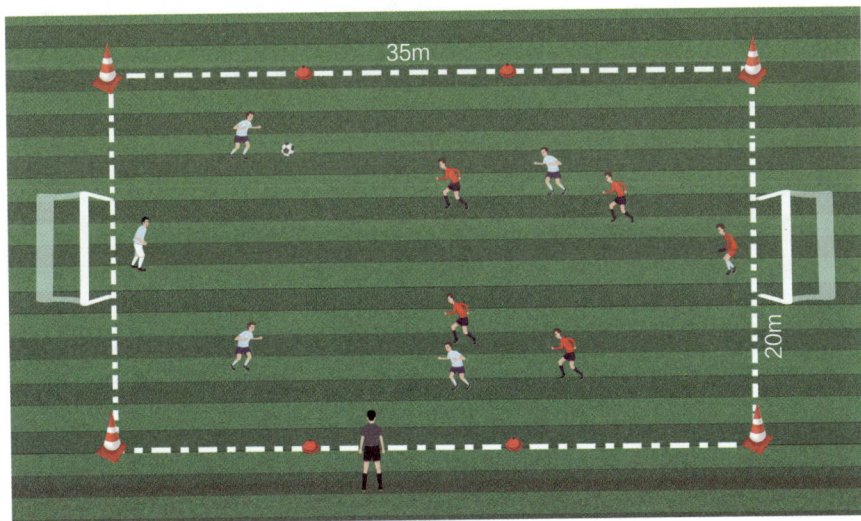

第3章 U9~U10（小学三~四年级）阶段

从这一时期开始，儿童将会拥有按照一定逻辑进行推理的能力，他们摆脱了上一个阶段的自我中心思维，能够根据经验进行逻辑推理，同时也会具有越来越强的创造欲和求知欲。行为方面表现为开始学会自控，表现趋于稳定，语言等认知能力也进一步提升，该学龄阶段儿童会在学校、邻里间进行集体活动，和大人的交流也会越来越多，这时儿童也将学会忍耐和观察。

这一学龄阶段的儿童希望能得到同伴的认同，也希望自己属于某个集体。有时他们还会和具有相同爱好的成员组成一个团体，他们将在其中学习听从意见、争取得到别人承认等社会生活中必备的能力。

在这一年龄阶段，儿童可以通过多种运动形式锻炼身体的协调性，并在踢球的过程中学会一些基础技术。但重要的是，要让儿童真心喜欢足球。此外，还要让该学龄阶段儿童体验成功的感觉，使他们能一生进行体育运动。

1. 训练目标

1. 通过足球游戏与足球训练活动进一步培养、增强该学龄阶段儿童对足球运动的兴趣。

2. 通过足球游戏与足球训练活动，进一步培养该学龄阶段儿童认真学习足球技术的意识以及个人与集体荣誉感；培养该学龄阶段儿童基本形成自觉遵守纪律的良好习惯；引导、教育该学龄阶段儿童基本学会如何客观对待学习与训练过程中的困难与挑战，保持一种乐观向上的心态。

3. 通过足球游戏与足球训练活动，进一步培养该学龄阶段儿童以身体多部位颠、控球为主的"熟悉球性"基本技术能力。

4. 进一步提高该学龄阶段儿童快速完成用脚内侧、脚背内侧、脚背正面和脚背外侧传、接、运、射及头顶球的基本技术动作的规范性，初步培养该学龄阶段儿童在活动与对抗过程中完成动作的合理性与实效性的能力。

5. 通过不同方式的1V1、2V2练习，培养该学龄阶段儿童正面攻守对抗能力，并促进该学龄阶段儿童进一步正确领会"进球与阻止进球"这一足球比赛攻守过程中的核心原理与核心策略。

6. 培养该学龄阶段儿童做出正确的跑、跳动作，提高身体的柔韧性、协调性、灵敏性和平衡能力。教练员要注重在该学龄阶段儿童柔韧性、协调性和平衡能力敏感期的训练，特别是注意发展该学龄阶段儿童的踝关节、膝关节、髋关节的灵活性。

7. 让该学龄阶段儿童进一步学习主要的比赛规则，如进球、越位犯规、直接任意球犯规、间接任意球犯规、界外球等，帮助他们了解正式比赛场地各线区的规格与作用，进一步培养他们形成公平竞争的意识。

2. 基本训练内容

2.1 技术训练部分

1. 以常用的12个身体颠控球部位进行多种形式的颠控球比赛或练习。

2. 进行左右脚的脚背外侧、脚背内侧、脚背正面、脚内侧、脚掌和脚尖等不同部位的推球、拨球、拖拉球、扣球、踩球、挑球和假动作等基本技术的组合练习，学习简单的运球变向、变速、转身及运球过人技术。

3. 进行原地和中等运动速度状态下的脚部、大腿、胸部等部位的接控球-传球、接控球-射门和接控球-运球等基本技术及组合技术的练习，包括地滚球、反弹球和空中球等。

4. 以提高该学龄阶段儿童脚背外侧、脚背内侧、脚背正面和脚内侧踢球的动作技术规范水平为主，进行多种形式的不同跑动状态下的传球与射门基本技术的练习，包括进行头顶球的传球与射门基本技术练习。

5. 进行正面抢球、侧面抢球练习。

2.2 战术训练部分

1. 进行多种形式的限定区域和攻守目标的2V1配合变化、3V1配合变化、4V2配合变化的攻守练习（发展该学龄阶段儿童合理跑动、利用进攻空间与创造防守空当的能力）。

2. 教授防守时的选位基本原则与方法，如紧逼盯人与松动盯人，2人之间的协同防守方法等。

3. 进行以3V3、4V4和5V5为主要手段的不同得分方式与不同球门数量的小场地比赛。

4. 进行以提高该学龄阶段儿童正面（向前）运球过人和阻止对方运球过人的攻守对抗能力为主的多种形式的限定区域和攻守目标的1V1、2V2攻守练习。

2.3　身体训练部分

1. 进行以发展该学龄阶段儿童平衡能力、协调能力、灵活性为主的多种徒手体操基本动作和垫上滚、翻动作练习。

2. 进行以发展该学龄阶段儿童速度素质（动作、反应、位移）、平衡能力、协调能力为主的多种不同身体姿势的变速、变向跑练习。如起动跑、（运球）追逐跑、（运球）接力、加速跑、转身跑、曲线跑、斜折线跑，单、双脚跳跃游戏，跨越不同高度和形式的障碍的游戏等。

3. 进行以发展该学龄阶段儿童灵活性、协调性、节奏感为主的多种变步幅、变节奏的不同方式的跑动练习，如利用标志桶、标志盘进行的多种变动步法跑动练习。

4. 进行发展踝关节的灵活性的练习。

2.4　心理训练部分

以鼓励与表扬为主，激发该学龄阶段儿童团结合作、争取胜利的欲望与信心。对于认真完成学习与训练任务的儿童给予表扬与奖励（如让其担任队长等）。应让他们在训练和比赛中享受足球运动带来的快乐。

2.5　理论学习部分

1. 全面讲授比赛规则中的重点内容，如进球、越位犯规、直接任意球犯规、间接任意球犯规、红黄牌犯规和界外球等内容。

2. 讲授个人战术纪律要求基本知识、比赛基本原则。

3. 讲授接好球的基本要点与简单自我评价方法。

4. 介绍球星的励志成长经历。

5. 组织学生观看高水平球队的比赛。

· 自由奔跑 ·

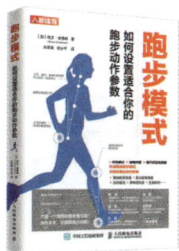

· 户外运动 ·

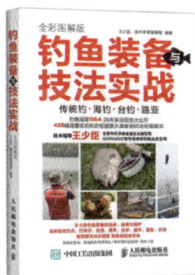

2.6 比赛检验部分

积极进行以三人制、四人制、五人制和七人制为主的比赛，并以周末校内赛为主。借助无球门、双球门和多球门的比赛，向该学龄阶段儿童进一步传输足球比赛的核心思想：努力阻止对方进球并积极想办法本方进球。如果有条件，该学龄阶段儿童可以参加市、区级四人制、五人制和七人制比赛，每年至少要参加正规比赛20～30场。教练员每周应安排1场比赛，比赛可使用3号球。

3. 基本训练方法

3.1 "自由想象"颠球练习

训练目标

1. 提高队员对球的控制能力。
2. 提高队员协调及平衡能力。

组织方法

区域 根据队员人数来安排场地。

器材 球、标志桶、标志服。

方法 队员用身体允许的部位颠球，并自由变换颠球部位。

变化

1. 练习不同部位高低结合的颠球。
2. 练习颠球及控球（停反弹球、挑球变向）。（参照图示白色曲线。）

训练要点

1. 控制颠球的节奏。
2. 保持触球部位适度紧张。
3. 控制好用力方向与力量大小。
4. 触球部位要合理、正确。
5. 保持身体放松、重心平稳。

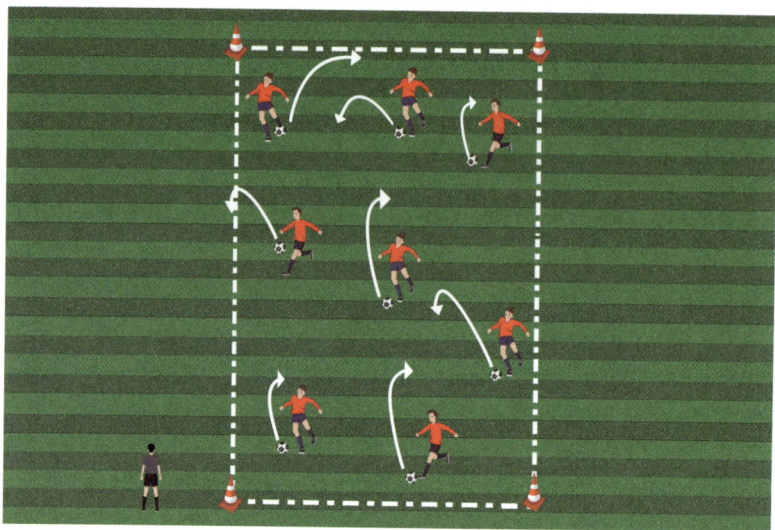

3.2 "视令而变"运球练习

训练目标

1. 提高队员对球的控制能力。
2. 提高队员的应变能力。
3. 提高队员身体的灵活性。
4. 提高队员相互配合协作的能力。

组织方法

区域 按队员人数安排相应的场地。

器材 球、标志桶、标志服。

方法 队员在规定区域内自由运控球，看到教练员手势后，队员做出相应的反应。

1. 当教练员做手势1时，队员脚踩球。
2. 当教练员做手势2时，队员坐在球上。
3. 当教练员做手势3时，队员交换球。
4. 当教练员做手势4时，队员做1个假动作外跨运球，以此类推。

训练要点

1. 注意力要集中。
2. 随时抬头观察。
3. 保持对球的控制。
4. 用脚背正面、内侧和外侧脚掌等多部位运控球。

方法示意图

3.3 "穿越小门"传球练习

训练目标

1. 提高队员传球、接球的能力。

2. 提高队员相互配合协作的能力。

3. 提高队员观察的能力。

4. 提高队员传球、接球的准确性。

组织方法

区域　按队员人数安排相应的场地。

器材　球、标志服、标志桶、标志盘。

方法　2支标志服颜色不同的球队在规定区域内自由传接球，同队队员之间在选择传球路线时，应尽可能选择球要通过标志盘中间的路线。

变化　从无触球次数限制过渡到有触球次数限制。

训练要点

1. 注意相互呼应。

2. 注意抬头观察。

3. 注意传球目标的选择、传球时机、力量、方向与路线。

4. 传球后跑空当接应。

方法示意图

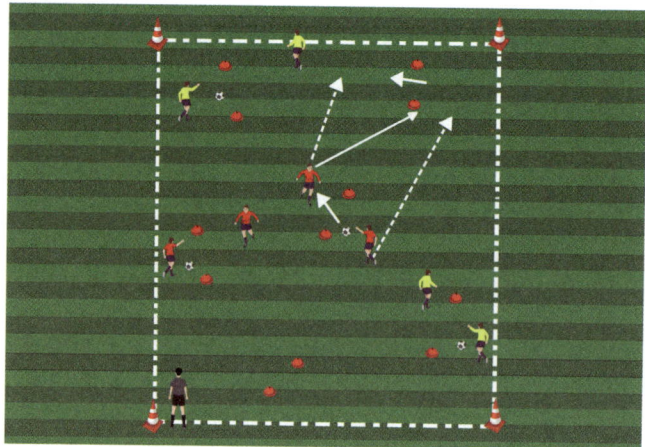

3.4 "运球过人"射门练习

训练目标

1. 提高队员在运动中射门的能力。
2. 提高队员运球时的应变能力。

组织方法

区域 1/2场地。

器材 球、球门、标志服、标志桶。

方法 在规定区域内，设2个球门，把队员分成2组，2组同时开始进行。2组各先安排1名队员当守门员，球员依次绕过标志桶后射门。当前1名持球队员射完门后，与守门员依次交换位置（守门员捡球后排至同队队尾做射门练习）。

变化

1. 队员练习一定时间后，换到另一侧进行练习。
2. 设立防守队员（进攻队员需摆脱防守队员后射门）。

训练要点

1. 运球时要小步幅、快节奏、轻力量推送球。
2. 绕过标志桶的运射连接动作要快。
3. 把水平相同的队员安排在一起练习。
4. 要抬头观察。
5. 注意带球的速度和节奏。

方法示意图

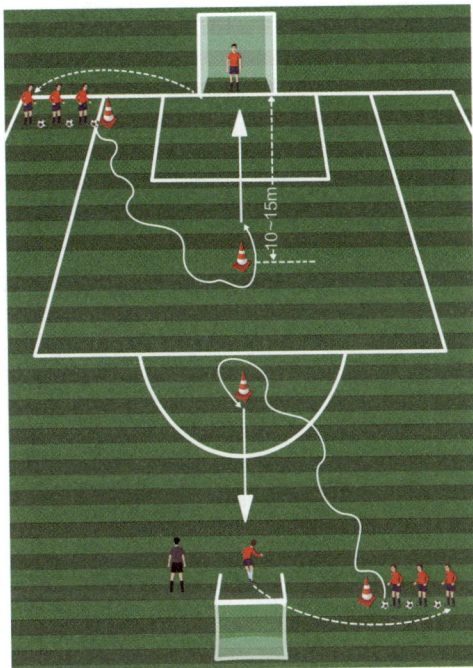

3.5 "小场地"5V5比赛

训练目标

1. 提高队员在实战对抗中运用各种技术的能力。
2. 提高队员相互配合协作的能力。
3. 培养队员对阵型与队形的基本意识。
4. 让队员明确比赛目的，即得分和阻止对方得分。

组织方法

区域　30m×20m。

器材　球、球门、标志服、标志桶。

方法　在规定区域内，2队进行5V5比赛，包括2名守门员。

训练要点

1. 抬头观察。
2. 相互呼应、交流。
3. 对抗中合理运用技术。
4. 敢于进行1V1突破。
5. 有位置概念和队形概念。

6. 根据队员实际水平变换要求（如传球次数的限制、头顶球射进球门加分和限定所有队员必须通过半场才能得分）。
7. 根据训练主题来确定相应的规则。

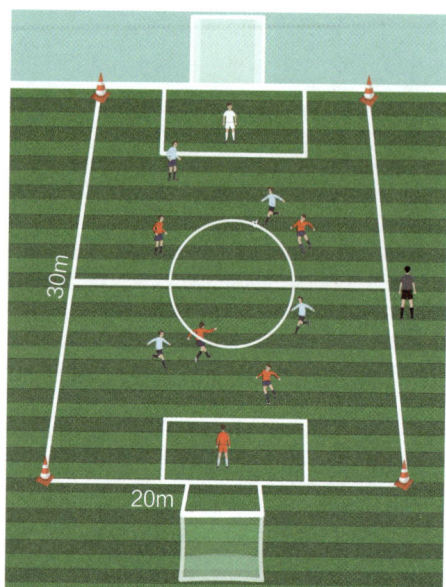

3.6 4V4V4 3组循环比赛

训练目标

1. 提高队员在实战对抗中的传球和接球能力。
2. 提高团队的配合默契度。
3. 提高队员攻守转换的意识。
4. 提高1V1的能力。

组织方法

区域 30m×20m。

器材 球、球门标志服、标志桶。

方法

1. 在规定区域内,将队员分成红、蓝、黄3组,先由红队向蓝队防守球门进攻,红队进攻完后,蓝队开始进攻,黄队进行防守,蓝队进攻后由黄队进攻,红队进行防守,依次不断进行4V4V4循环比赛,每队各安排1名守门员。
2. 根据队员能力安排训练和休息时间。

训练要点

1. 抬头观察。
2. 相互呼应、交流。
3. 合理运用技术、战术和动作。
4. 注意同伴间在攻与守时的位置要合理。
5. 注意力集中,攻守转换要快速。
6. 教练员要控制好比赛的强度。

方法示意图

3.7 头球练习

训练目标

1. 让队员学习基本技术。
2. 让队员克服恐惧心理，增强自信心。
3. 培养队员团结合作意识。

组织方法

区域　根据队员人数安排场地。

器材　球、球门、标志服、标志桶。

方法　2人1组，1名队员将球抛向同伴，同伴用额头正面将球顶回。

变化

1. 1名队员将球抛向同伴，同伴头球攻门。
2. 练习到一定时间和次数时2人交换。

训练要点

1. 克服"怕"的紧张心理，注视来球。
2. 颈部保持紧张，下颌收紧。
3. 用额头正面顶球。
4. 全身协调发力。
5. 双臂自然张开，保持身体平衡。
6. 抛球队员的抛球高度与落点要合适。

方法示意图

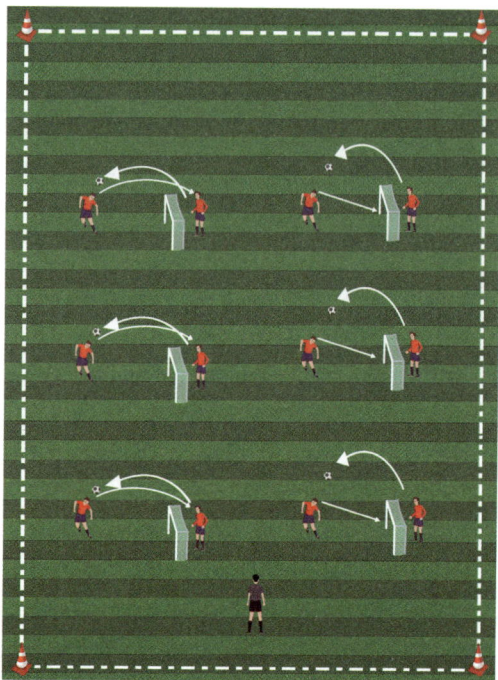

3.8 身体素质、速度练习

训练目标

1. 提高队员的反应速度与注意力。
2. 提高队员的起跑速度。
3. 提高队员高速带球跑的能力。
4. 提高队员的身体协调性。

组织方法

区域 10m×10m。

器材 球、标志服、标志桶。

方法

1. 队员以不同的起跑姿势起跑（如侧向站立、背向站立、蹲下和俯卧等），看到教练员信号后快速起跑。

2. 追逐跑。2人1组相距2m面对面站立，前面队员无球但要面对后面的运球队员。看到教练员的信号后，前面队员转身快速跑动争取摆脱后面队员，后面队员运球争取在限制线前追上前面的队员。交换位置进行练习。

变化 可让2人站在场地中间的位置，2人都无球或都运球，看教练员信号确定谁追逐谁。

训练要点

1. 注意力集中，反应要快。
2. 跑步时注意摆臂，身体协调。
3. 带球跑时注意抬头并控制好球速。
4. 转身时控制好重心，并且转身要快速。

方法示意图

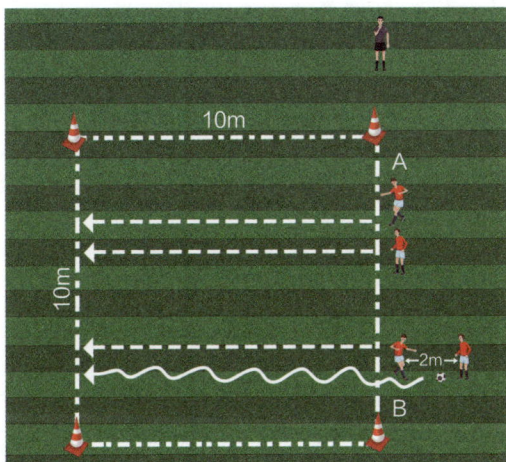

4. 基本要求

1. 每周训练3~4次，每次训练45~90分钟。（具体能否实行，需要看情况。）
2. 在整个训练过程中要注意引导培养该学龄阶段儿童的集体意识。
3. 在技术训练中要更注意引导该学龄阶段儿童尝试着用规范、正确的技术动作完成练习任务。
4. 在战术训练中要更注意引导该学龄阶段儿童学会用规则允许的正确方式保护好球权向对方球门进攻，或者是从对手那里夺回球权以阻止对手向本方球门进攻。
5. 在身体练习方面要更加注意发展该学龄阶段儿童的身体灵活性和协调性。

5. 检查考核

　　该年龄阶段的学生在身体素质方面的检查考核参照教育部规定的学生体质健康标准，或者自行设计相应的测试方法与标准。技术技能检查考核标准参照本书第11章"检查考核部分"的相应评价标准。

5.1 颠控球与短传练习

训练目标

1. 提高队员颠控球能力。
2. 提高队员短传的准确性。

组织方法

区域 20m×30m。

器材 球、标志服、标志桶、标志盘、胶带、米尺。

方法

1. 场地设置如下图所示。队员从开始线用身体的合理部位颠球（共10m）。
2. 如果颠球时球落下，从落下处继续颠球。
3. 通过完成线进入准备传球区后，往标志桶方向传球（不得跃过传球线）。

训练要点

1. 对颠球失误的次数可以有所限制。
2. 踢进不同距离的标志桶之间的分值不同。
3. 每名队员3次机会。

方法示意图

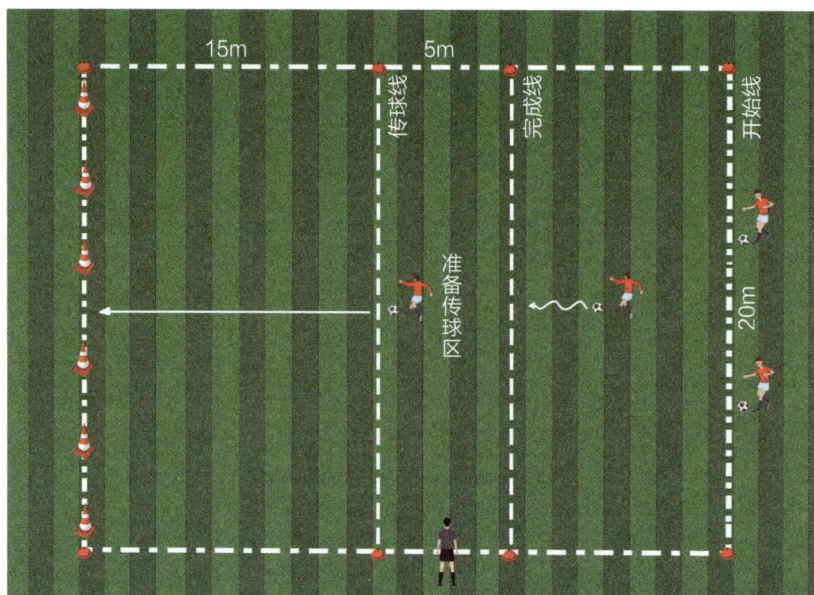

5.2 运球与射门练习

训练目标

1. 提高队员带球能力。
2. 提高队员身体的灵敏性与协调性。
3. 提高队员射门的准确性。

组织方法

区域 罚球区弧与开始线的距离为10m。

器材 球、标志服、标志桶、标志杆、秒表、米尺。

方法 听到教练员信号后，队员从开始线带球绕过标志桶到罚球区前射门。

训练要点

1. 每名队员4次射门机会，左右脚各2次，不允许队员将球传进球门，而要将球直接射向球门。
2. 队员从开始线带球到结束线射门前要计算时间。
3. 记录4次射门的成绩中最好的一次。
4. 射进球门不同的区域，分数标准不同。

方法示意图

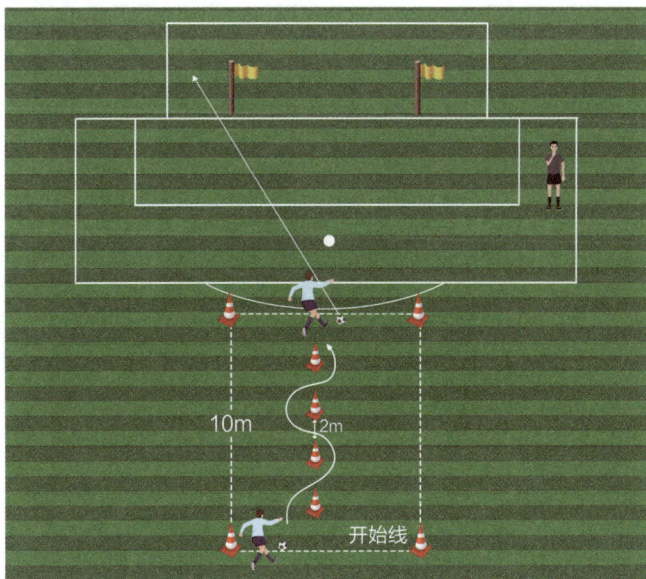

5.3 快速短传练习

训练目标

1. 提高队员快速传球的能力。
2. 提高队员传球的准确性。

组织方法

区域 2个挡板之间的距离为7.5m，中间传球的方形区域大小为1.5m×1.5m，挡板与传球区域的距离为3m。

器材 球、挡板、标志服、标志桶、秒表、米尺。

方法 队员站在传球区域，听到教练员的口令后，开始往一侧挡板踢球，当球弹回传球区域后，转身踢球到另一侧挡板，计算在30秒之内传球的次数。

训练要点

1. 每名队员有2次机会，记录最高的分值。
2. 队员要在30秒内尽可能多地传球。

方法示意图

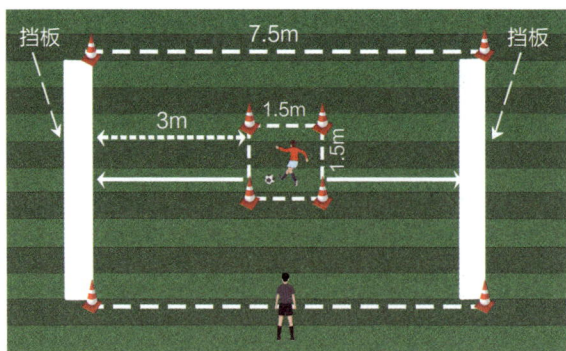

5.4 立定跳远练习

训练目标

1. 提高队员爆发力。
2. 提高队员上肢与下肢的协调配合能力。

组织方法

区域 如下页图所示。

器材 标志服、标志桶、胶带、米尺。

方法 队员站在开始线前，尽自己最大的能力往远处跳跃。

1. 每名队员2次跳跃机会，记录跳得最远的成绩。

2. 注意手臂和腿协调用力。

方法示意图

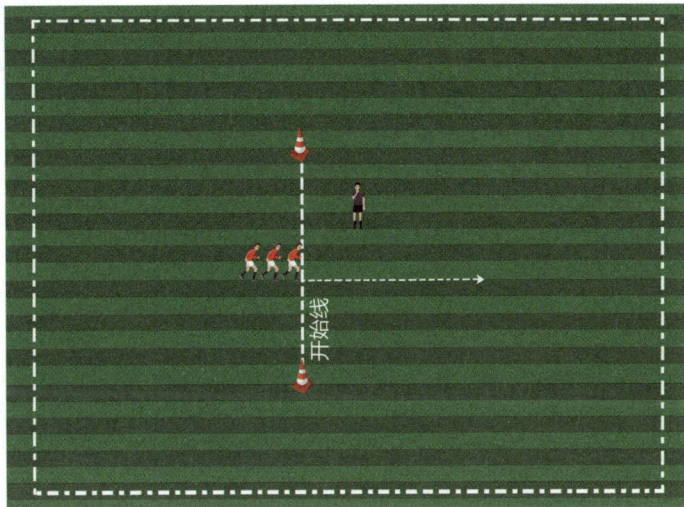

开始线

5.5　20m直线冲刺跑与带球跑练习

训练目标

1. 提高队员冲刺跑的速度。

2. 提高队员的反应速度与灵敏性。

3. 提高队员带球跑的能力。

组织方法

区域　开始线与结束线的距离为20m。

器材　球、标志服、标志桶、胶带、米尺、秒表。

方法

1. 队员站在开始线前，听到教练员的口令后冲刺跑。2名教练员分别站在第1个10m处和结束线处记录队员冲刺跑所用的时间。

2. 听到教练员口令后，队员带球快速跑过结束线。2名教练员分别站在第1个10m处和结束线处记录队员完成带球跑所用的时间。

训练要点

1. 每名队员2次机会，记录用时最短的成绩。
2. 注意手臂和腿协调用力。

方法示意图

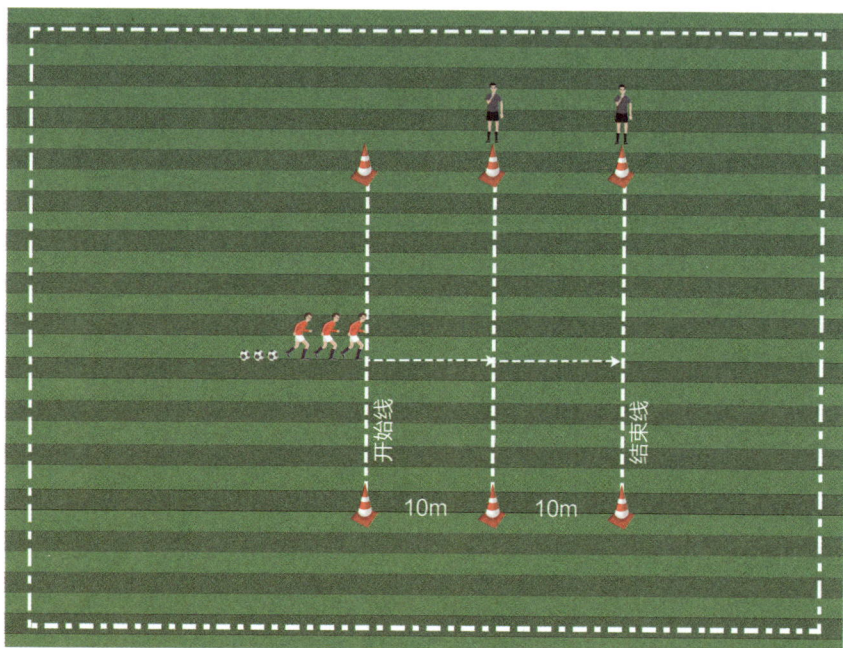

第4章 U11~U12（小学五~六年级）阶段

U11~U12年龄段是在经过U6及学龄前阶段开始接触足球，U7~U8阶段的体验和兴趣发展，以及U9~U10阶段的基本技术的入门学习后，进入正确学习和掌握规范的足球技术和战术知识，形成正确行为习惯的黄金年龄阶段。因此，在此阶段建立扎实的基础对今后形成和发展专项竞技能力有着非常重要的意义。

1. 训练目标

1. 通过足球游戏与足球训练活动，进一步培养该学龄阶段儿童对足球运动的兴趣，培养儿童终身热爱体育健身、热爱足球运动的良好习惯。

2. 通过足球游戏与足球训练活动，进一步培养该学龄阶段儿童以"精益求精"的态度对待学习与训练，形成良好的团队合作意识，形成自觉遵守纪律的良好习惯；引导、教育该学龄阶段儿童客观对待学习与训练过程中的困难与挑战，提高心理承受能力。

3. 进一步培养该学龄阶段儿童在活动中利用身体可能的部位，对空中球、反弹球以及地面球等各种球的准确控制能力，进一步提高儿童的控球能力。

4. 进一步提高该学龄阶段儿童正确完成各种基本技术的规范水平，注意重点发展与提高该学龄阶段儿童在不同对抗练习中合理运用技术的能力。

5. 以不同方式的1V1、2V2和3V3练习为主要手段，教授个人和小组进攻、防守的主要基本知识，提高该学龄阶段儿童个人及小组的基础攻防战术能力。要突出培养和提高该学龄阶段儿童的决策能力。

6. 提高该学龄阶段儿童的反应速度以及身体协调控制能力。抓紧抓好该学龄阶段儿童各项身体素质敏感期的训练，训练内容要突出对速度、灵敏性、协调性等重要素质的训练。在灵活性方面，应特别注意发展该学龄阶段儿童的踝关节、膝关节和髋关节的灵活性。

7. 让该学龄阶段儿童体验到与同伴配合所带来的乐趣，培养该学龄阶段儿童使其具备良好的交流合作能力。

8. 进一步深入该学龄阶段儿童比赛规则，培养该学龄阶段儿童在比赛中遵守规则与积极地利用规则的公平竞争意识。

9. 让该学龄阶段儿童体验比赛成功和失败的感觉，培养和提高该学龄阶段儿童自我控制的意识和能力。

2. 基本训练内容

2.1 技术训练部分

该学龄阶段儿童通过最大限度地重复各种主题的技术练习，正确掌握规范的运球技术，并将各种单个的技术动作（如球感、运球、带球跑、传球、接球、控制球、射门、头顶球、抢球等）在不同的对抗干扰和限制条件下，熟练且合理地组合应用，逐步形成具有个性化特点的技术运用能力。具体训练安排如下。

1. 为了提高颠控球的熟练性，从颠球高度不断变化、颠球方向不断变化、双脚随意交替颠球、颠反弹球、提高灵活性与协调性的"花式"颠球练习，逐步过渡到在活动中与对抗情况下的多部位颠控球练习。

2. 以提高单个技术动作熟练性与两个动作之间的连接速度为主要目的，进行左右脚的脚背外侧、脚背内侧、脚背正面、脚内侧、脚掌和脚尖等不同部位的推球、拨球、拖拉球、扣球、踩球和挑球等基本技术的组合练习，学习较复杂的结合假动作的运球变向、变速、转身及运球过人技术。

3. 进行在不同速度运动状态下的脚部、大腿、胸部接控球－传球、接控球－射门和接球－运球等基本技术及组合技术练习，包括地滚球、反弹球和空中球等。

4. 以提高该学龄阶段儿童脚背外侧、脚背内侧、脚背正面、脚内侧踢球和头顶球的动作技术规范水平为主，在活动中和对抗情况下进行多种形式的传地滚球、平高球与过顶球练习，以及在活动中和对抗情况下进行多种形式的射门基本技术练习。

5. 进行正面抢球、捅球、封堵，侧面抢球、捅球、合理冲撞、断球，背后紧逼盯人、捅球破坏、断球等练习。

2.2 战术训练部分

1. 个人战术训练。

通过多种形式的1V1和人数处于劣势情况下的攻防对抗练习，让该学龄阶段儿童学习合理选择战术并掌握有效执行战术的方法。通过启发式的教育，培养该学龄阶段儿童主动和创造性的思维习惯，提高他们解决问题的能力。

以提高该学龄阶段儿童快速判断、合理选择攻防手段与策略，有效选择攻防位置与对象的能力为主，进行多种形式和目的的1V1、1V1+自由人和1V2等攻守练习。

2. 小组战术训练。

进行小组规模在2~5人的人数相等、人数优势和人数劣势情况下的攻防对抗和比赛式练习，使该学龄阶段儿童学习和掌握与同伴协作的基本攻防战术，培养和提高该学龄阶段儿童通过良好的沟通和交流，采取合理有效的进攻或防守的战术的能力。具体如下。

（1）采用多种形式的限定区域和攻守目标的2V1、2V2、2V3攻守，3V2、3V3、3V4攻守，4V3、4V4、4V5攻守和5V4、5V5攻守等练习。

（2）教授局部小组防守时的选位基本原则与方法，紧逼盯人与压迫、保护与补位、盯防空当的基本原则与方法，2~5人之间夹击、围抢和平衡的小组协同防守原则与方法。

（3）反复磨炼2~3人基本进攻配合默契，并以2V2、3V3、4V4和5V5为主要攻守练习培养和提高该学龄阶段儿童灵活转移进攻方向的意识和能力。

2.3 身体训练部分

根据生长发育的特点和身体素质发展敏感期的特点，该学龄阶段儿童要学习正确的跑步动作，重点加强身体主要运动部位协调运动的能力，以及快速反应、完成动作的能力，其中包括无球时和有球时的协调运动能力。借助辅助器材加强各种脚步移动，上肢、躯干和下肢协同配合完成各种方向的跑、跳、转身以及失去重心的情况下快速完成动作的能力，提高变向、变速、假动作运用以及身体重心调节等能力。

具体如下。

1. 进行以提高该学龄阶段儿童基础平衡能力、协调能力、灵活性、节奏感为主的多种徒手体操基本动作和垫上滚、翻动作练习。

2. 进行以提高该学龄阶段儿童基础速度素质（动作、反应、位移）、平衡能力、协调能力为主的多种不同身体姿势的变速、变向跑练习，如起动跑、（运球）追逐跑、（运球）接力、加速跑、转身跑、曲线跑、斜折线跑、单、双脚跳跃游戏，跨越不同高度和形式的障碍的游戏等。

3. 进行以提高该学龄阶段儿童基础灵活性、协调性、节奏感为主的多种变步幅、变节奏的不同方式的跑动练习，如利用小栏架、标志桶进行多种变动步法跑动练习。

4. 进行提高该学龄阶段儿童踝关节的灵活性的练习。

2.4 心理训练部分

通过形式多样的技术、战术、身体练习，有意识地继续培养该学龄阶段儿童对足球运动的兴趣和热情，提高儿童集中注意力的能力，让儿童体验成功和失败的感觉，鼓励儿童克服困难和挫折，锻炼和提高儿童在对抗条件下应对压力的能力，培养儿童与人合作的团队精神。具体如下。

1. 在各种形式的身体素质练习中，采用分组比赛的方式，培养团队合作和竞争意识，增加比赛乐趣，以提高儿童集中注意力的能力。

2. 在技术练习中通过不断提出新的要求和变换练习方法，增加练习的新鲜感和趣味性，以多球、多颜色和多选择等方法，提高集中注意力的能力。

3. 在分组对抗的比赛式练习中，创造竞争氛围，使儿童体验成功与失败的感觉，培养应对压力和自我心态控制的意识，不断磨炼意志力。

2.5 理论学习部分

1. 讲授比赛规则中的重点内容，如进球、越位犯规、直接任意球犯规、间接任意球犯规、红黄牌犯规和界外球等。

2. 讲授个人战术纪律要求基本知识、比赛基本原则。

3. 讲授传球的基本要点与基本评价方法。

4. 讲授运球的基本要点与基本评价方法。

5. 介绍球星的励志成长经历。

6. 组织观看高水平球队的比赛。

2.6　比赛检验部分

采用8V8的比赛方式，检验该学龄阶段儿童平时训练的各种技术、战术的实战能力，重点建立基本的攻防比赛原则和位置概念，有意识地培养前锋线、前卫线、后卫线的左右两边及中间的攻防战术概念，为今后的11V11比赛打下基本位置职责和技巧基础，并使守门员融入比赛整体之中，增强团队意识。

3. 基本训练方法

根据上述训练目标和基本训练内容，教练员要创造性地设计并形成基本的练习模式，细致耐心地讲解足球专项基础知识，负责任地、系统地培养儿童形成正确的足球概念，逐步锻炼和全面提高该学龄阶段儿童能够拥有的足球运动基本能力。

提高该学龄阶段儿童的基本技术、战术、身体素质及心理素质的练习组织形式可参考以下训练方法。

3.1　球感练习（1）

训练目标

1. 提高队员颠控球的熟练性。
2. 提高队员对空中球和反弹球的控制能力。

组织方法

区域　15m×15m。

器材　球、标志桶、标志服。

方法　每人控1个球，在方形区域内按照不同要求运用身体的可利用部位控制各种性质的球，颠球高度、颠球方向不断变化。

1. 颠球（用脚背、大腿、脚外侧和头部等其他部位）。
2. 缓冲控球（用头部、大腿和脚的各个部位等）。
3. 下压停球（用脚底、脚背内侧和脚背外侧等）。

训练要点

1. 颠球：支撑腿要灵活站立。
2. 缓冲控球：根据球的力量接触球，以此来缓冲球的力量。
3. 下压停球：调整好触球部位和地面角度。
4. 注视球，根据球的运动方向迅速移动。

方法示意图

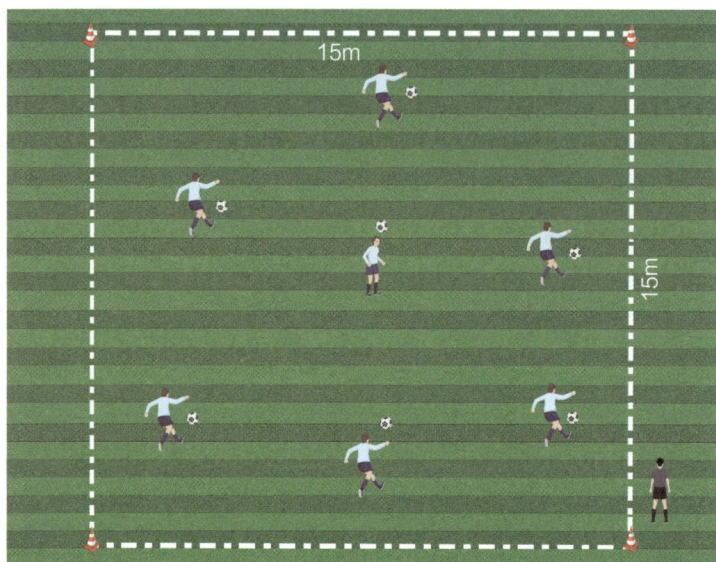

3.2 球感练习（2）

训练目标

1. 在有干扰的情况下提高队员对球的控制能力。
2. 提高队员在不同高度和不同方向的颠球和挑球的能力。

组织方法

区域 20m×20m。

器材 球、标志桶、标志服。

方法 每2人1组，随意进行各种颠球和挑球等变向控制球练习，刚开始时干扰难度不宜过大。队员轮流交替控球。

训练要点

1. 颠球时的击球点略高。
2. 颠球和挑球后移动重心。
3. 空中球变为地面球时要平稳，连接动作要熟练。

方法示意图

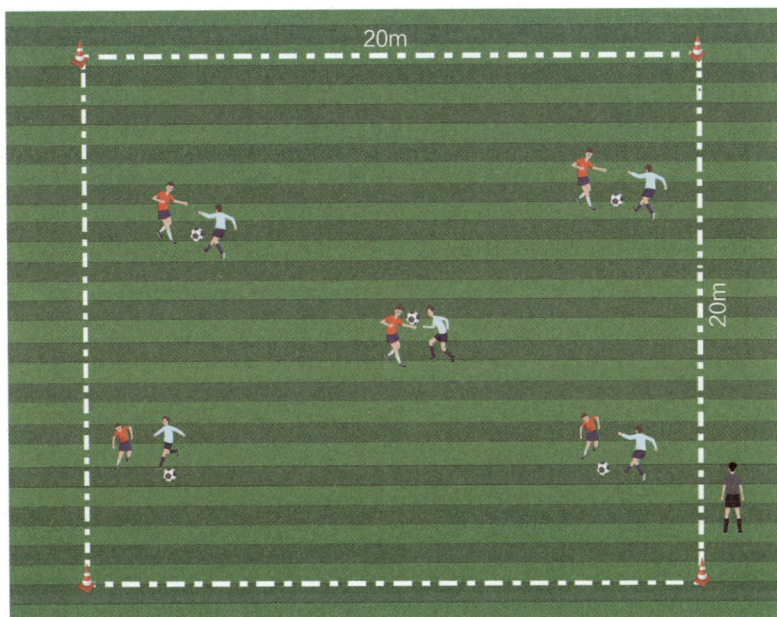

3.3　球感练习（3）

训练目标

提高队员用头部控制球的技术。

组织方法

区域　20m×20m。

器材　球、标志桶、标志服。

方法　2人控1个球，相对头顶球。

1. 原地站立头顶球。

2. 跳起，头顶球。

3. 鱼跃头顶球。

4. 处于活动中变化角度的头顶球。

训练要点

1. 判断球的落点。

2. 顶球的部位要正确。

3. 控制顶球的方向和力量。

方法示意图

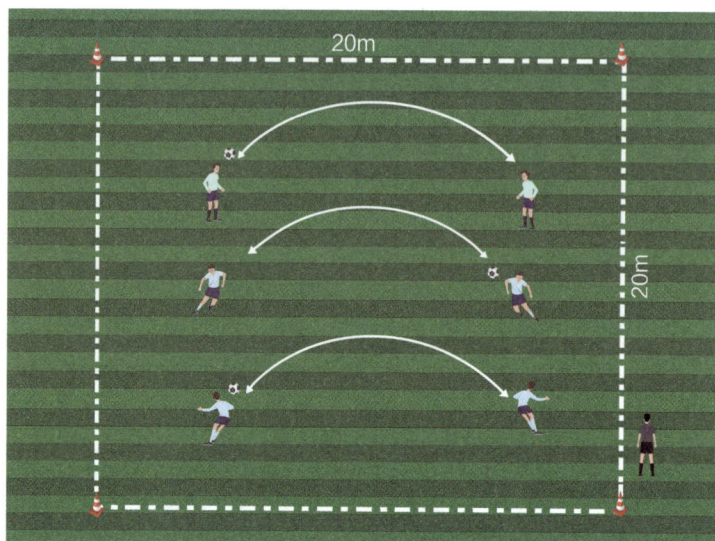

3.4 球感练习（4）

训练目标

1. 提高队员移动中用身体各个部位颠球的能力。
2. 增强队员取胜欲望。

组织方法

区域 2个8m×6m的区域。

器材 球、羽毛球网、标志桶、标志服。

方法 参照4V4网式足球比赛规则。

1. 根据队员水平，要求球不落地或允许落地1次，每方必须在3次以内将球顶向或踢向对方场地。
2. 15球1局，可根据人数循环比赛。

训练要点

1. 判断来球方向和速度。
2. 脚步要及时移动。
3. 同伴间准确传球。
4. 观察对方的位置。
5. 互相交流合作。

方法示意图

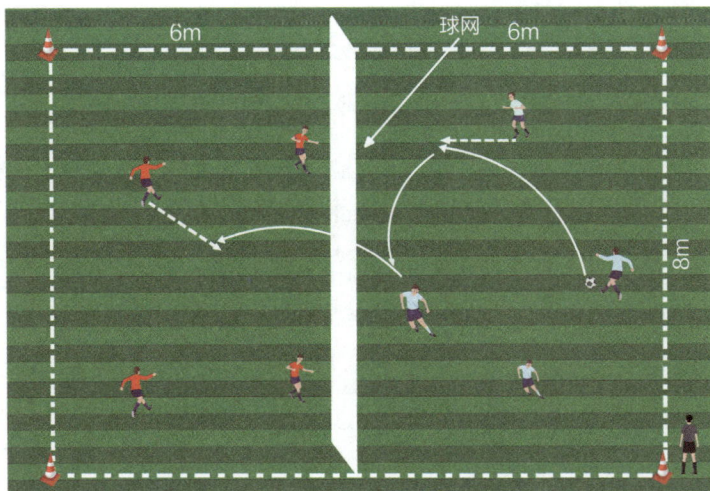

3.5 运球练习（1）

训练目标

1. 提高队员沿直线快速运球的能力。
2. 提高队员运球速度。
3. 增强练习趣味性。
4. 提高队员抗压能力。

组织方法

区域 里边的方形区域：12m×12m。
外面的方形区域：16m×16m。

器材 球、标志服、标志桶。

方法 根据教练员的信号开始，快速带球绕场地1圈后开始比赛。

1. 顺时针方向绕标志桶。
2. 从标志桶里侧推球，从外侧绕过标志桶继续运球。
3. 到下一个标志桶之前至少接触球1次。

变化

1. 逆时针方向绕标志桶。
2. 组间比赛。

训练要点

1. 支撑腿要灵活站立。
2. 注意多观察。
3. 保持对球的控制。
4. 运球可用脚背正面、脚背外侧，推球可用脚背外侧、脚背内侧。

方法示意图

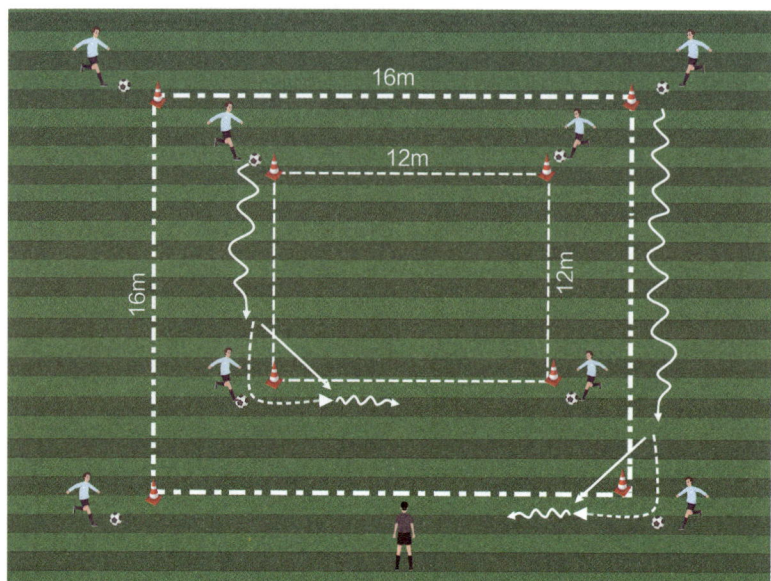

3.6 运球练习（2）

训练目标

1. 提高队员用脚的各个部位运球时变向的能力。
2. 提高队员结合假动作变向的能力。
3. 提高队员抗压能力。

组织方法

区域　12m×12m。

器材　球、标志服、标志桶。

方法　向中心标志桶方向运球，然后运球变向，从第一次触球开始，用脚的各种部位以拨、扣、拉和踩等方式运球，90度或180度转身后传球给下一个人。

训练要点

1. 支撑腿要灵活站立。
2. 使用假动作。
3. 改变速度。
4. 注意多观察。

方法示意图

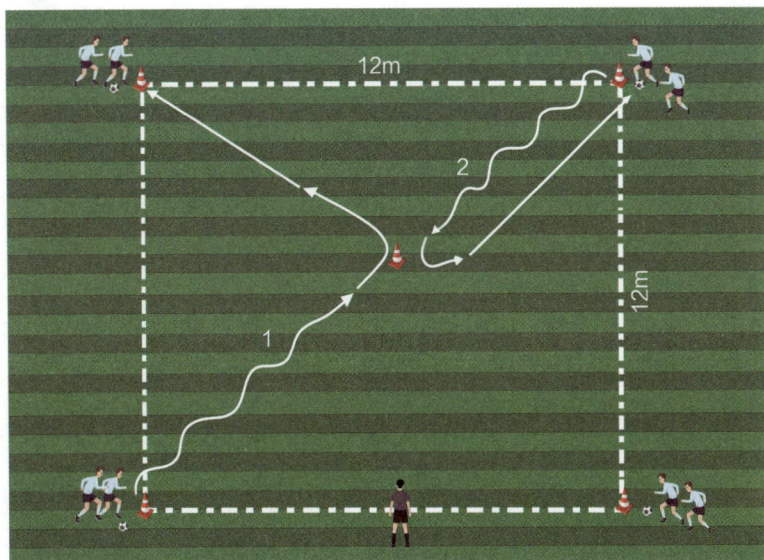

3.7 运球练习（3）

训练目标

1. 提高队员在有对抗下的运球能力。

2. 提高队员运球过人射门能力。

3. 提高队员决策能力。

组织方法

区域 （8~10）m×（8~10）m。

器材 球、标志服、标志桶。

方法

1. 以教练员传球为开始。

2. 进攻方运球试图通过用标志桶做成的
   小球门。

3. 教练一旦将球传出后防守方即开始防守。

4. 当防守方得到球后，双方角色转换。

5. 做完1次练习后转到对面一侧进行练习。

训练要点

1. 注意多观察。

2. 第一次触球。

 （1）奔向球门。

 （2）有效利用拨、扣、拉、踩球和转身。

注意事项

高水平队员在经过一定的比赛后，可增
加传球或运球的练习难度。

方法示意图

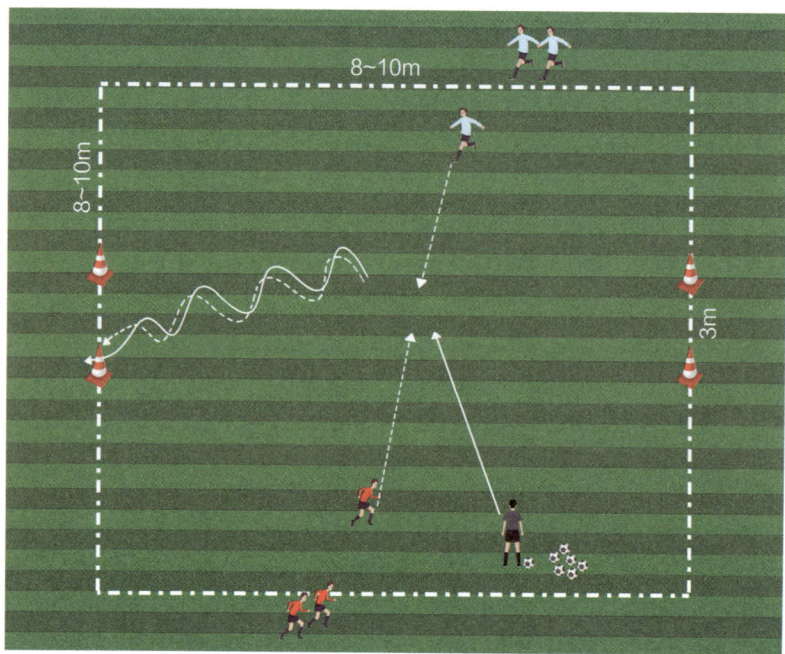

3.8 运球练习（4）

训练目标

1. 提高队员对抗中运球过人的能力。
2. 提高队员观察和决策的能力。

组织方法

区域　20m×30m。

器材　球、标志服、标志桶。

方法　进行5V5运球过线比赛，教练员要鼓励队员多运球过人和得分。

变化　根据队员的能力，可采用不同大小的球门进行有方向的运球对抗练习。

训练要点

1. 注意观察。
2. 注意运球过人的方向。
3. 注意运球过人时要使用假动作。
4. 注意运球过人的时机。
5. 注意方向的变化。

方法示意图

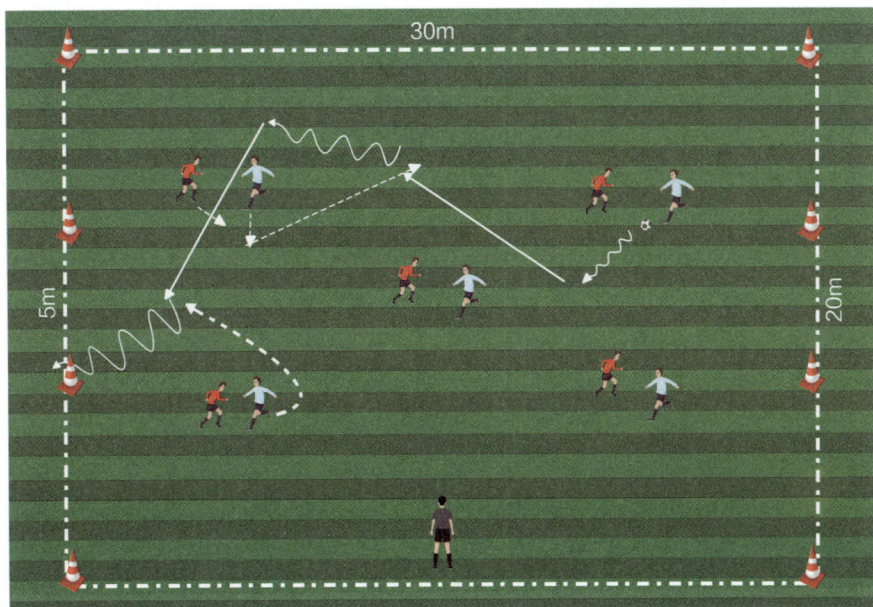

3.9 传球技术练习

训练目标

队员要学习和掌握不同脚法的传球技术。

组织方法

区域　10m（小球门2~3m）×30m。

器材　球、标志桶、标志服。

方法

1. 1~2名队员进行传球配合后，采用地滚球的方式将球传过小球门给对面。

2. 弧旋球要绕过标志桶。

3. 高球要越过标志桶。

训练要点

1. 注意传球质量。

2. 主动迎球。

3. 注意交流。

4. 注意支援的质量。

注意事项

1. 追求准确（移动中运用技能的质量）。

2. 运用2条腿。

方法示意图

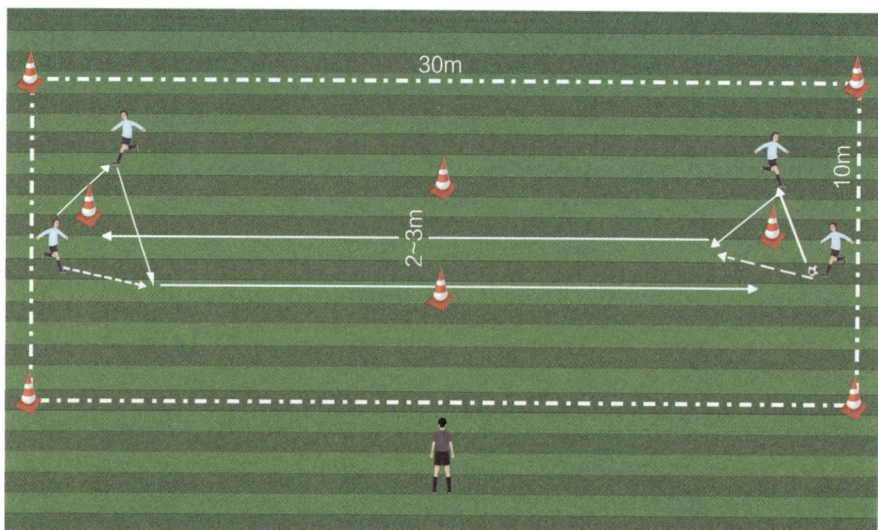

3.10 接球练习

训练目标

1. 提高队员在对抗条件下摆脱对方队员的能力。
2. 提高队员第一次触球的质量。

组织方法

区域 30m × 50m。

器材 球、球门、标志桶、标志服。

方法 5V5+2GK攻守练习，若球出边线，可用手掷界外球来恢复比赛。

训练要点

1. 注意观察（保持良好的视野）。
2. 注意第一次触球（控球到空当）。
3. 注意交流。
4. 注意传球的质量。

方法示意图

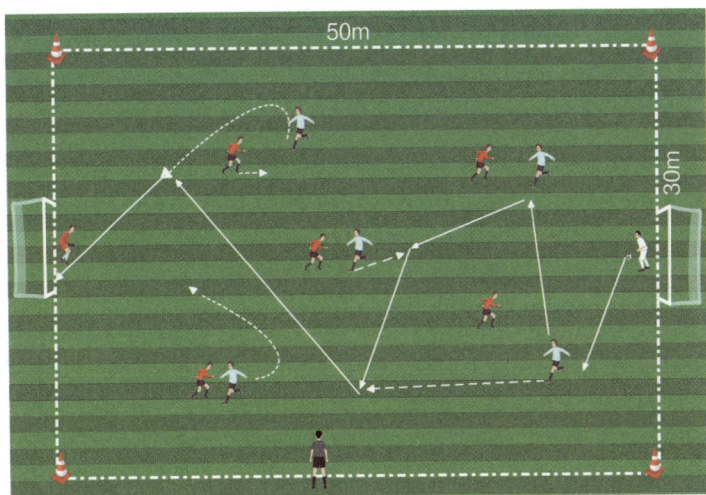

3.11　射门练习（1）

训练目标

1. 使队员正确掌握用脚击球的部位和射门的技术动作。
2. 提高队员射门的准确性。

组织方法

区域　15m×30m。

器材　球、标志服、标志桶。

方法

1. 带球队员经过通道传球给对面队员。
2. 接球队员第一次触球后将球传给同组队员。
3. 同组队员第一次触球后经过通道将球传给对面队员。
4. 4组队员按上述方法依次进行接传球。

注意　通道大小可根据队员的能力进行调整。

训练要点

1. 正确地击球。
2. 固定脚部。
3. 注意支撑腿的位置和灵活性。
4. 注视球。
5. 随前面队员移动。
6. 注意换方向。

注意事项　练习时与同伴进行良好的交流，合理运用双脚。

方法示意图

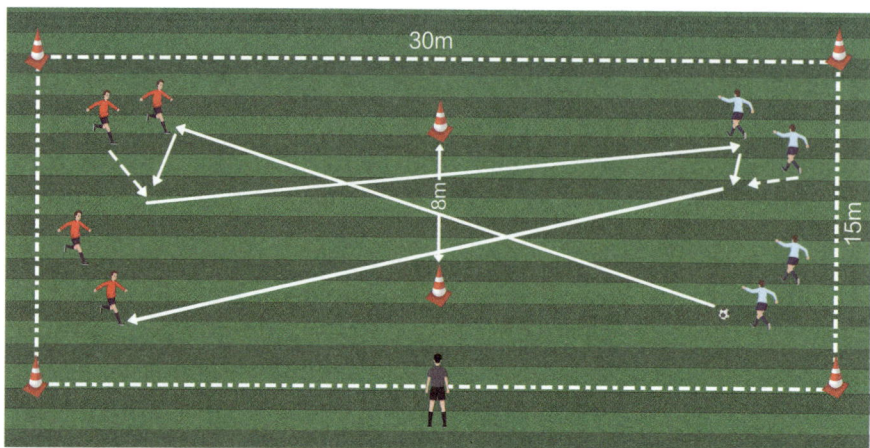

3.12 射门练习（2）

训练目标

1. 提高队员在有干扰情况下射门的准确性。
2. 培养队员在射门前观察守门员位置的习惯，并提高队员选择射门角度的能力。

组织方法

区域 1/2场地。

器材 球、球门、标志服、标志桶。

方法

1. 防守方队员传球给进攻方队员。进攻方队员接球后运球，通过2个标志桶之间后射门。
2. 防守方队员传完球后立即开始防守。

训练要点

1. 正确地击球。
2. 固定脚部。
3. 注意支撑腿的位置和灵活性。
4. 注视球。
5. 随前面队员移动。

注意事项

调整标志桶与防守方队员、进攻方队员的距离。

方法示意图

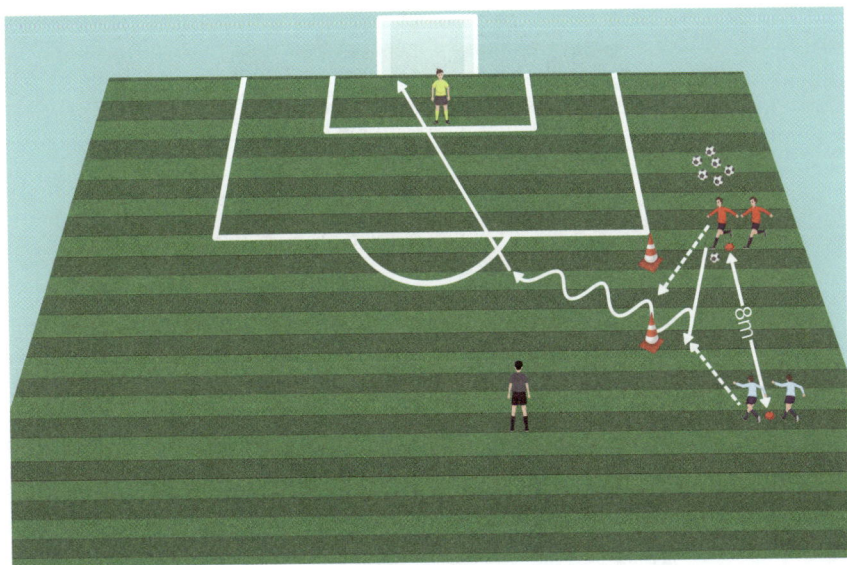

3.13　射门练习（3）

训练目标

1. 提高队员在不同防守队员干扰下与同伴配合射门的能力。
2. 提高队员的应变能力。

组织方法

区域　35m×30m。

器材　球、球门、标志盘、标志服。

方法　向前传球给对面队员，队员接到传球后射门或前锋摆脱防守队员接到后面同队队员的传球后，转身运球射门。

训练要点

1. 正确地击球。
2. 固定脚部。
3. 注意支撑腿的位置和灵活性。
4. 注视球。
5. 随前面队员移动。

选择　后面的队员防守2V1。

方法示意图

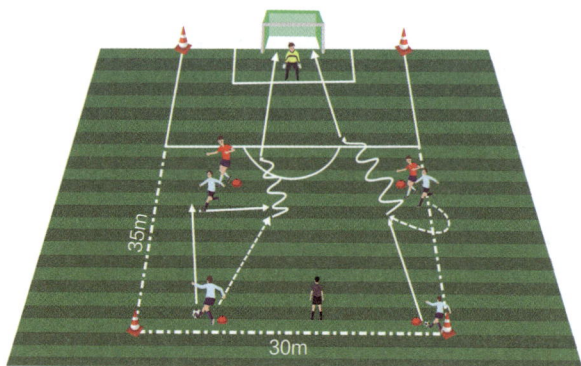

3.14　射门练习（4）

训练目标

1. 提高队员在强对抗情况下射门的能力。
2. 提高队员射门的信心。

组织方法

区域　40m×30m。

器材　球、球门、标志桶、标志服。

方法　进行4V4+2GK攻守练习。若球出边线，则用手掷界外球恢复比赛，得分一方再由同队守门员发球继续进行比赛，以示奖励。

训练要点

1. 射门要果断。
2. 射门前观察守门员位置。
3. 射门动作要快而小。
4. 射门进球。

方法示意图

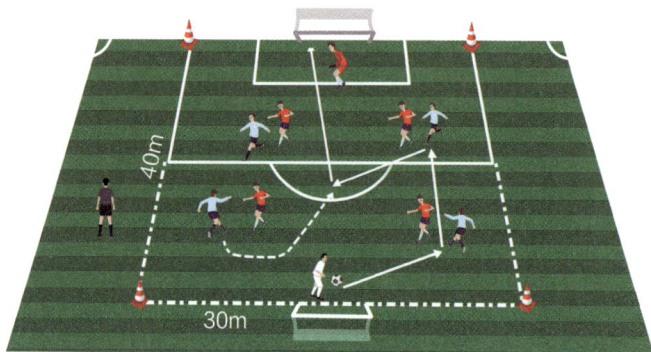

3.15 头顶球练习（1）

训练目标

1. 教授队员头顶球的基本技术。
2. 提高队员在比赛中正确运用头顶球技术的能力。

组织方法

区域 10m×10m。

器材 球、球门、标志桶、标志服。

人员 将队员分成人数相等的2队。

方法 方形区域内进行1V1，设2名守门员，剩下的队员每人1个球站在场外，2支队伍分别站在场地的两侧。

顺序 每队指定1个球门，场地外面的队员将球扔到场地中间（左右两侧的队员轮流替换）。场地内的2名队员设法攻进对方队的球门，进球后换2名新队员开始1V1比赛。

变化 2分钟1组，最后看哪一队得分多。

训练要点

1. 判断球的落点。
2. 选择头顶球的时机。
3. 观察守门员位置。
4. 头顶球的技术动作要准确。

方法示意图

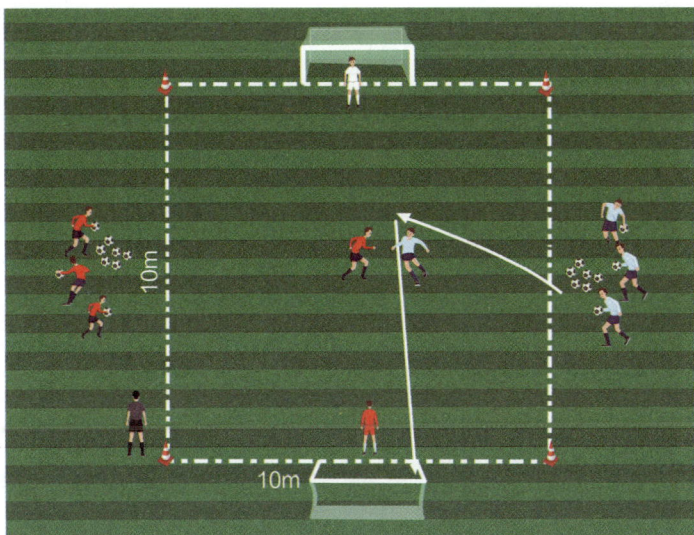

3.16 头顶球练习（2）

训练目标

1. 提高队员在强对抗情况下射门的能力。
2. 提高队员射门的信心。

组织方法

区域　20m×50m。

器材　球、球门、标志服、标志桶。

方法　将队员分成2组，每组的1名队员进入场地内，在有守门员守门的球门前1V1。剩下的队员在底线外，每人1个球。大球门对面两侧设置2个约5m宽的活动球门。

顺序　场地外面的队员将球踢到中间（左侧和右侧的队员轮流踢）。进攻队员设法用头顶球得分。防守队员的任务是用头将球顶远，并且顶进2个小球门的其中1个。每次进球之后，进攻队员和防守队员互换角色。

训练要点

1. 射门要果断。
2. 射门前队员要观察守门员位置。
3. 射门动作快而小。
4. 射门进球。

方法示意图

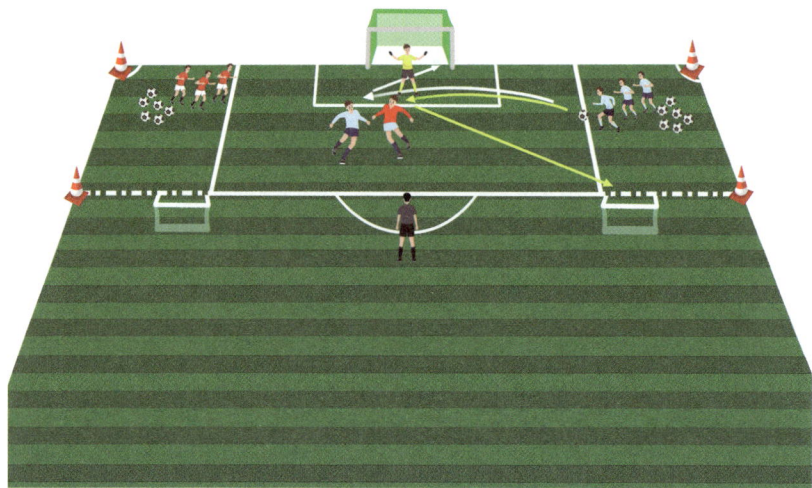

3.17 头顶球练习（3）

训练目标

1. 提高队员在对抗中进攻和防守头顶球的能力。
2. 锻炼和培养队员勇敢的精神。

组织方法

区域 50m×30m。

器材 球、球门、标志桶、标志服。

方法 4V4+2GK+自由人攻守头顶球比赛，位于场地内的队员正常比赛，双方都可利用两边的自由人，得分多者取胜。

规则 守门员不能将球罚至对方半场。

得分 正常得分为1分，传中头顶球得分为3分。

变化 可根据队员能力，组织更多人员，可以规定两边成为限制区或取消限制区。

训练要点

1. 判断好落点。
2. 敢于与对方队员争抢空中球。
3. 进攻要得分或做球给同队队员射门。
4. 防守则要将球顶出危险区，改变球的方向。

方法示意图

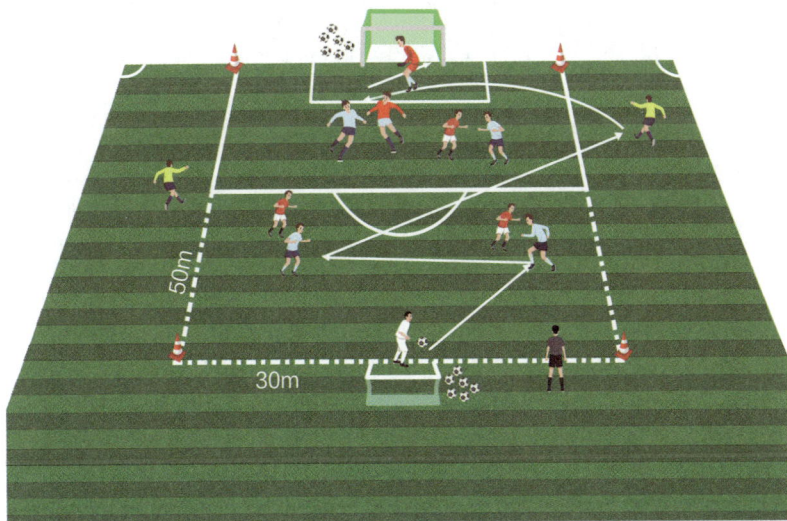

50m

30m

3.18 抢球练习（1）

训练目标

1. 学习移动脚步和保持重心的方法。
2. 学习伺机抢断技术。

组织方法

区域 10m×20m。

器材 球、标志服、标志桶。

方法 躲闪。

1. 抢球队员对持球队员的移动做出反应，保持适当距离。
2. 接球队员面对对手时，用灵活的脚步移动，争取不被对手抢断（不要造成弱势一侧，给对手机会）。

训练要点

1. 注意脚步移动。
2. 注意准备姿势（面对对手）。
3. 注意距离。

滑铲 用滑铲抢断对手的球。

注意事项

1. 快速回防。
2. 小心别用手犯规（注意安全）。

方法示意图

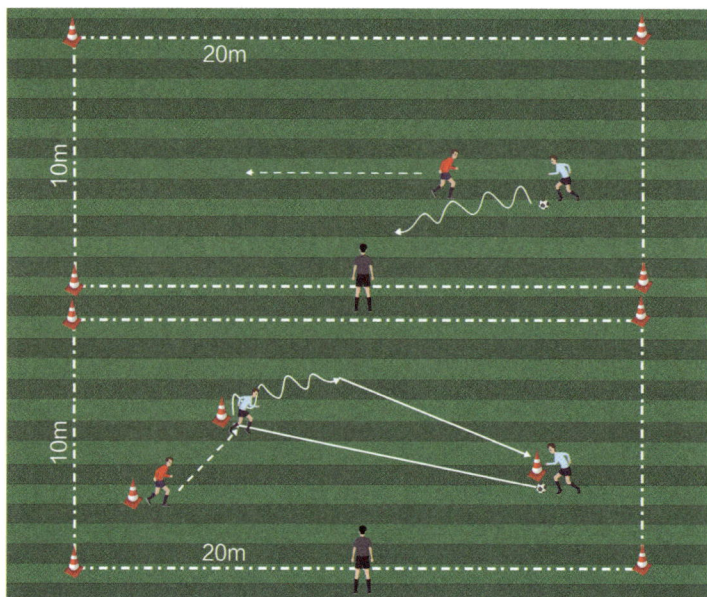

3.19　抢球练习（2）

训练目标

1. 培养队员在1V1对抗中掌握抢球时机的能力。
2. 建立队员由守转攻的意识。

组织方法

区域　15m×15m。

器材　球、球门、标志服、标志桶、标记盘。

方法　由教练员发球开始1V1。

变化　场内球员接到球门（由2个间隔3m的标记盘组成）一侧球员的回传球后，带球通过球门线。

训练要点

1. 上前抢球。
2. 保持持久稳固的防守。
3. 永不放弃。
4. 由防守转为进攻。

方法示意图

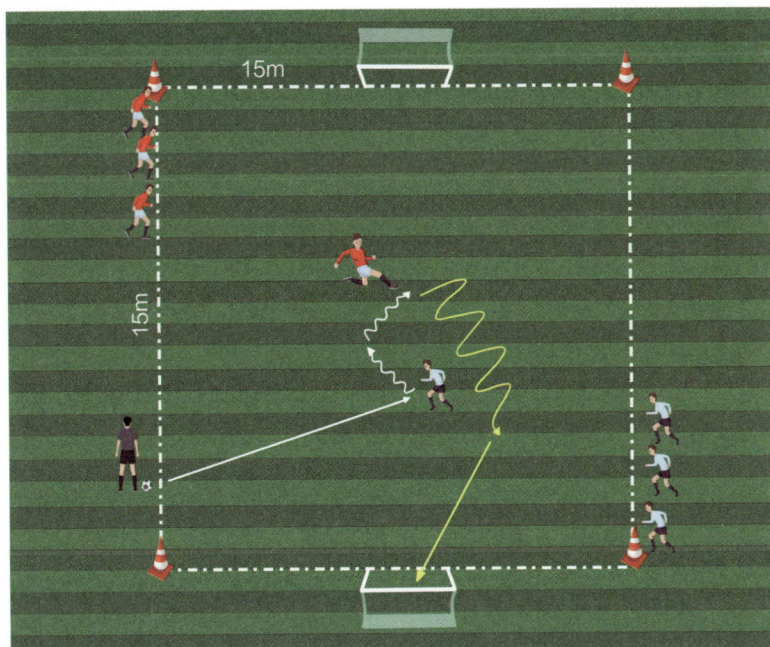

变化示意图

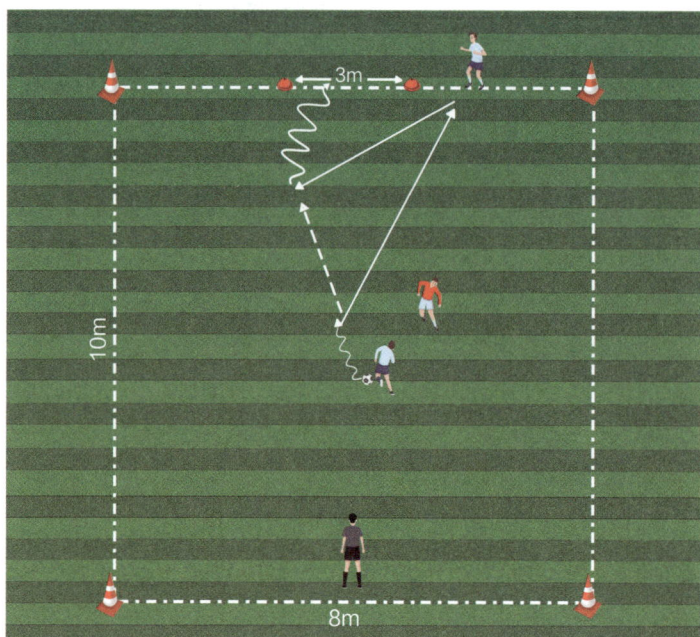

3.20 抢球练习（3）

训练目标

1. 提高队员在对抗中抢球的技术。
2. 让队员学习保护球门的基本方法。

组织方法

区域 20m×30m。

器材 球、球门、标志服、标志桶。

方法 4V4无GK攻守练习。

规则 正常得分为1分，由守转攻得分可算2分。

训练要点

1. 调整站位（基本站位是站在球和球门成一条线的位置）。
2. 上去抢球。
3. 施加压力（限制进攻者的自由）。
4. 不要错过机会。
5. 注意攻守转换。

方法示意图

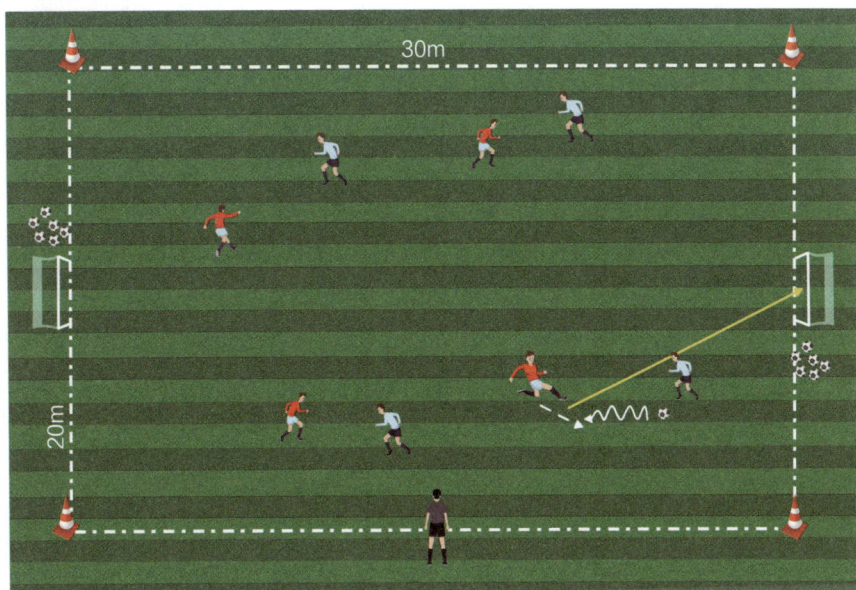

3.21 守门员技术练习（1）

训练目标

提高队员在活动中用手接球的能力。

组织方法

区域 罚球区。

器材 球、球门、标志服。

方法 在罚球区内互相传球和跑动。

1. 传球和接球。

2. 在各种移动中用双手控制球。

3. 逐步熟悉球性，结合球的各种练习，用双手运球。

训练要点

1. 注意交流。

2. 多用眼神和肢体语言进行交流。

3. 注意准备姿势。

4. 注意手形。

5. 对称地移动。

6. 用2只手接球。

方法示意图

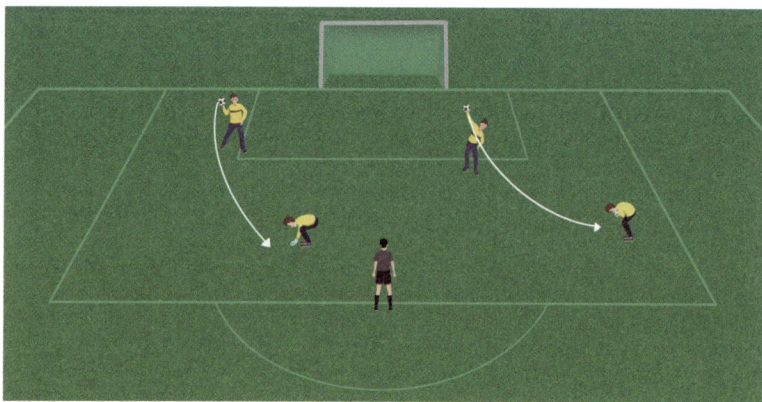

3.22 守门员技术练习（2）

训练目标

1. 让队员学习选准基本封堵对方射门的角度的方法。
2. 提高队员脚步移动和选准封堵角度的能力。

组织方法

区域 罚球区。

器材 球、球门、标志桶、标志服。

方法1

1. 射定位球。
2. 1号队员至5号队员依次射门。

方法2 进行4V4+2GK攻守比赛。

训练要点

1. 注意站位（准备姿势和方向）。
2. 做好准备姿势，便于应对对方的射门。
3. 有方向地移动，选准封堵角度。
4. 比赛中根据球的位置选择封堵角度。
5. 多交流。

方法示意图

方法1

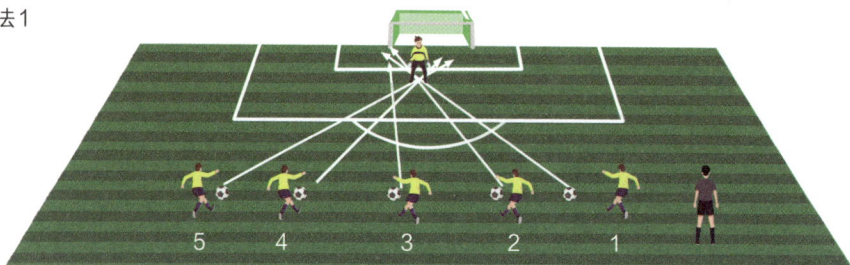

方法2

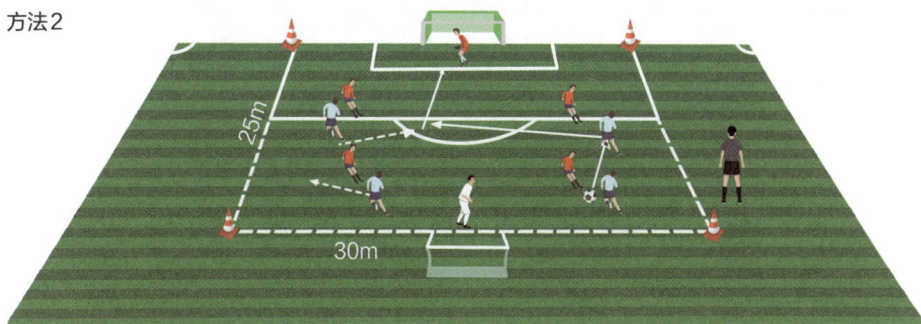

3.23 1V1进攻战术练习（1）

训练目标

1. 让队员学习不同位置和方向的1V1进攻方法。
2. 培养队员取胜的欲望。

训练要点

1. 改变方向时注意观察对手。
2. 注意变向、变速。
3. 利用假动作。
4. 利用身体保护球。

组织方法

区域 1/2场地。

器材 球、球门、标志桶、标志服。

组织形式

1. 2队队员，分别站在禁区前方两侧。
2. 第1队每人1个球。
3. 使用标志桶在禁区线前约15m的地方设置1个约10m宽的小球门。
4. 每2人1组进行练习。
5. 设置1名守门员。

在1V1中获胜

1. 拿球的队员（进攻队员）要设法得分。其他队员（防守队员）设法抢球或者是阻止射门。
2. 2名队员必须绕过标志桶，进攻队员先起跑。
3. 之后每名队员都开始练习，同伴相互交换角色。重复练习12次。

变化

1. 改变开始的位置。
2. 练习的开始是教练员给出信号或守门员给出信号。

方法示意图

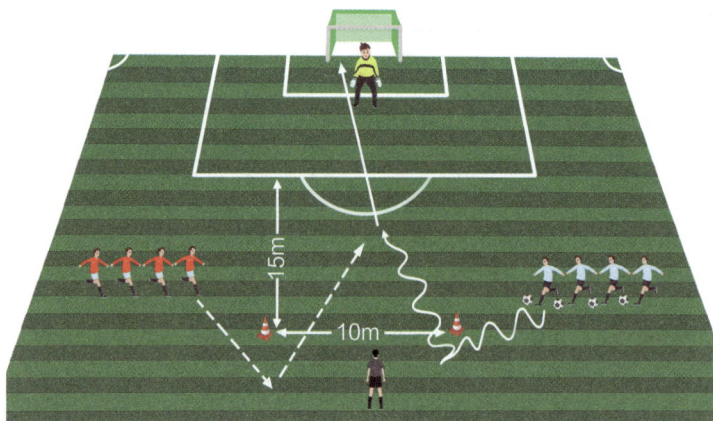

3.24　1V1进攻战术练习（2）

训练目标

1. 提高队员正面过人射门能力。
2. 提高队员决策能力。

训练要点

1. 利用假动作。
2. 观察对手重心。
3. 注意变向、变速。
4. 丢球后快速由攻转守。

组织方法

区域　1/2场地。

器材　球、球门、标志桶、标志服。

组织形式

1. 2名队员一组，3~5组队员排成2行在1个有守门员守门的标准球门前先后进行1V1。
2. 每名进攻队员拿球并且站在禁区线前约25m处。防守队员面对对手并站在禁区线上。
3. 使用标志桶在禁区线前约25m的地方设置3~5个（与组数对应）小球门。

1V1进攻不同的球门

1. 进攻队员设法到达大球门并且得分。如果防守队员得到球，则进攻队员防守小球门。
2. 防守队员设法阻止禁区外面的进攻队员射门。任何得到球的防守队员可以设法进攻小球门得分（通过射门或者运球通过小球门）。

变化

1. 防守队员待在相同的地点，进攻队员每一回合之后会轮换到下一个位置。
2. 每组或每队队员进行比赛。
3. 可在4V4+2GK对抗攻守练习中提高能力。

方法示意图

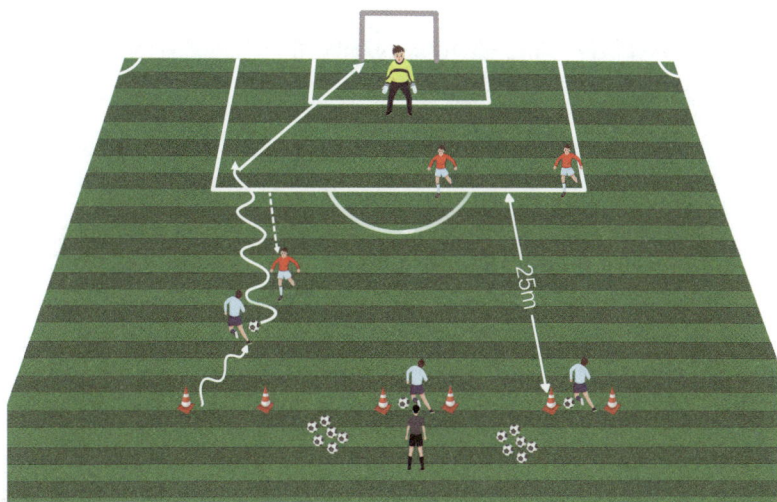

25m

3.25 2V1战术练习

训练目标

1. 教授队员2人配合进攻的基本方法。
2. 提高队员在2人正面快速配合时进攻的能力。
3. 提高队员的决策能力。

组织方法

区域 70m×40m，有中线。

器材 球、球门、标志服、标志桶。

组织形式 每个底线1个球门、1个守门员，进攻方在一侧底线，防守方在中线。

要求 每一次进攻要在8秒内完成。

方法 防守方守门员发球给进攻方守门员，进攻方守门员将球传给场内进攻球员后进入场内，成为进攻球员，2名进攻队员进行2V1练习并射门，防守队员抢得球后反击。

变化 当进攻方球员进入防守方半场后，可加入1名防守队员变为2V2攻防练习。

训练要点

1. 找准传球时机。
2. 找准传球方向。
3. 控制传球力量。

4. 注意跑位时机和速度。
5. 注意跑位方向和意图。

方法示意图

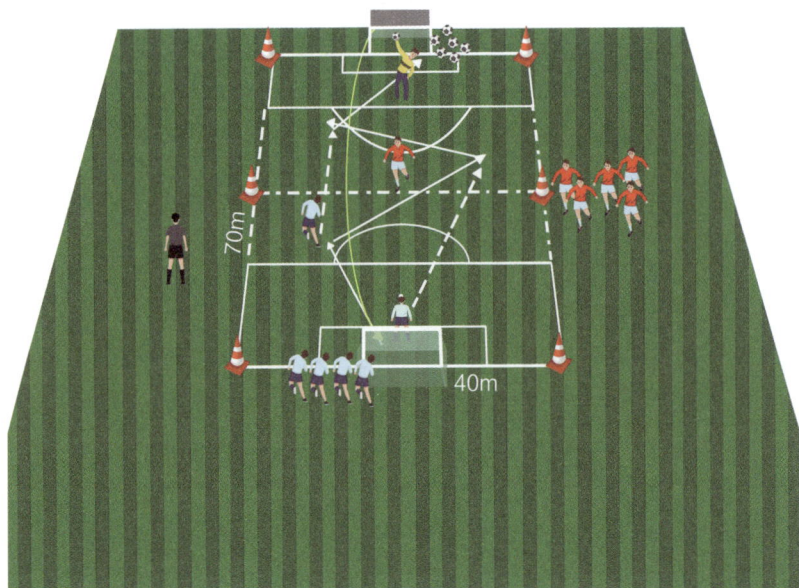

70m

40m

3.26　2V1+3V2 战术练习

训练目标

1. 提高队员在团队赛中的快速进攻配合能力。
2. 提高队员的决策能力。

组织方法

区域　70m×40m，有中线。

器材　球、球门、标志服、标志桶。

组织　每个底线1个球门、1个守门员，进攻方在一侧底线，防守方在中线。

方法　开始练习时方法同上一个练习，之后可增加进攻队员和防守队员，可以取消中线的限制。

训练要点

1. 快速完成配合。
2. 注意传球质量。
3. 注意无球跑位接球时机。
4. 注意接应角度。

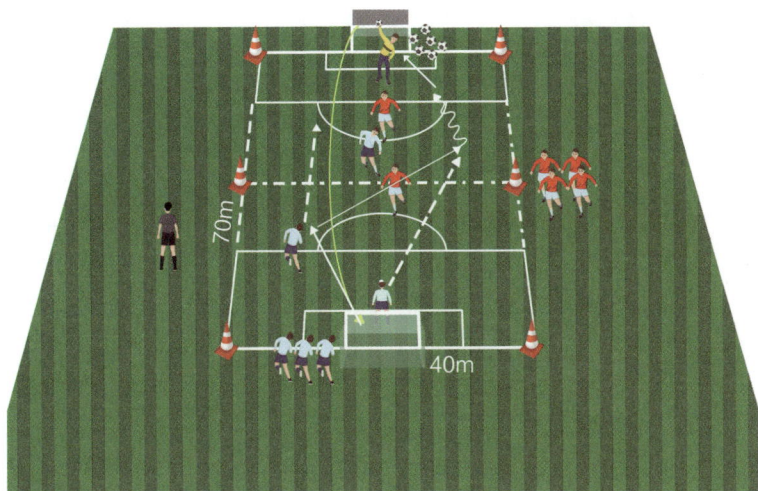

3.27　2V2+2GK攻守战术练习

训练目标

1. 提高2人的进攻配合能力。
2. 提高2人盯人压迫和保护防守能力。

组织方法

区域　40m×20m。

器材　球、球门、标志服、标志桶。

方法　分成攻守2个组进行2V2比赛。比赛时间可以根据队员的能力和水平控制在40~120秒。

注意　此方法可以锻炼队员的进攻和防守能力。

训练要点

进攻要点

1. 墙式配合。
2. 后套配合。
3. 交叉掩护配合。
4. 2V2形成1V1突破。

防守要点

1. 离球近的队员上抢压迫。
2. 注意上抢速度和重心。
3. 注意离球较远的队员保护。
4. 注意距离和角度。
5. 注意交流。

方法示意图

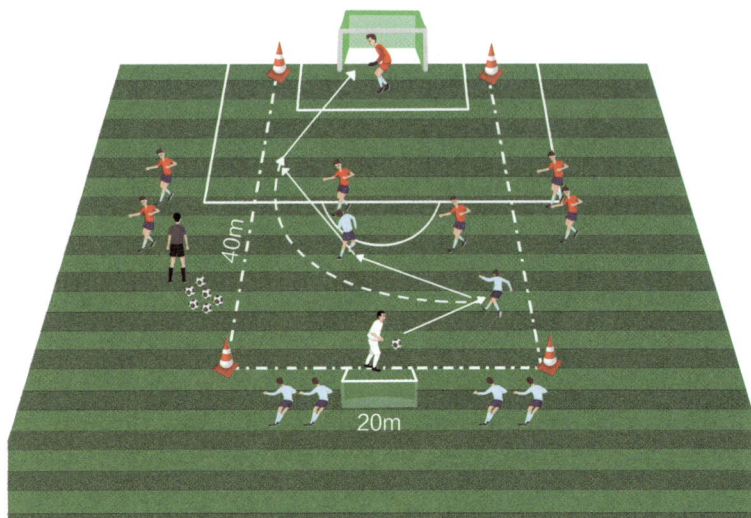

3.28 3V3+2GK攻守战术练习

训练目标

1. 提高3人进攻配合战术的能力。
2. 提高3人压迫、保护和盯位平衡防守的能力。

组织方法

区域 40m×30m。

器材 球、球门、标志服、标志桶。

方法 分成攻守2个组进行比赛，比赛时间可根据队员的水平和能力设置为1~2.5分钟。

注意 此方法可以锻炼队员的进攻和防守能力。

训练要点

进攻要点

1. 制造纵向和横向空当。
2. 形成2V1局面。
3. 墙式配合。
4. 后套配合。
5. 交叉掩护配合。
6. 2V2形成1V1突破。

防守要点

1. 注意盯人。
2. 注意保护。
3. 注意盯位。
4. 注意交流。

方法示意图

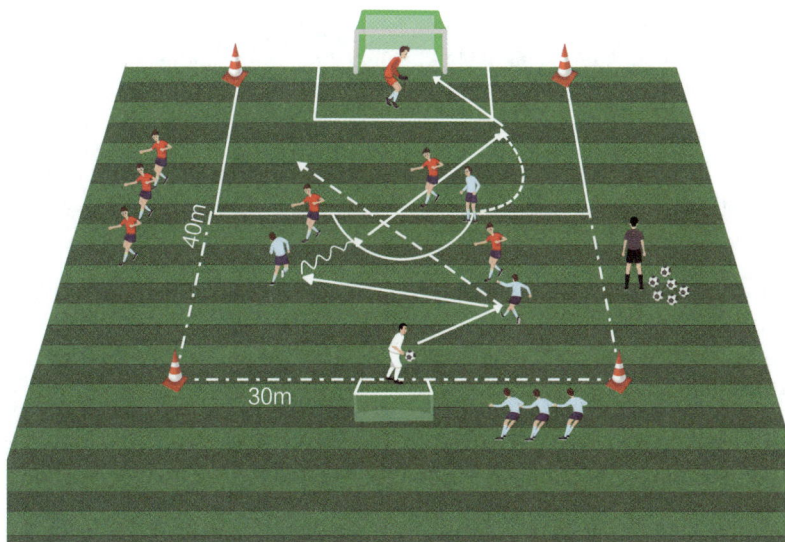

3.29　小型场地4小门比赛

训练目标

1. 提高队员的转换进攻方向的能力。
2. 提高队员的传球、接球的能力。

组织方法

区域　（15~18）m×（35~40）m。

器材　球、标志服、标志桶、标志盘。

方法

1. 2队队员分别进攻2个球门。
2. 射门或运球通过球门即得分。

训练要点

1. 注意传球质量。
2. 注意运球突破。
3. 注意无球跑动的时机和方向。
4. 运用假动作。

方法示意图

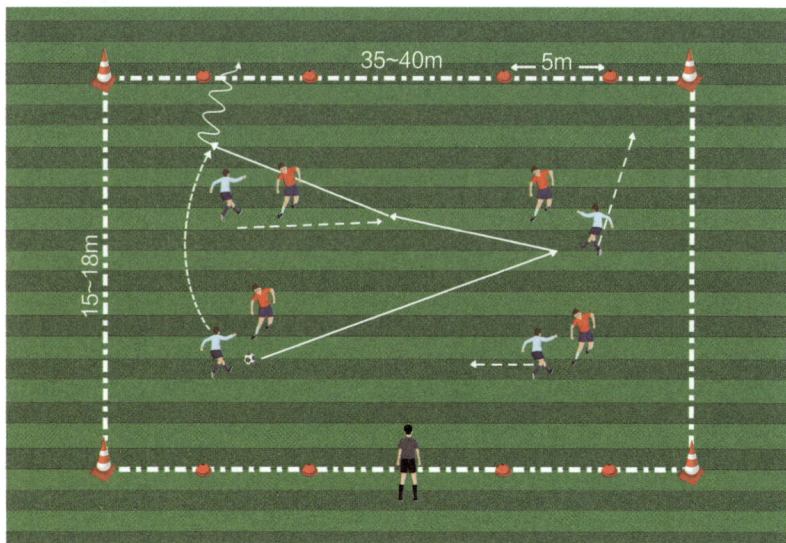

3.30 小型场地多小门比赛

训练目标

1. 提高队员传球、接球的能力。
2. 提高队员的观察和应变能力。

组织方法

区域 （35~45）m×（35~45）m。

器材 球、标志桶、标志服。

方法

1. 球门的数量比进攻队员的数量要多。
2. 规定队员不能在1个球门上连续得分。

规则

1. 带球运过球门得分。
2. 传球过球门得分。

训练要点

1. 注意支援的质量。
2. 注意运球和转身。
3. 注意传球质量。

方法示意图

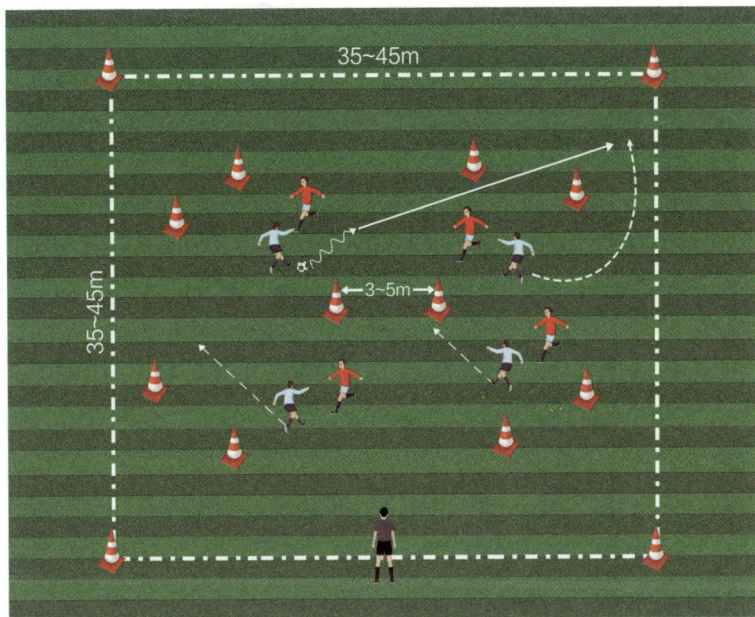

3.31 小型场地背对背球门比赛

训练目标

1. 提高队员的应变能力。
2. 提高队员的传球、接球质量。
3. 提高无球队员的跑位能力。

组织方法

区域 （20~30）m×（40~50）m，2个球门的距离为6m。

器材 球、球门、标志桶、标志服。

方法

1. 和下页上方图中所示一样背靠背摆放球门。
2. 若球出边线，由教练员将球踢入场地恢复比赛。

训练要点

1. 注意传球时机和方向。
2. 注意运球变向。
3. 注意摆脱无球队员。
4. 注意交流。

方法示意图

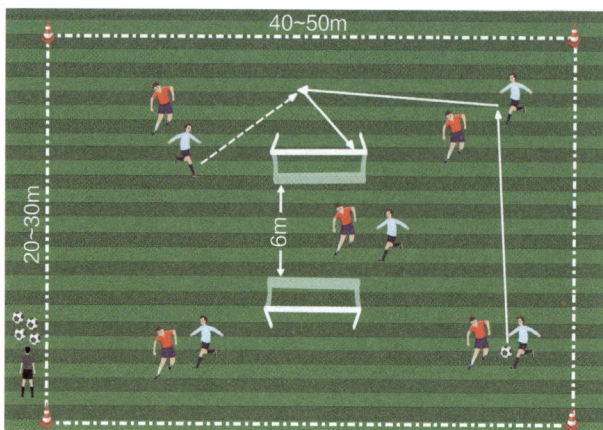

3.32　小型场地4球门比赛

训练目标

1. 提高队员的应变能力。
2. 提高摆脱无球队员能力。
3. 提高队员间相互交流配合能力。

组织方法

区域　30m×30m。

器材　球、球门、标志服、标志桶。

方法　2组各分2个球门进行进攻和防守，进攻得分多者为胜者。

训练要点

1. 注意传接球质量。
2. 注意观察。
3. 注意无球队员的跑位。
4. 注意改变进攻方向。

方法示意图

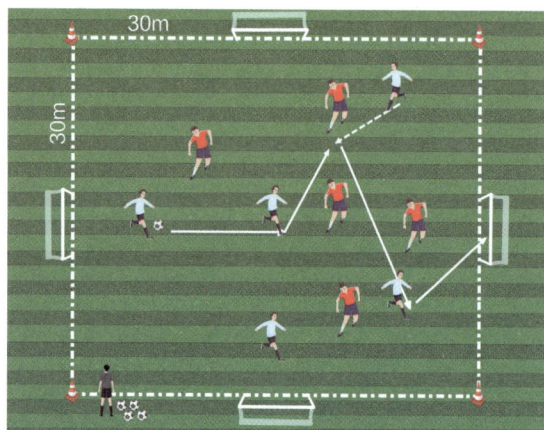

3.33　协调性练习（1）

训练目标

提高队员身体各部位协调运动的能力。

组织方法

1. 动作要规范。
2. 快速完成动作。
3. 加大幅度。

训练要点

1. 试着在走动中伸展肢体（例如在放松时移动着甩手臂）。
2. 向后走路（甩手臂）。
3. 跑步（甩手臂并向前看）。
4. 向后跑（慢跑时注意观察周围环境，以免碰撞到其他人）。
5. 侧滑步（向左和向右前进，每一次跳步之后换方向）。
6. 卡里奥卡步（向左和向右前进）。
7. 后抬腿（相互交替地用右手碰右脚踝，之后左手碰左脚踝）。
8. 交叉后抬腿（相互交替地用左手碰右脚踝，之后用右手碰左脚踝）。
9. 大跨步（手放在髋部，向前迈大步）。
10. 高抬腿（尽量以最快的频率抬高膝关节）。
11. 侧滑步2（在一段距离内加快速度然后在一段距离内再放慢速度）。
12. 前后交叉跑（每一段距离内交替进行）。
13. 跑停跑（开始跑步后在一段距离内停下，然后下一段距离加快速度）。
14. 快步跑（在每个距离内迈3~4次快步，然后再加速前进）。
15. 双手旋转并跳跃（从肩开始旋转）。
16. 在双腿向后甩的同时进行跳跃（变换支撑脚）。
17. 交替进行大幅度甩臂并跳跃。
18. 跳爆竹（向前移动跳跃的同时将双腿、双手张开，注意尽量不要晃动身体）。
19. 抬左臂时抬右膝关节，反之亦然。
20. 交叉向前高抬腿的同时在膝关节下击掌。

3.34 协调性练习（2）

训练目标

1. 提高队员快速移动脚步的能力。
2. 提高队员快速移动时的爆发力。

组织方法

组织形式

1. 球场两边各准备2组器材进行协调性练习。
2. 球场两边由以下组成。

  （1）4个相距0.5m的小型栏架。

  （2）1个协调软梯。

  （3）1条由6个标志桶组成的交叉路线。

队员按以下顺序通过这些练习站

1. 队员必须单脚向前跳过小型栏架，第1组队员必须用右脚，第2组队员必须用左脚。
2. 队员侧向跑过软梯，注意梯子的每个间隔只能迈进1只脚。
3. 队员向前蛇形跑通过标志桶。

变化

1. 队员侧向单足跳过栏架。
2. 队员侧向跑过软梯，注意梯子的每个间隔迈进2只脚。
3. 队员以向后蛇形跑的方式通过每个标志桶。

训练要点

1. 快速完成。
2. 动作协调。
3. 注意力集中。

方法示意图

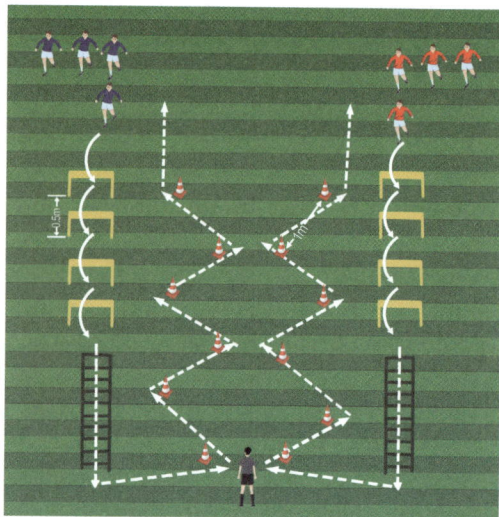

3.35 速度练习

训练目标

1. 提高队员反应速度。
2. 提高队员结合球的动作速度。
3. 提高队员跑动速度。

组织方法

组织形式

1. 队员在距球门约40m的地方站成2队。
2. 教练员持球站在队员中间。
3. 1名守门员守门。

顺序

教练员在2名队员快速跑后传球，首先控住球的队员射门。

变化

1. 改变练习的距离。
2. 改变队伍人数以改变练习和休息时间的比率。
3. 未控球的队员进行防守，被对方过掉的防守队员必须做俯卧撑、蹲起等运动。两边场地都可以进行。

训练要点

1. 每次训练之后都有足够的休息时间。
2. 应向前跑而不是向后跑。
3. 反应速度要快，动作要规范。

方法示意图

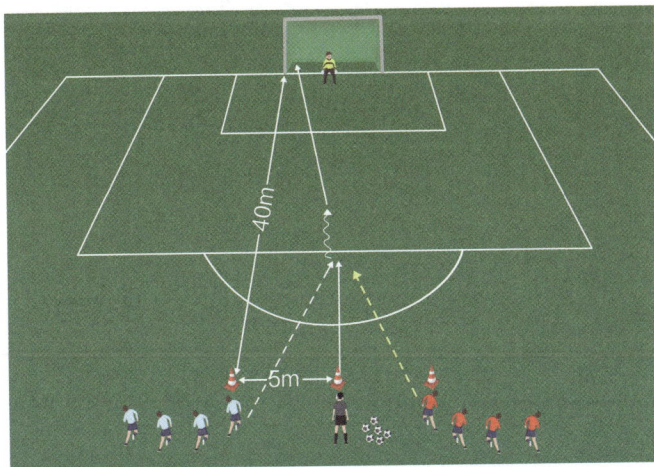

4. 基本要求

1. 根据此学龄阶段儿童的实际情况，每周可安排3~4次训练，每次训练45~90分钟。

2. 通过实施周末赛制的5V5、8V8各种联赛或比赛，不断培养该学龄阶段儿童对足球运动的兴趣，建立与11V11相关联的基本位置概念，并通过比赛培养该学龄阶段儿童遵守规则、尊重对手、尊重同伴、尊重裁判、服从裁判、尊重教练员的良好体育道德意识。

3. 在进行协调性及速度训练时，要强调每次练习的动作速度及完成动作的正确性，不断刺激儿童神经系统的兴奋性。

4. 在技术练习时不仅要强调各种技术动作的准确性和规范性，而且要鼓励儿童形成和提高个性化的技术运用能力。

5. 在战术练习时通过讲解和启发式教学方法，重点培养儿童在不同变化场景下的自我判断和自我选择应对策略的能力。尤其是通过多种形式的小型场地和人数不等的对抗比赛，鼓励儿童形成观察、决策和灵活应变的战术意识。

6. 心理素质的培养要融入平时的身体、技术、战术训练之中。通过有意识、有目的的练习安排，使儿童养成注意力集中的习惯、与人交流和协作的团队意识，并不断鼓励和表扬儿童，使儿童更多地体验成功的感觉，激发儿童学习和提高技能的动机，培养儿童形成正确的行为习惯并养成良好的态度。同时要在对抗式和比赛式练习中让儿童体验成功与失败、困难和挫折，磨炼儿童抗压力、应对压力的坚韧意志品质。

5. 检查考核

为了了解该学龄阶段儿童的情况和帮助儿童持续稳定地进步，每2个月可进行1次球感测试（颠球）、30m跑测试、3×10m折线跑测试以及技术测试。具体办法如下。

5.1 速度测试

1. 30m跑测试：每名队员测2次，计时取最好成绩。

2. 3×10m折线跑测试：每名队员测2次，计时取最好成绩。

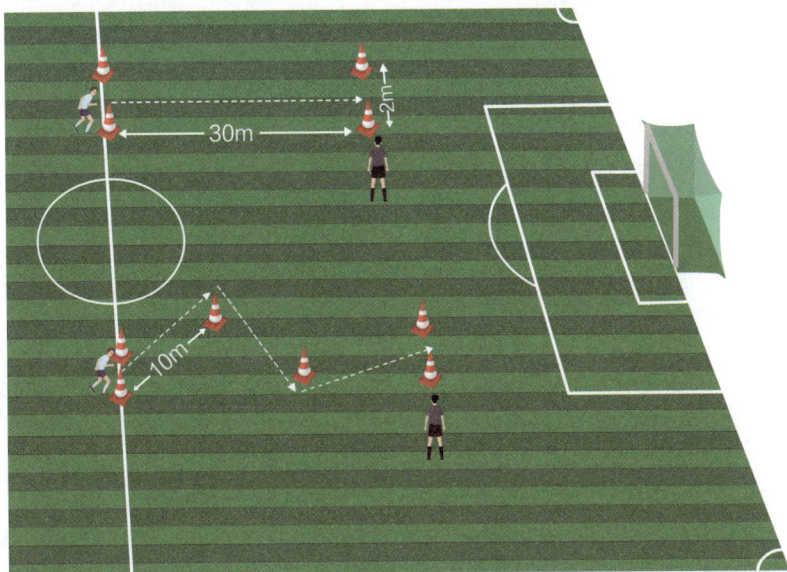

5.2 球感测试

2人1个球，用右脚、左脚和头等12个部位颠球。一人用手抛球开始颠球，允许2次用其他部位过渡，每人3次机会；另一人数颠球数，2人均做完3次后向教练员报数，然后再进行下一项颠球测试。

5.3 综合技术测试

1. 运球后将球踢向墙，接着侧向跑动以接墙反弹回来的球。

2. 继续运球绕过罚球区角上的标志桶。

3. 继续运球绕过点球处的标志桶。

4. 转身射门，每人各测试2次，取最好成绩。

5. 射进标志杆与门柱之间得2分，射进2根标志杆之间得1分，射出球门框不得分。

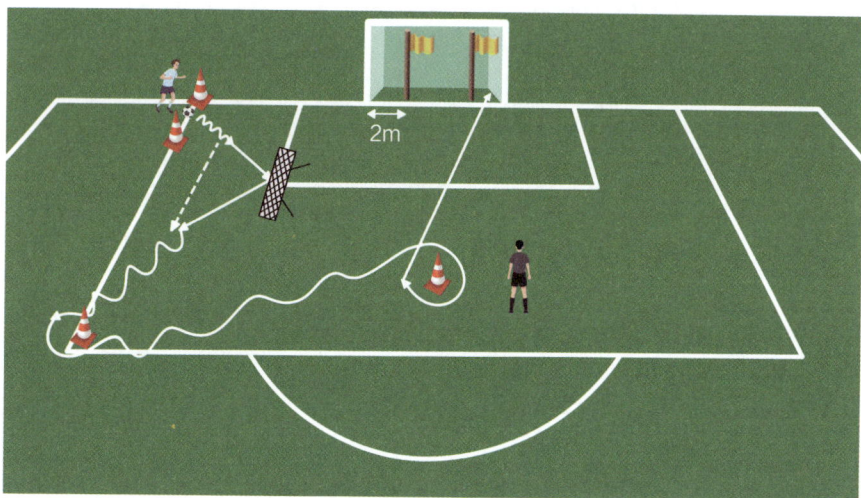

第**5**章　U13（初中一年级）阶段

　　从13岁进入初中阶段开始，这个年龄段的学生就逐渐进入了青春期的第一个阶段。该学龄阶段的学生在生理和心理的各个方面开始发生明显的变化，在这一时期，学生易产生逆反心理，他们极力追求独立，自主意识变强。应该根据他们的生理、心理的发展规律，掌握特点，重在引导，注意多倾听及充分尊重，从而避免他们产生逆反心理。从身体素质发展方面看，要在继续巩固和发展该学龄阶段学生的灵敏和协调素质的基础上，特别注重速度素质发展的敏感期特点，采用适宜的训练方法，全面打好各种速度能力的基础。

1. 训练目标

　　在U13阶段，学生已经进入青春期的第一阶段，速度和力量都有了明显的增长，技术和战术训练应与生理变化相适应。

1. 通过足球训练活动，提高该学龄阶段学生参与足球运动的积极性，培养学生形成以足球运动为主要健身方式的良好习惯。

2. 通过足球训练活动，进一步培养该学龄阶段的学生"精益求精"地对待学习与训练的态度，促使他们形成良好的团队合作意识、自觉遵守纪律的良好习惯；引导、教育该学龄阶段的学生客观对待学习与训练过程中的困难与挑战，使他们具有初步正确认识自我的意识与更强的心理承受能力。

3. 进一步培养该学龄阶段的学生在活动中与对抗中利用身体可能的部位的意识、对不同状态下来球的准确控制能力，进一步提高他们的控球能力。

4. 进一步提高该学龄阶段的学生正确、快速完成各种基本技术的规范水平，进一步提高该学龄阶段的学生在不同对抗情况下合理运用技术的能力。

5. 以不同方式的1V1、2V2、3V3、4V4练习及其他小组比赛方式为主要手段，进一步提高该学龄阶段的学生正面攻守对抗的能力。进一步教授学生个人和小组进攻、防守的主要基本知识，培养和提高学生的决策能力，提高学生个人及小组的基础攻防战术能力。

6. 以4V4、5V5和更多队员参加的不同比赛方式为主要手段，使该学龄阶段的学生初步学习与建立正确的阵型与队形的整体战术意识。

7. 以小场地比赛为主要练习方式，结合阵型与队形，初步使该学龄阶段的学生对不同位置的职责有所认识并初步具备位置技术能力。

8. 运用综合训练手段进一步提高该学龄阶段的学生的反应速度及身体协调控制能力。全面抓紧、抓好该学龄阶段学生各项身体素质敏感期的训练，突出进行有关速度、灵敏、协调和一般有氧耐力等重要素质的训练，特别是注意发展学生的踝关节、膝关节和髋关节的灵活性。

9. 让该学龄阶段的学生不断积累成功和失败的经验，培养和提高学生自我控制的意识和能力。

10. 进一步培养该学龄阶段的学生与他人进行良好交流、合作的能力。

11. 进一步培养该学龄阶段的学生在比赛中遵守规则与积极地利用规则的公平竞争意识。

2. 基本训练内容

2.1 技术训练部分

1. 进行综合多种熟练性与协调性训练的"花式"颠球练习，尽可能多地合理利用身体部位进行颠控球练习。

2. 以进一步提高单个动作熟练性与连接动作的速度为主要目的，进行左右脚在快速运动中的连续、快速多次运球变向、变速、转身及运球过人假动作与运球过人突破技术练习。

3. 在原地、快速运动、简单对抗状态下，练习脚部、大腿、胸部等部位的接控球-传球、接控球-射门、接控球-运球等基本技术及综合技术，包括地滚球、反弹球、空中球、侧旋球（香蕉球）、回旋球（正直向前的弧线球）和前旋球（向前快速下落的落叶球）等。

4. 以进一步提高学生脚背外侧、脚背内侧、脚背正面、脚内侧踢球和头顶球的动作技术规范水平为主，进行原地、活动中和对抗等多种状态下的传低平球、平直球、过顶球、侧旋球（香蕉球）、回旋球（正直向前的弧线球）和前旋球（向前快速下落的落叶球）等练习。进行原地、活动中和较复杂对抗情况下多种形式的射门基本技术练习。

5. 进行正面抢球、捅球、封堵，侧面抢球、捅球、合理冲撞，背后紧逼盯人、捅球破坏、头顶球争顶，断球、铲球等综合防守技术练习。

6. 结合战术练习，进行简单的位置技术练习。

2.2　战术训练部分

1. 1~3人的个人与小组战术。

（1）进行以提高学生合理选择攻防手段与策略、选择攻防位置与对象的能力为主的多种形式的有限定区域、限定条件和攻守目标的1V1、1V1+自由人、1V2、1V3和2V2+自由人等攻守练习。

（2）进行以提高学生正面攻守能力为主的多种形式的有限定区域和攻守目标的1V1、2V2攻守练习。

2. 局部小组战术。

提高进攻时选择跑动线路与进攻方式、局部控制球权的能力；提高防守时根据场上形势进行快速反抢、紧逼盯人、选择防守位置、换位与补位的能力。

（1）为达到不同的战术目的（如获得控制球权、获得边路传中机会、获得渗透突破和获得射门机会等），进行在不同区域内以接近比赛条件的2V2+自由人、3V3、4V4、5V5的攻守练习，以及以多攻少练习，如3V2、4V3、5V3、5V4等快速攻守射门练习。

（2）教授局部2~5人的小组防守时的盯人与保护、换位与补位的基本原则与方法，区域防守与盯人防守的小组协同防守原则与方法。

（3）进行以2V2、3V3、4V4和5V5为主要手段的不同得分方式与不同球门数量的小场地比赛。

3. 全队战术。

（1）教授中路攻守基本战术方法与边路攻守基本战术方法。

（2）进行局部小组攻防时的队形保持练习。

（3）进行7V7、8V8、9V9和11V11的全队攻防基本阵型与基本战术练习。

2.3　身体训练部分

1. 进行以发展学生一般平衡能力、协调性、灵活性和节奏感为主的多种徒手动作与滚翻动作练习。

2. 进行发展学生一般速度素质（动作、反应和位移）的强化训练。

3. 进行以发展学生一般灵活性、协调性和节奏感为主的多种变步幅、变节奏的不同方式的跑动，如运用各种器械训练快速、协调的腿部、脚部动作。

4. 进行长距离跑、越野跑和障碍跑等耐力练习。

5. 进行发展踝关节的专项灵活性的练习。

6. 进行多种跳跃、转身、远距离射门和身体合理冲撞等力量练习。

2.4　心理训练部分

增强该学龄阶段学生的集体责任感。使该学龄阶段学生建立以球队利益为重、接受裁判员的判罚、克服比赛中的消极行为的观念。提高该学龄阶段学生的自我控制能力，培养他们克服困难的意志力和自信心。培养该学龄阶段学生独立解决问题的能力。

2.5　理论学习部分

1. 全面讲授竞赛规则，让学生深入理解规则精神。

2. 结合战例进行攻防个人战术纪律与战术原则分析。

3. 讲授比赛阵型与队形基本知识。

4. 讲授提高个人战术效率的基本思路与方法。

5. 介绍训练学、生理学和运动心理学等相关学科知识。

6. 组织学生观看高水平球队的比赛。

2.6　比赛检验部分

以周末校内赛为主，如果有条件，可以参加区、市级的五人制、七人制和十一人制的比赛。应当基本做到平均每周有1场正规的比赛，比赛时学生应当注重对平时训练的各种基本技术、战术的运用。此外，要根据不同训练阶段，有选择地就学生的实战能力突出的1~2个主要方面进行重点培养，不断提高学生在该方面的能力，并持续对这些能力进行强化和检验。

3. 基本训练方法

3.1 热身活动（1）

训练目标

1. 增强队员动作的协调性。
2. 提高队员的应变能力。

组织方法

区域 10m×15m。

器材 标志桶、标志服。

方法 场地中央放置1个标志桶，2队各排成一列于场地两侧相对站立。2队中位于队首的队员同时向前跑，在相距3~4m的时候，2人各自假装朝左（右）跑，然后突然改变方向，并从标志桶前绕过。当他们从对方身边跑过时，教练员要提醒其各自的跑动方向，之后2人跑向另一队队尾，等待下一次练习。

训练要点

1. 运用假动作。
2. 注意观察、判断。
3. 集中注意力。

方法示意图

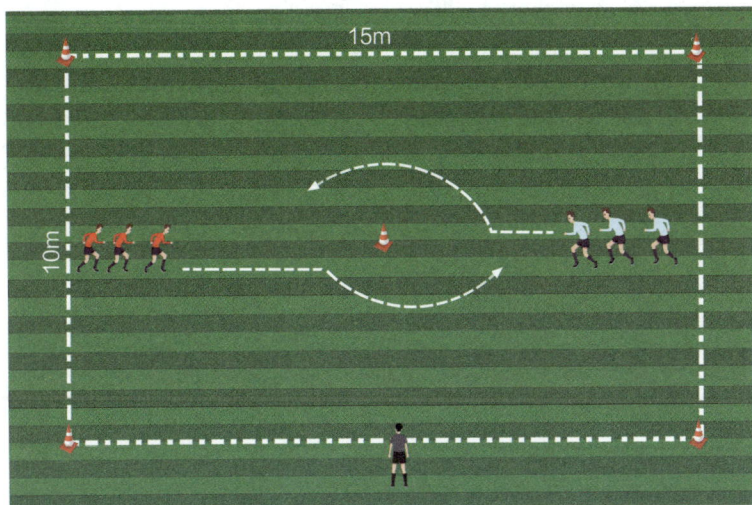

3.2 热身活动（2）

训练目标

1. 提高队员在跑动中改变速度和方向的能力。
2. 增强队员身体的灵活性和协调性。
3. 提高队员的速度。

组织方法

区域 20m×20m。

器材 标志服、标志桶。

方法 队员分散在场地里，其中，有2名队员负责抓人。队员一旦被抓到，必须原地不动，两手平举，两腿分开，就像"稻草人"一样。如果其他队员触碰到"稻草人"，即为成功地解救了"稻草人"，"稻草人"可以重新开始活动。

训练要点

1. 注意观察和判断。
2. 动作要灵活。
3. 集中注意力。

方法示意图

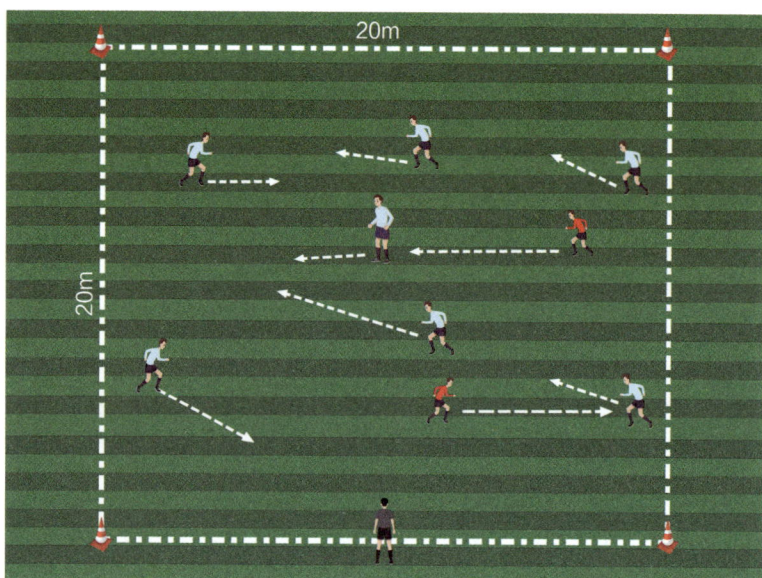

3.3　短传球练习

训练目标

提高队员在对抗状态下的传球、接球能力。

组织方法

区域　10m×10m。

器材　球、标志服、标志桶。

方法　进行5V2传抢练习，传球失误的队员与抢球成功的队员互换位置。方形区域大小可随着队员的能力水平变化。触球脚数限制也要视队员水平差异进行规定。

训练要点

1. 保持运动状态下传球、接球。
2. 注意传球的角度与时机。
3. 注意接应的角度及接球后与下一个动作的合理衔接。

方法示意图

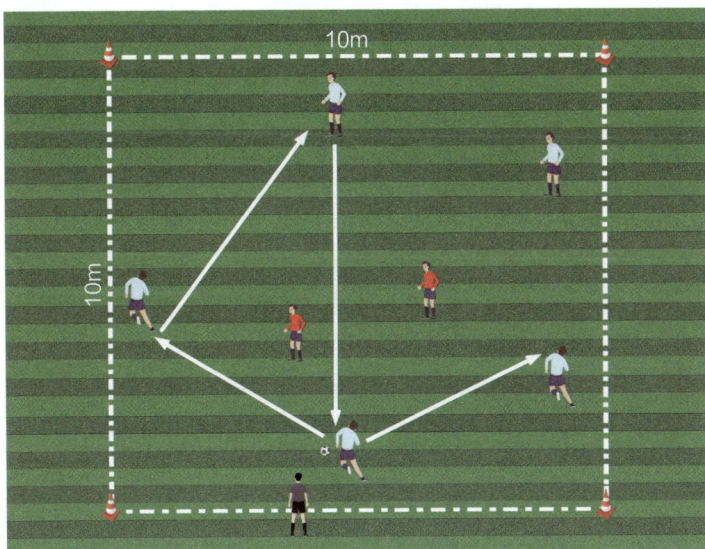

3.4 长传球技术练习（1）

训练目标

提高队员在行进过程中长传球的准确性以及1脚传球的能力。

组织方法

区域 全场。

器材 球、标志服、标志桶。

方法 A、B、C、D 4人控1个球向某一方向以传接球的方式配合行进。A长传球给D，然后与B交叉跑动；D 1脚传球给C；C回传球给D后，与D交叉跑动；D接C的回传球后长传球给B；以此类推。

变化 得到长传球后的2个人可进行变化配合后再长传球给另一侧的队员。

训练要点

1. 传球队员应重点提高长传球的准确性。
2. 接球队员判断来球，提高回传球的质量。
3. 注意快速跑动中传球的配合。

方法示意图

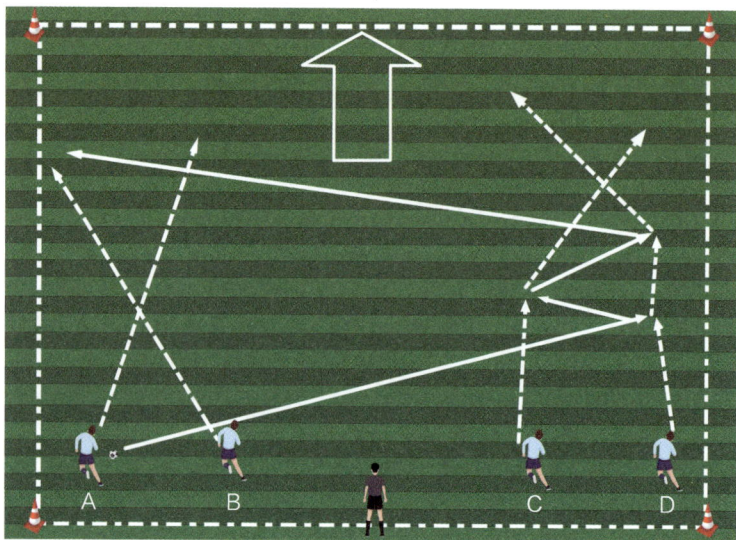

3.5 长传球技术练习（2）

训练目标

提高队员在对抗状态下长传球的准确性。

组织方法

区域 20m×40m。

器材 球、标志服、标志桶。

方法 设置2个10m×20m的方形区域，间隔约20m。在方形区域内进行4V2传抢球，连续传球4次以后方可长传球到另一方形区域。防守队员则在中间区域准备，当球传到邻近方形区域内时防守队员方可进入场内抢球。

训练要点

1. 注意长传球的准确性。
2. 观察对面接应队员。
3. 无球队员不断移动进行接应。

方法示意图

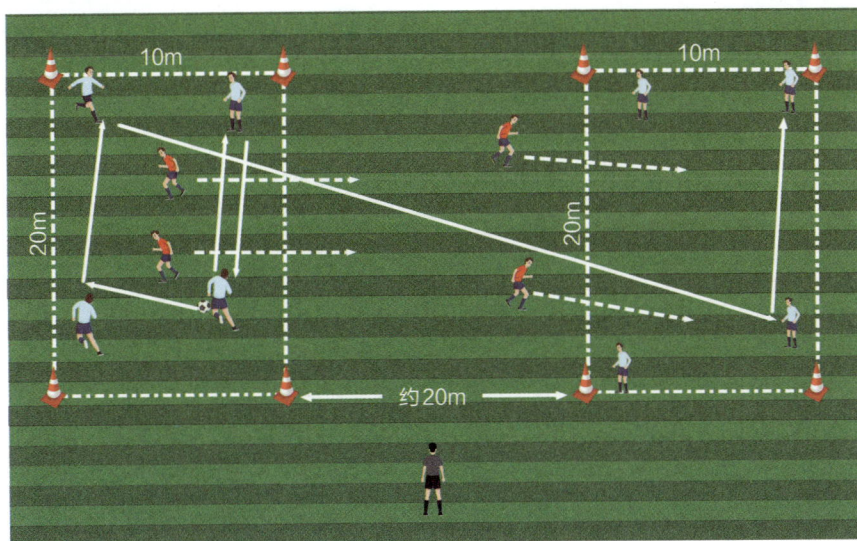

3.6 长传头顶球练习

训练目标

1. 提高队员长传头顶球的能力。
2. 提高队员在对抗中头顶球进攻或防守的能力。

组织方法

区域 60m×40m。

器材 球、球门、标志服、标志桶。

方法 4V4+2GK+2边路传中人攻守练习，双方均可利用两边的传中人。

规则 正常得分为1分，传中头顶球得分为3分。

变化 边路的传中人可交换，视情况可去掉区域限制，正常进行攻防对抗。

训练要点

1. 判断球的落点。
2. 把握头顶球的时机。
3. 进攻时利用头顶球射门，防守时利用头顶球解围。
4. 多交流。

方法示意图

3.7 射门技术练习（1）

训练目标

提高队员射门的准确性。

组织方法

区域 60m×40m。

器材 球、球门、标志服、标志桶。

方法 将队员分成4个小组，另设2名守门员。队员先从一侧传球给对面队员，然后跑上前接回传球并射门，射门后与对面队员交换角色。

变化 4个小组的位置轮流调换，进行干扰下的射门练习。

训练要点

1. 长传球要准确。

2. 射门动作要正确。

3. 具有补射意识。

4. 观察守门员位置。

方法示意图

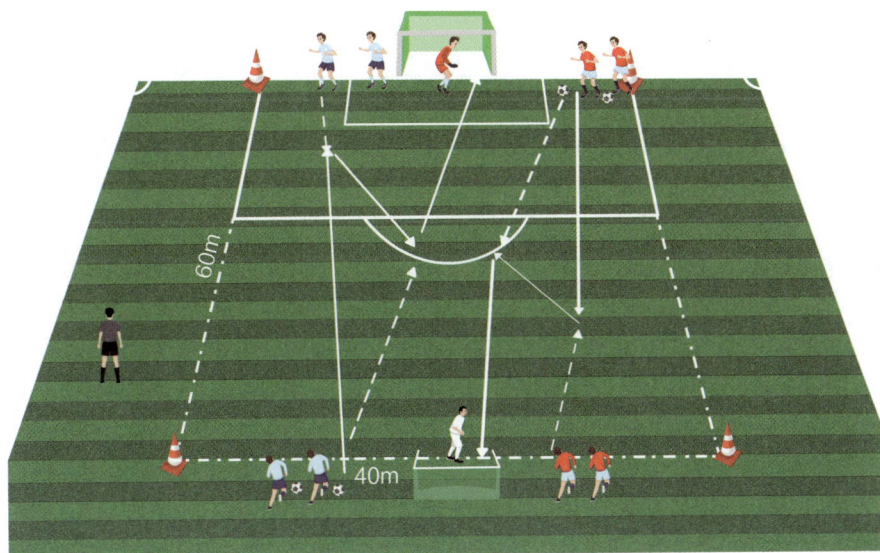

3.8 射门技术练习（2）

训练目标

提高队员快速射门的能力。

组织方法

区域 罚球区周围。

器材 球、球门、标志服、标志桶。

方法 罚球区内进行有守门员的3V3比赛。队员只要得球就快速射门，比赛时长1分钟。也可利用外围本方接应队员进行射门，外围接应队员限1脚出球。

训练要点

1. 注意观察、判断。
2. 找准射门角度后就快速射门。
3. 反应要快。
4. 罚球区内补射得分。
5. 射门动作小而快。

方法示意图

3.9 射门技术练习（3）

训练目标

1. 提高队员射门的准确性。
2. 培养队员取胜意识。

组织方法

区域 60m×60m。

器材 球、球门、标志服、标志桶。

方法 2个罚球区内进行有守门员的4V4攻守比赛。罚球区外围和底线各设4名队员接应。

规则 底线队员限1脚传球，两边队员限2脚传球，记录双方比分。

训练要点

1. 增强射门欲望。
2. 射门动作要正确。
3. 补射得分。
4. 观察守门员位置，巧射得分。

方法示意图

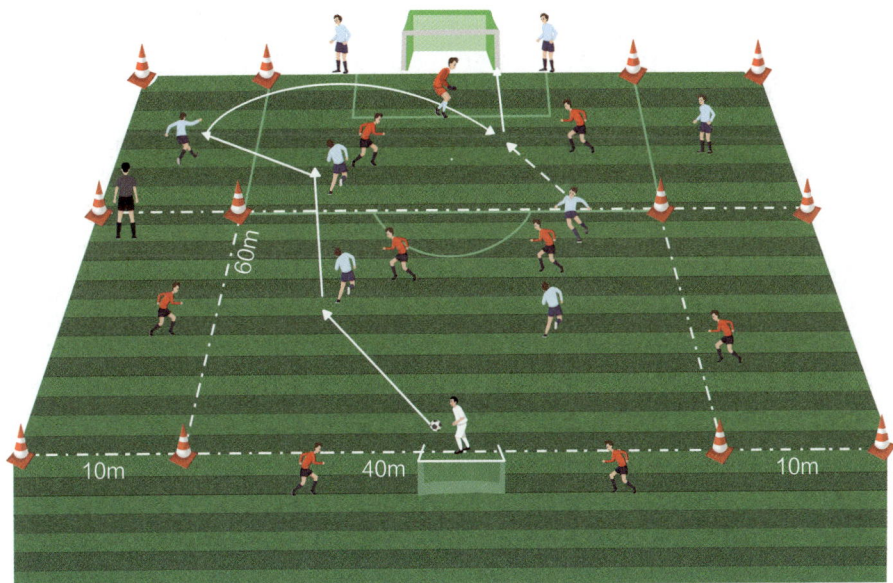

60m

10m　　　　40m　　　　10m

3.10　控制球权练习

训练目标

1. 提高队员在狭小空间内控制球权的能力。
2. 提高队员反抢意识。

组织方法

区域　20m×30m。

器材　球、标志服、标志桶。

方法　将场地分成2个方形区域，先在1个方形区域内进行4V3传抢练习。防守方得球后尽快将球传到另一方形区域同伴脚下，并迅速移动到该区域进行控制球权练习。控球方连续传球10次就得1分。

提示　该练习也可用于训练控球一方丢球后的即刻反抢，阻止对方将球传向另一区域。

训练要点

1. 快速、准确地传球。
2. 无球队员积极、灵活地跑位接应。
3. 防守方全力抢球，注意交流协作。
4. 攻守转换时刻快速做出反应。

方法示意图

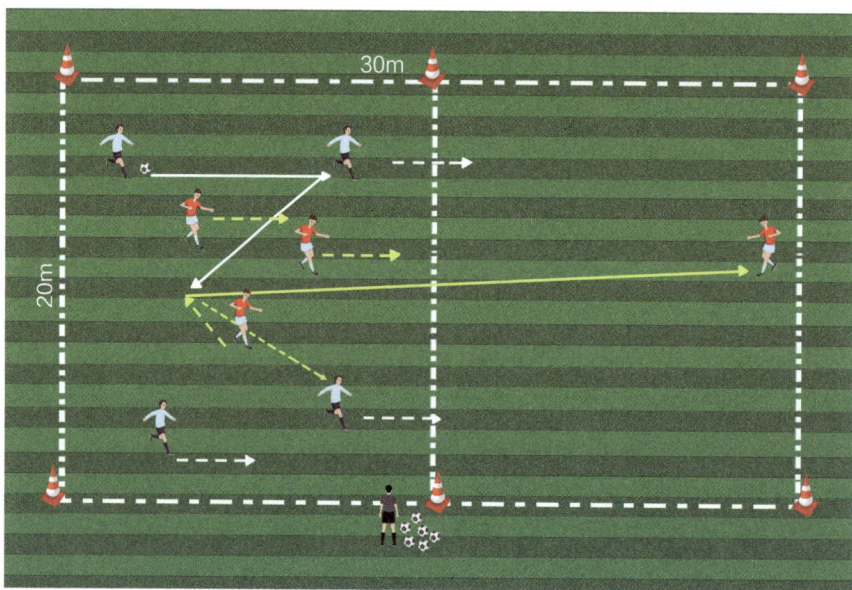

3.11 转移进攻方向练习

训练目标

1. 提高队员快速转移进攻方向的意识和能力。
2. 提高队员快速攻守转换的意识和能力。

组织方法

区域 20m×30m。

器材 球、标志服、标志桶、标志盘。

方法 设置4个小球门，每队攻2个球门，守2个球门。进行5V5攻守练习。

规则 运球通过小球门后得分。

提示 该练习也可用于防守和快速转换攻守目标的练习。

训练要点

1. 快速传球、接球。
2. 注意传球质量。
3. 灵活决策。
4. 集中注意力。

方法示意图

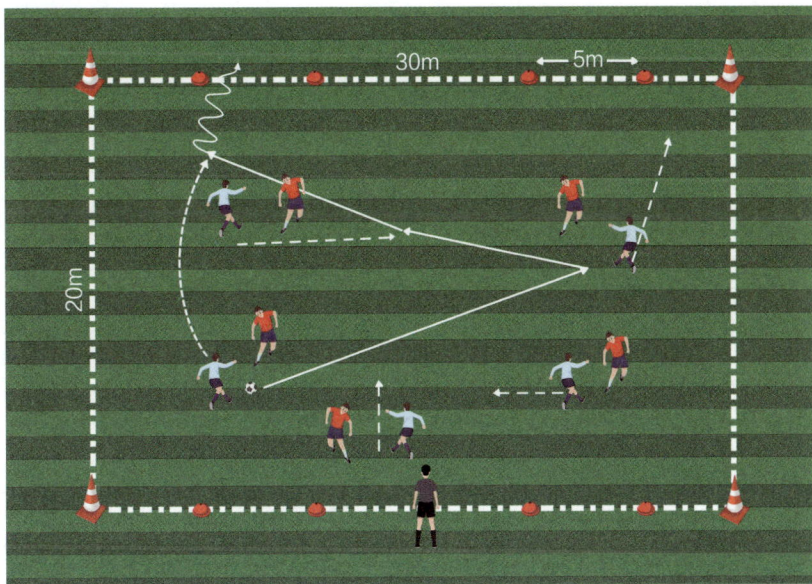

3.12 边路配合进攻练习

训练目标

1. 建立边路3人基本配合进攻的意识。
2. 提高无球队员跑动接应的意识。

组织方法

区域 2个1/4场地。

器材 球、球门、标志服、标志桶。

方法 2个边路区域各形成3V2交替攻防局面，底线球门前设置1名守门员，中场线设置2个3m宽的小球门（无守门员）。3人通过灵活跑位和传接配合进攻，攻破对方边路区域得分。防守方2人交流协作，抢得球后反击攻小球门。

训练要点

1. 快速准确传球。
2. 无球队员积极灵活跑位接应。
3. 防守方全力抢球，交流协作。
4. 攻守转换时刻快速反应。

方法示意图

3.13 中路进攻练习

训练目标

1. 提高队员中路传切配合能力。
2. 提高队员中路以少防多的能力。

组织方法

区域 50m × 40m。

器材 球、球门、标志服、标志桶。

方法 中路区域进行4V3+1GK攻防练习，防守方得球后传过小球门即可得分。

训练要点

1. 快速传球、接球。
2. 注意传球质量。
3. 灵活决策。
4. 集中注意力。

方法示意图

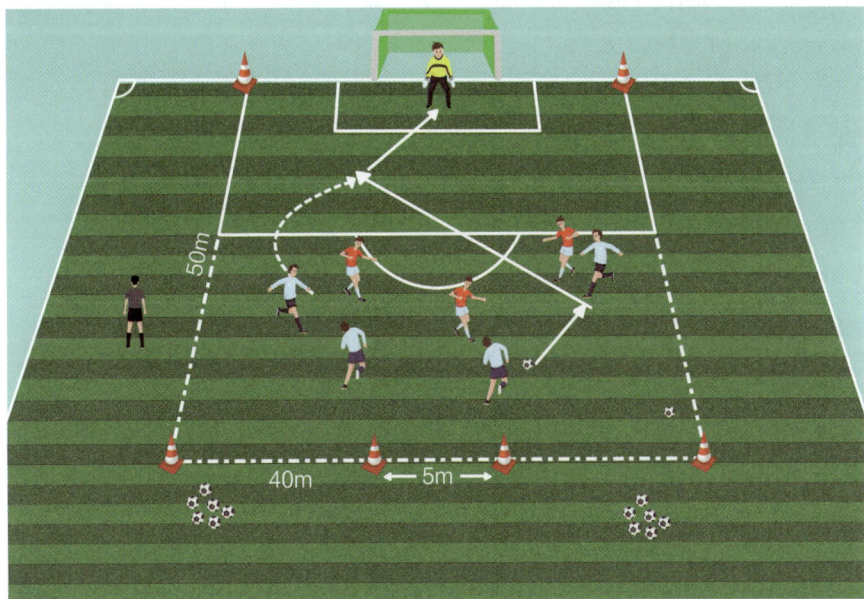

3.14　半场攻守练习

训练目标

1. 提高队员边路和中路进攻能力。
2. 提高队员快速攻守转换的意识和能力。

组织方法

区域　1/2场地。

器材　球、球门、标志服、标志桶。

方法　设置2个5m宽的小球门和1个大球门。每队攻2个球门，守1个球门。进行6V5+1GK攻守练习。

规则　必须运球通过小球门才能得分。

提示　该练习也可用于防守和快速转换攻守目标的练习。

训练要点

1. 快速、准确地传球。
2. 无球队员积极、灵活地跑位接应。
3. 防守队员全力抢球，注意交流协作。
4. 攻守转换时刻快速做出反应。

方法示意图

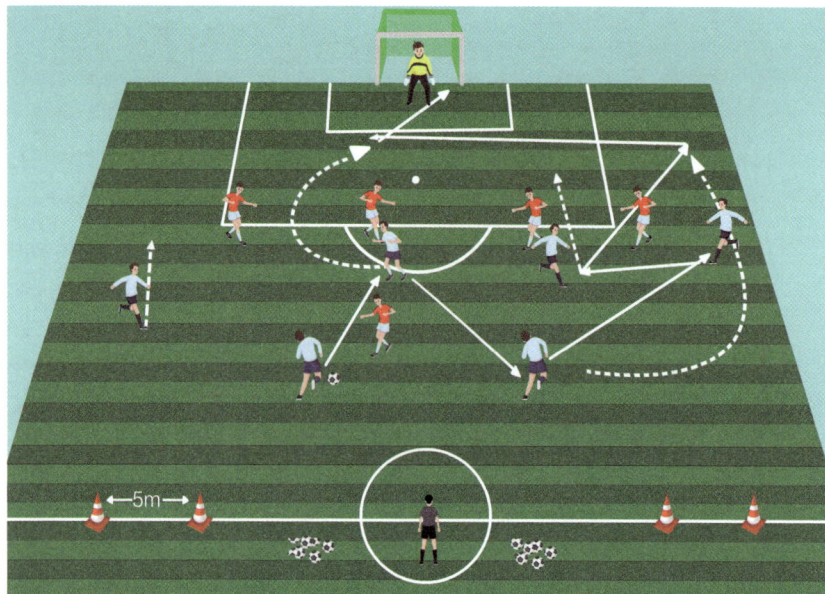

3.15　大场地分队比赛

训练目标

1. 让队员建立基本的位置概念。
2. 让队员学习各个位置的职责。

组织方法

区域　90m×70m。

器材　球、球门、标志服、标志桶。

方法　进行11V11分队比赛，各队各自确定某个阵型，如4-2-3-1、4-3-3，要求基本按照自己的位置比赛，学习和了解各个不同位置的职责和打法。

训练要点

1. 整体攻防。
2. 相互交流。
3. 集中注意力。

方法示意图

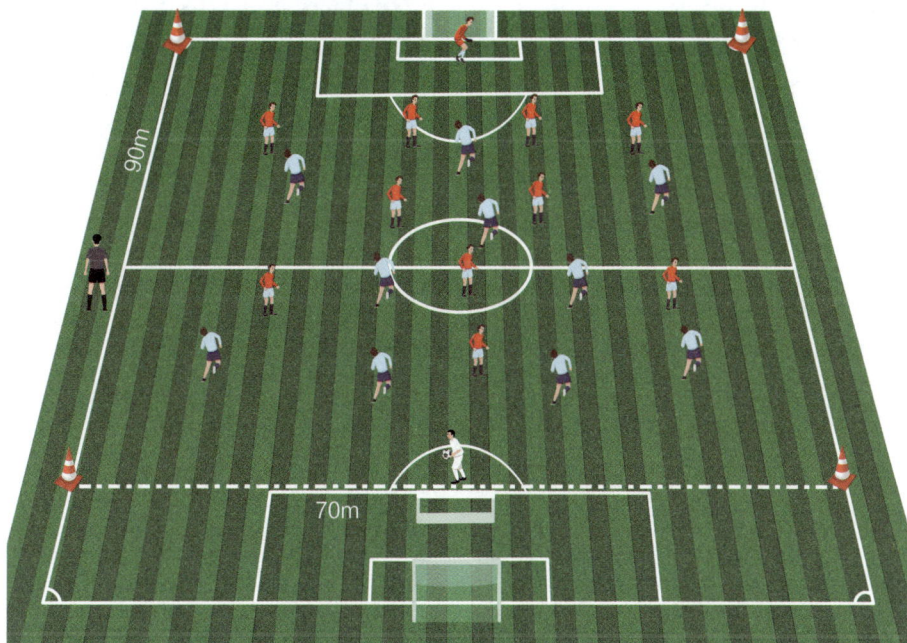

3.16 速度素质练习（1）

训练目标

1. 提高队员的短距离启动冲刺速度。
2. 提高队员快速反应和决策的速度。

组织方法

区域 30m×35m。

器材 球、球门（背对背摆放）、标志服、标志桶。

方法 教练员向前踢球（各种变化的球），队员分左右2队。当球传出后队员即刻做出反应并快速冲刺抢球，接着选择其中1个球门射门得分，如果球没有进门，继续攻防。依次类推。

变化 由1V1变化为2V2或3V3协同快速完成比赛。启动前采用不同身体姿势。提供不同视觉刺激或双方身体接触等启动信号。

训练要点

1. 快速反应。
2. 快速启动跑。
3. 利用身体护球。
4. 注意选择和决策。
5. 快速完成射门。
6. 永不放弃。

方法示意图

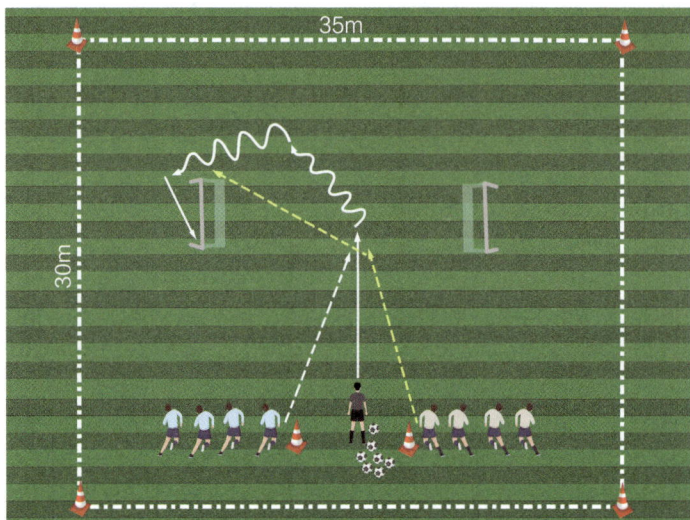

3.17　速度素质练习（2）

训练目标

1. 提高队员决策速度。
2. 提高队员动作速度。

组织方法

区域　20m×18m。

器材　球、球门、标志服、标志桶。

方法　教练员发球，场内进行2V2+2GK攻防练习。根据人数将队员分成2组，练习后安排一定的间歇恢复时间。

变化　改为3V3比赛，加大场地，将能力相近的队员分为1组。

训练要点

1. 快速反应。
2. 快速决策。
3. 动作迅速。
4. 快速阻止对方。
5. 永不放弃。

方法示意图

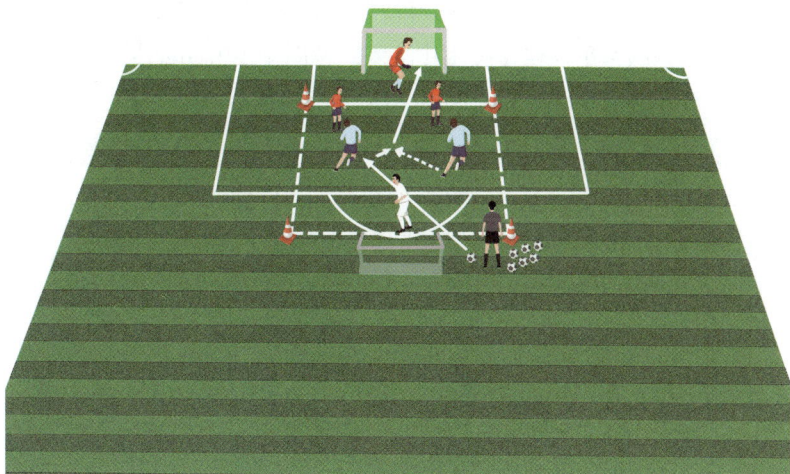

4. 基本要求

1. 教练员在训练中要重视青少年品德教育，培养学生遵守纪律、遵守规则、尊重教练员、尊重对手、团结协作和刻苦训练等品质。

2. 技术训练应增强实战性，反复练习，及时纠正，逐步增加技术难度。

3. 战术训练应注重发挥学生的创造力，逐步增加难度，通过让学生参与示范、教练员矫正、提问和讨论等方式，最终培养学生运用战术的能力，让学生逐步了解不同位置的职责。

4. 心理训练应将激发动机训练、集中注意力训练、意志力训练、克服不安情绪训练、赛前心理暗示训练和自我管理训练作为主要内容，并教授学生如何将这些技能应用在技术、战术训练中。

5. 身体训练应以足球比赛为基础，不断提高学生的速度、敏捷性、有氧耐力等素质，以满足足球比赛的要求。

6. 该学龄阶段学生每周训练次数和每次练习时间应与其年龄相符。初中一年级阶段的学生每周训练3次，每次训练不超过90分钟。

7. 使学生熟练掌握各项技术和战术，提高他们所属位置相关的技术和战术水平，通过实战练习提高学生在比赛中运用战术的能力。

8. 每次训练课必须进行准备活动和整理活动；定期检查训练场地，保障学生的安全；气温和湿度高的时候应调节训练强度，学生应每间隔20分钟喝1次水；教练员在传授技术和战术时要向学生说明理由；教练员做示范时，可用慢动作进行示范，从多个角度进行示范，示范动作重复3~5次；每次训练的时候，教练员应找出学生身上的优点进行称赞和表扬。

9. 教练员应制订全年、阶段、周和课时等训练计划，以保证训练质量。

10. 每周至少进行1场11V11的教学比赛，以提高学生比赛意识和技术、战术运用能力。

5. 检查考核

该学龄阶段学生在身体素质方面的检查考核以教育部规定的学生体质健康标准为主，结合部分足球运动专项身体素质项目进行。技术技能检查考核参照本书第11章"检查考核部分"的相应评价标准。

5.1　技术考核

1. 踢球技术。

测试方法：队员在中点处向球门踢球，根据落点测试队员踢球的准确性和距离，横向测试准确性，纵向测试距离。每个落点都有相应的分值，横纵落点分值各20分。想象将球门后侧两点分别与起点连线，形成等腰三角形。横向落点分值和该落点与起点的连线偏离三角形中线的角度成反比；而纵向落点分值和该落点与起点之间的距离呈正比。一般来说，推荐老师或教练员提前在场地划线，从而确定出不同区域落点的大致分值。

注：每次测试的标准和场地一定要固定不变，以保证测试结果的可靠性，有利于观察队员的进步情况。

2. 快速射门。

测试方法：队员从起点开始用最短的时间将球射进有守门员防守的球门，然后停止计时，每名队员在3个点各测2次。

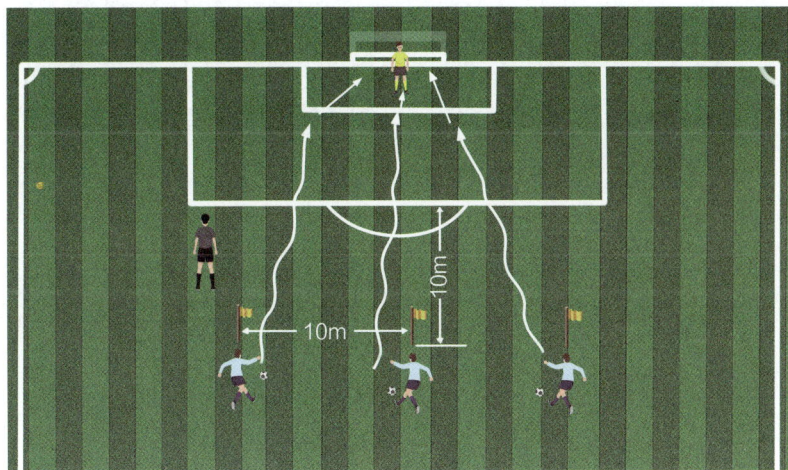

5.2　身体考核：灵敏性考核

测试方法：按图摆放4个标志桶，受试者按照计时员指令从标志桶A出发，跑向标志桶B，并用右手触及标志桶B，然后左转跑向标志桶C，并用左手触及标志桶C，再跑向标志桶D，用右手触及标志桶D，然后返回标志桶B，用左手触及标志桶B，最后返回标志桶A，当受试者再次通过标志桶A时停止计时。

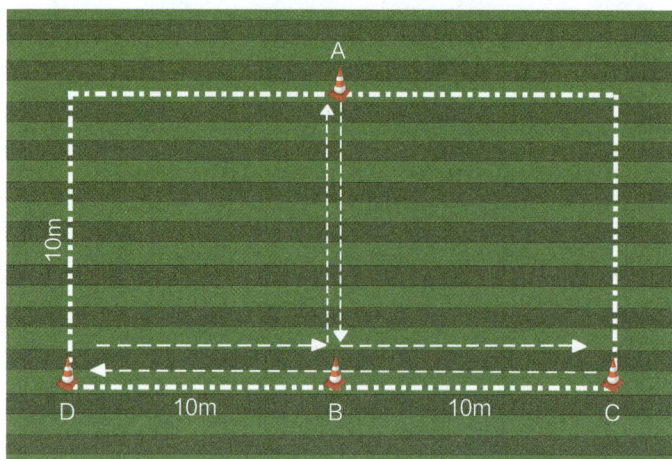

评级	男子（秒）	女子（秒）
优秀	<9.5	<10.5
良好	9.5～10.5（不含）	10.5～11.5（不含）
及格	10.5～11.5	11.5～12.5
较差	>11.5	>12.5

测试方法：队员在起点统一起跑，绕田径场尽可能快地连续跑12分钟，到时间计算跑动的距离。

5.3 战术考核

战术考核部分以小场地比赛或正式比赛为测试方法，教练员统一参照本书第11章"检查考核部分"中的"个人战术意识水平考核定性评价标准"对队员打分。

第6章 U14（初中二年级）阶段

在U14年龄阶段，学生进入快速生长期末。女性的快速生长期始于10岁左右，12岁时达到顶峰，到16岁基本停止。男性的快速生长期始于11岁、12岁，顶峰期在15岁前后。在青春期，由于肌肉、脂肪与骨骼的急速增长，青少年的体重会有显著的增加。由于以上的生理变化，青少年在青春期的心理也呈现出成熟感与幼稚感并存、有独立性行为、想开放但又自封、做事带有冲动性、逆反心理等特点。因此，针对该年龄阶段青少年的足球技术、战术训练要与其生理和心理变化相适应。

这一年龄阶段要让学生在不断进步的过程中获得自我满足和快乐，理解个人对团队的作用，增强集体责任感，建立以球队利益为重、接受裁判判罚、努力克服比赛中的消极行为的观念。提高学生的自我控制能力，培养克服困难的意志力和自信心，增强独立解决问题的能力。该学龄阶段学生的思维发生了变化，他们已从儿童时期的经验型逻辑思维发展到理论型逻辑思维，因此，有必要使其了解比赛过程中常用的战术知识，提高个人行动的整体意识。从身体素质发展方面看，要在继续巩固和发展灵敏、协调和速度素质的基础上，增加对耐力素质的训练，采用适宜的训练方法，全面打好一般耐力的能力基础。

1. 训练目标

1. 通过足球训练活动促进学生的学习与身体健康，吸引更多的该学龄阶段学生参与足球运动。

2. 进一步增强该学龄阶段的学生以"精益求精"的态度对待学习与训练的要求的意识。进一步提高学生遵纪守规、团结合作的意识水平，增强他们正确评价自我价值的能力。培养学生正确对待各种困难的健康的心理品质。提高学生在自信心、运动动机、注意力及责任感等方面的心理技能水平。

3. 进一步培养、发展、提高该学龄阶段的学生在不同身体运动状态下与对抗中快速、准确地控制球的能力，更进一步提高学生的控球能力。

4. 进一步提高该学龄阶段的学生熟练、正确完成各种基本技术的规范水平，使其完善各项基本技术。进一步发展、提高该学龄阶段的学生在对抗中合理运用技术的应变能力。

5. 以不同方式小组比赛为主要手段，进一步发展、提高该学龄阶段的学生正面攻守对抗的能力；让学生进一步掌握个人和小组进攻、防守的基本知识，提高学生的决策能力；结合比赛，培养、发展该学龄阶段的学生执行"个人战术纪律要求"的能力。

6. 以4V4、5V5和更多队员参加的不同比赛方式为主要手段，使该学龄阶段的学生进一步学习与形成正确的阵型与队形的整体战术行为意识。

7. 以小场地比赛为主要练习方式，结合阵型与队形，进一步提高该学龄阶段的学生对不同位置的职责的认识水平，并根据学生自身条件特点及技能特长培养、发展其相应位置的技术能力。

8. 培养、发展该学龄阶段的学生在战术配合过程中的个人及小组的攻防战术的创造能力。

9. 运用综合训练手段进一步提高该学龄阶段的学生的反应速度及身体协调控制的能力，特别是注意发展学生的踝关节、膝关节和髋关节的灵活性。加强学生的基础力量、速度、灵敏、协调和一般有氧耐力等重要素质的训练，但只可对无氧耐力素质进行非专项化的低强度（谨慎）练习。

2. 基本训练内容

2.1 技术训练部分

1. 进行以提高比赛实用性为目的的活动与对抗情况下的综合颠控球练习。

2. 进行在对抗情况下以掌握更高单个动作熟练性与连接动作的技巧性为主要目的的多种运球技术练习。

3. 进行在对抗情况下高速运球过人、运球突破、运球变向、变速和转身等综合技术练习。

4. 进行以更高标准要求学生完成动作的准确性与控制动作的精巧性为目的的

接球摆脱技术和摆脱接球技术，以及实战对抗中接－传、接－控、接－射和接－过等综合性技术练习（提高运动中接球及动作衔接的合理性）。

5. 以提高完成动作技术规范水平为主要目的，在原地、活动中和对抗情况下多种形式地传不同高度的球、不同运行轨迹的球、不同速度与距离的球（促使正确动作定型）。进行原地、活动中和复杂对抗情况下多种形式的射门综合技术技巧练习。

6. 进行正面抢球、捅球、封堵，侧面抢球、捅球、合理冲撞，背后紧逼盯人、捅球破坏、头顶球争顶、断球、铲球等综合防守技术练习（提高抢截球成功率及动作衔接合理性）。

7. 结合战术练习，进行基本位置技术的练习，如边路传中技术、中锋的头顶球射门技术、中锋的运球过人与射门技术、前卫的中长传技术、后卫的争顶球与转身踢球技术等。

2.2　战术训练部分

1. 1~3人的个人与小组战术。

（1）进行以提高学生合理选择攻防手段与策略、选择攻防位置与对象的能力为主的多种形式的有限定区域、限定条件和攻守目标的1V1、1V1+自由人、1V2、1V3和2V2+自由人等攻守射门练习。

（2）进行以提高学生合理选择攻防手段与策略、选择攻防位置与对象的能力为主的多种形式的有限定区域、限定条件和攻守目标的1V1、1V1+自由人、1V2、1V3和2V2+自由人等攻守渗透与突破防守区域练习。

（3）进行以提高学生正面攻守能力为主的多种形式的有限定区域和攻守目标的1V1、2V2攻守射门与突破练习。

2. 局部小组战术。

掌握局部区域内多人战术配合方法及进攻形式、进攻中对抗条件下如何创造人数上的优势、正确选择组织进攻的方法及控制比赛的方法；学习根据球及进攻队员的位置正确选择抢断、紧逼及围抢、换位与补防、以少防多的防守策略。

（1）为实现不同的战术目的（如获得控制球权、获得边路传中机会、获得渗透突破机会、获得射门机会等）而进行的在不同区域内以比赛条件下的2V2+自由人、3V3、4V4、5V5的攻守练习，以及以多攻少的3V2、4V3、

5V3、5V4等快速攻守射门、渗透与突破训练。

（2）讲授局部2~5人的小组采用不同防守战术（人盯人防守、区域防守或压迫式防守等）时的盯人与抢球、保护与断球、换位与补位、回防与围抢的基本原则与方法。

（3）进行以3V3+自由人、4V4+自由人、5V5+自由人为主要形式的不同得分方式与不同球门数量的小场地比赛。

（4）进行以4V4+自由人、5V5+自由人为主要形式的不同得分方式与不同球门数量的小场地比赛。

3. 全队战术。

让学生领会整体移动的概念，能够对场上形势进行观察并做出正确反应，更准确地认识到场上不同位置的职责及作用，明确比赛攻守转换时刻的行动。提高学生创造性地在比赛中处理及解决问题的能力。通过11V11的比赛，让学生初步掌握全队战术打法。

（1）进行保持合理的局部队形与正确的基本阵型的6V6、7V7、8V8、9V9、10V10、11V11人的半场攻守练习。

（2）进行攻守不同球门数量的6V6、7V7、8V8、9V9的半场攻守比赛练习或在2个罚球区之间的场区范围内的比赛练习。

（3）进行不同攻守区域的位置职责能力训练。

（4）教授以某种阵型（如4-4-2或4-5-1阵型）为基础的后场开始的进攻的发动与组织基本战术方法。

（5）教授以某种阵型（如4-4-2或4-5-1阵型）为基础的后场开始的防守的发动与组织基本战术方法。

（6）教授以某种阵型（如4-4-2或4-5-1阵型）为基础的中场开始的进攻的发动与组织基本战术方法。

（7）教授以某种阵型（如4-4-2或4-5-1阵型）为基础的中场开始的防守的发动与组织基本战术方法。

（8）教授以某种阵型（如4-4-2或4-5-1阵型）为基础的前场开始的进攻的发动与组织基本战术方法。

（9）教授以某种阵型（如4-4-2或4-5-1阵型）为基础的前场开始的防守的

发动与组织基本战术方法。

（10）进行11V11比赛全队攻防基本阵型与基本战术练习。

2.3 身体训练部分

1. 进行以发展学生一般平衡能力、协调能力、灵活性、节奏感为主的多种徒手动作与滚翻动作强化练习。

2. 进行以提高学生专项动作速度与反应速度为目的的强化训练。

3. 进行以提高学生一般位移速度为目的的强化训练。

4. 运用各种器械和方式进行以发展学生专项身体灵活性、协调性、节奏感为主的强化训练。

5. 进行多种形式的一般有氧耐力的强化练习。

6. 进行发展踝关节的专项灵活性的练习。

7. 进行多种跳跃（但对大强度的蛙跳练习应当持谨慎态度）、转身、远距离射门、身体合理冲撞等一般的基础力量练习。

2.4 心理训练部分

1. 利用各种方法及手段提高学生运动的积极性。

2. 通过科学训练提高学生的自信心、注意力及观察力。

3. 增强球队的凝聚力及队员的集体责任感。

4. 提高学生的自我控制能力及意志力。

5. 让学生懂得尊重他人。

2.5 理论学习部分

1. 讲授如何更好地深入理解与运用规则的方法。

2. 讲授特殊战例下的攻防个人战术纪律与战术策略。

3. 讲授不同阵型中的位置职责基本知识。

4. 讲授提高个人战术效率的基本思路与方法。

5. 介绍训练学、生理学、运动心理学等相关学科知识。

6. 组织学生观看高水平球队的比赛。

2.6 比赛检验部分

以周末校内赛为主，如果有条件，可以参加市、区级的五人制、七人制至十一人制的比赛，应基本做到平均每周有1场正规的比赛。比赛时，学生应当注重对平时训练的各种基本技术、战术的实战运用。此外，要根据不同训练阶段有选择地就学生的实战能力突出的1~2个主要方面进行重点培养，不断提高学生在该方面的能力。

3. 基本训练方法

3.1 热身活动（1）：2人跑动中传球、接球

训练目标

1. 提高队员传球、接球技术。
2. 提高队员身体温度。

组织方法

区域 1/2场地。

器材 球、球门、标志服。

方法 2人控1个球，在半场内根据一定要求进行相互间跑动中的传接球；每练习5分钟，间歇休息2分钟，并在此时进行各种牵拉练习。

变化 可进行不同脚数传球、接球或运球中传球、接球，或者进行2人不同配合方式的传跑练习。

训练要点

1. 传球队员抬头观察。
2. 接球时使球处于活动中。
3. 逐步加快练习速度。

方法示意图

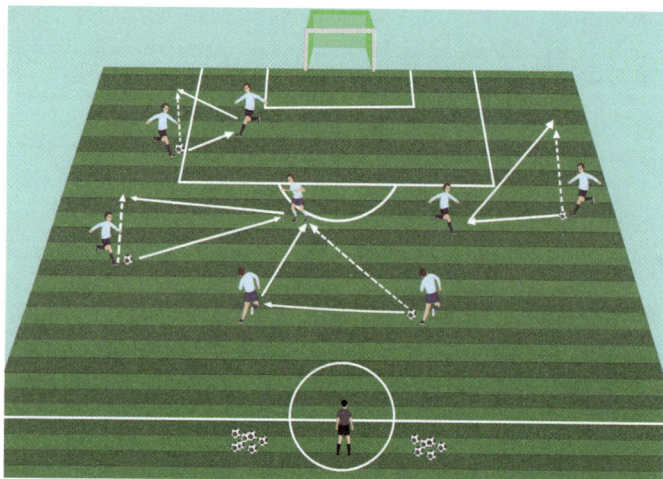

3.2　热身活动（2）：3人跑动中传球、接球

训练目标

1. 提高队员传球、接球的技术。
2. 热身练习。

组织方法

区域　1/2场地。

器材　球、球门、标志服。

方法　3人1组控1个球，在半个场地范围内进行传接球练习。持球队员将球前传给接应的同伴，并向前跑动，接球队员回传给侧面的同伴，该队员接球后传给向前跑动的队员（第1个持球队员）。

训练要点

1. 传球前注意抬头观察。
2. 传球动作规范、准确。
3. 接球队员迎上接球。
4. 传球后要立刻跑位接应。

方法示意图

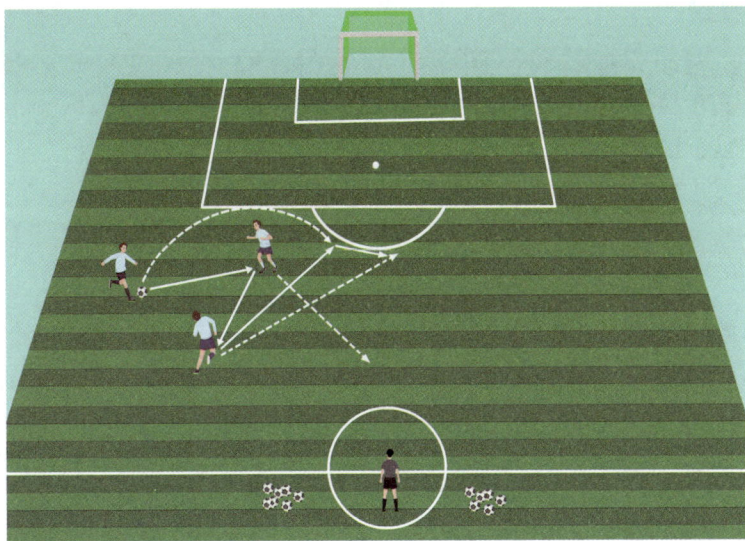

3.3 热身活动（3）：多人跑动中控球、传球

训练目标

1. 提高队员的控球能力、接应意识。
2. 提高准备活动效果。
3. 提高队员集中注意力的能力。

组织方法

区域　20m×20m。

器材　球、标志服、标志桶、标志盘。

方法　以10m为边长大致围成1个正八边形。8名队员参与，4名队员同时带球绕过标志盘，传球给其他4名无球队员，传球后寻找无人位置跑位，依次进行传球。

变化　可在不同方向或不同速度要求下进行练习，结合一定的休息时间和积极的牵拉活动。

训练要点

1. 带球队员抬头观察无球队员的位置。
2. 传球时与接球队员要有呼应。
3. 传球后快速变向跑位。

方法示意图

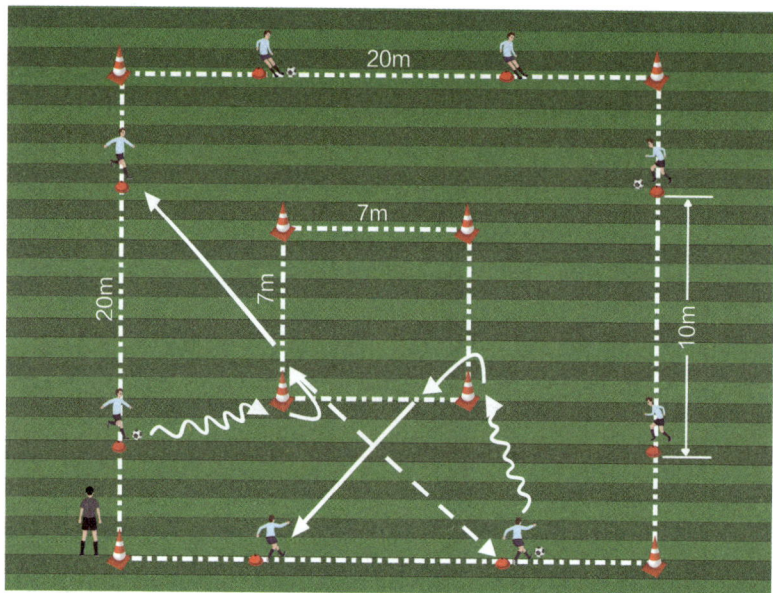

3.4 热身活动（4）：多人传球跑位练习

训练目标

1. 培养队员传球后跑位接应意识。
2. 提高准备活动效果。
3. 提高队员决策能力。

组织方法

区域　10m×10m。

器材　球、标志服、标志桶。

方法　7名队员为1组进行5V2传抢练习，控球方外围4人，中间1人，防守方连续抢球30秒后交换角色。

变化　没有固定的范围，但规定以朝1个方向整体圆圈移动的方式进行练习。

训练要点

1. 进攻队员传球后不断移动接球。
2. 抬头观察同伴的位置。
3. 快速决策。
4. 无球队员保持运动中接球。
5. 防守队员触球后与传球失误队员交换位置。

方法示意图

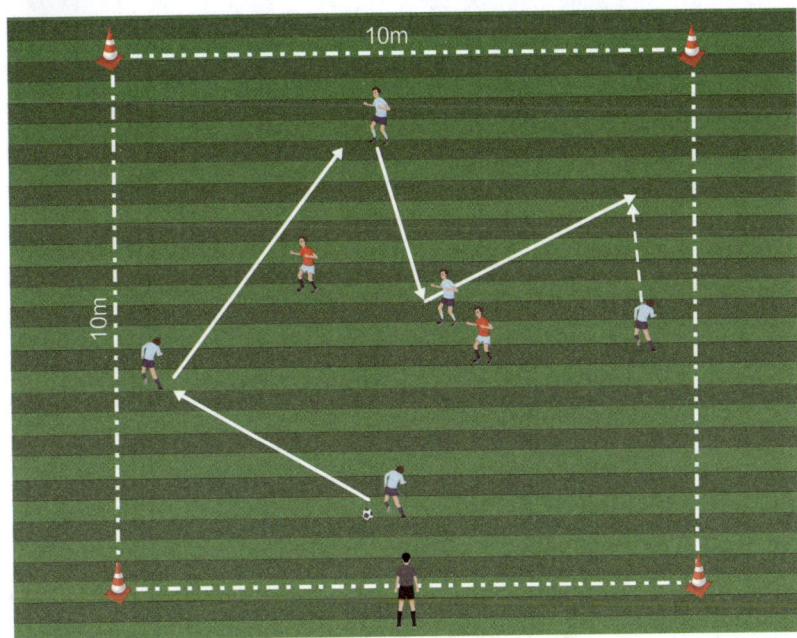

3.5 传接球练习（1）：跑动中传球练习

训练目标

1. 培养队员1脚出球的能力。
2. 让队员掌握传球和跑的配合时机。

组织方法

区域　25m×20m。

器材　球、标志桶、标志服。

方法　8名队员1组控1个球，进行4点传球练习。A位置的队员带球传给B位置的队员，B位置的队员回传，与A位置的队员完成"二过一"战术配合，B位置的队员再将球向前传给C位置的队员，C位置的队员接球后再与D位置的队员完成"二过一"战术配合，D位置的队员再将球向传给A位置的队员。

训练要点

1. 用脚内侧传球，传球要准确，力量要适中。
2. 接应要掌握好时机。

方法示意图

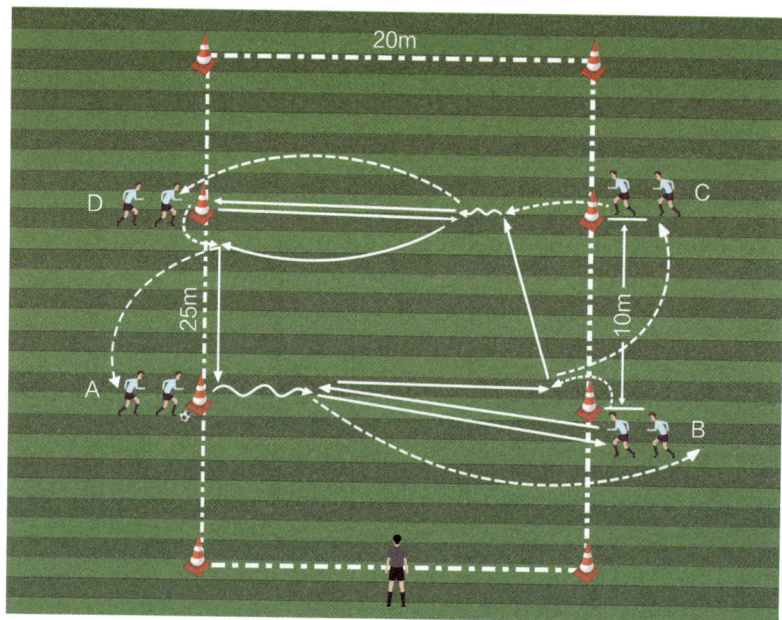

3.6　传接球练习（2）：长、短传球、接球练习

训练目标

提高队员的长传球和短传球的能力。

组织方法

区域　20m×30m。

器材　球、标志服、标志桶。

方法　每3名队员为1组，分别站在4个标志桶后面，进行短传球、长传球练习。传完球后跑到接球队员的位置，循环进行。

训练要点

1. 传球脚法运用要准确。
2. 控制传球力量。
3. 接应队员的摆脱。
4. 传完快速跑位支援。

方法示意图

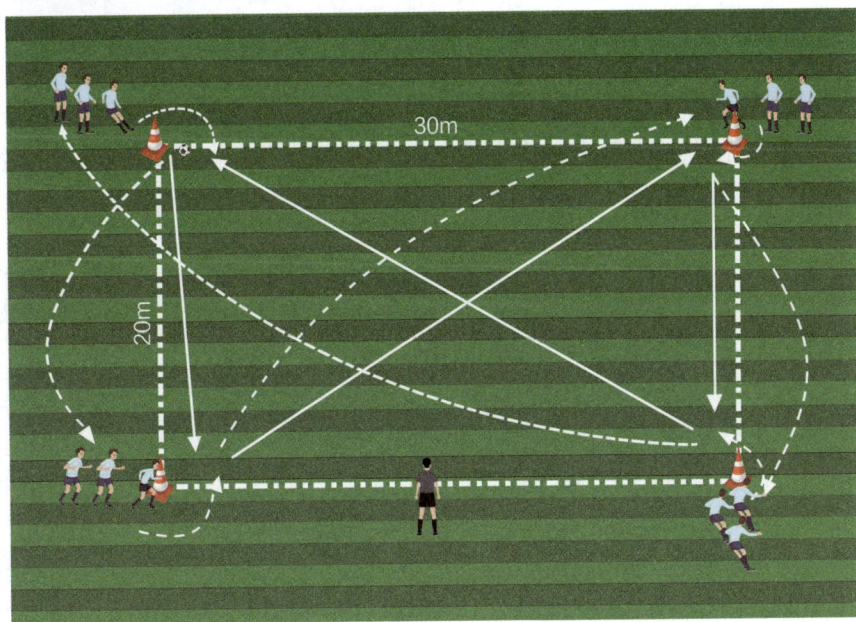

3.7 传接球练习（3）：长、短传球、接球练习

训练目标

提高队员在对抗中长传球和短传球的
能力。

组织方法

区域 40m×60m。

器材 球、标志盘、标志服。

方法 7V7+2GK比赛。控球方将球传到两
侧5m宽的区域内即得分，如果控球方长
传球给守门员得2分，并继续获得控球权；
如果短传球给守门员得1分，控球权交给防
守方。

训练要点

1. 注意观察。

2. 注意向前意识。

3. 注意传球准确性。

4. 无球队员积极跑动。

方法示意图

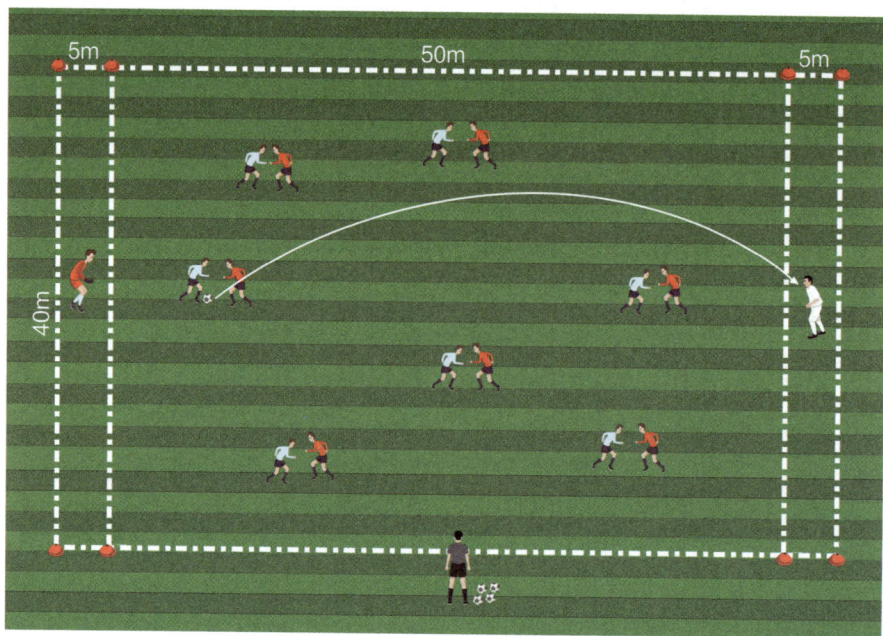

3.8 射门练习（1）

训练目标

提高队员的射门能力。

组织方法

区域　25m×40m。

器材　球、球门、标志桶、标志服。

方法　12名队员分成4组，分别站在球门两侧。队员将球传给对角球门侧的队员并快速向前跑动准备接球，对角队员接球后传给跑动接球队员并快速跑动准备接球，接球队员控球后横传给跑动接球队员，接球队员完成射门后跑到对角。

训练要点

1. 观察守门员的位置。
2. 射门要准确，追求力量。
3. 注意射门脚法的选择。
4. 注意跟进补射。

方法示意图

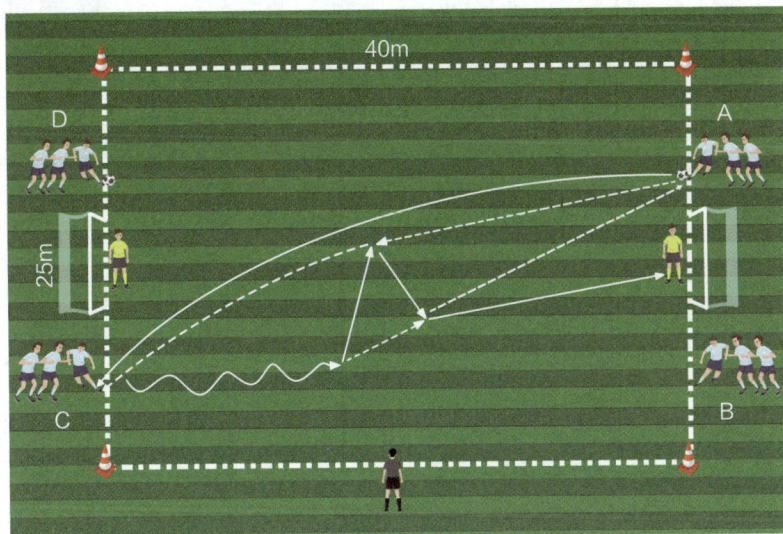

3.9 射门练习（2）

训练目标

1. 提高队员快速决策的能力。
2. 提高队员对抗下准确完成射门的能力。

组织方法

区域 20m×35m。

器材 球、球门、标志服、标志桶。

方法 3V3+2GK攻防练习。队员要尽可能多地完成射门。在练习中队员可通过场地外的同伴做球完成射门，在完成射门后要与做球同伴交换位置。

训练要点

1. 利用一切射门机会。
2. 队员在防守区可2脚触球，在进攻区只能1脚触球。
3. 此练习可以变换为4V4、5V5、6V6等不同形式，变换人数的时候注意场地区域应随之变化，人数越多，场地越大。

方法示意图

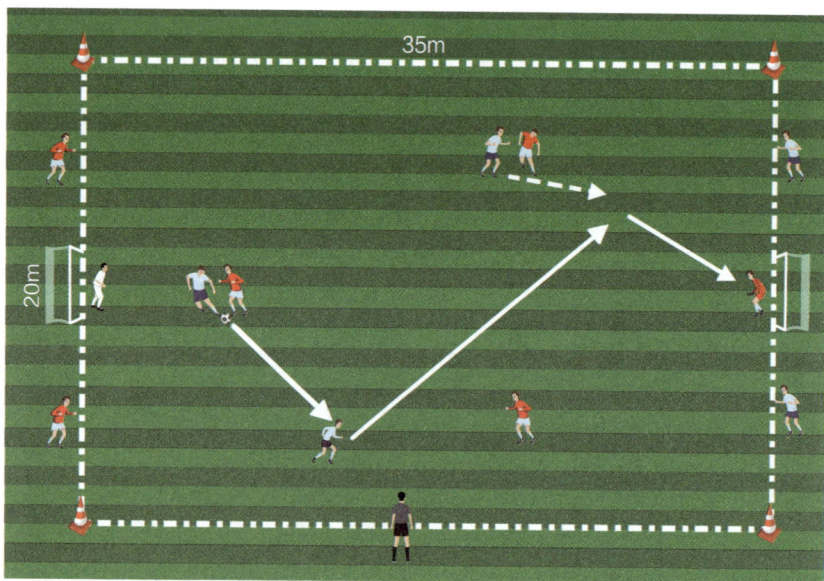

3.10　射门练习（3）

训练目标

1. 提高队员快速射门的能力。
2. 提高队员快速决策的能力。

组织方法

区域　50m×40m。

器材　球、球门、标志服、标志桶。

方法　5V5+2GK攻防射门练习。双方进行比赛，记录射门次数及进球次数。

训练要点

1. 尽可能多地射门。
2. 观察守门员位置。
3. 注意射门脚法的选择。
4. 提高得分欲望。

方法示意图

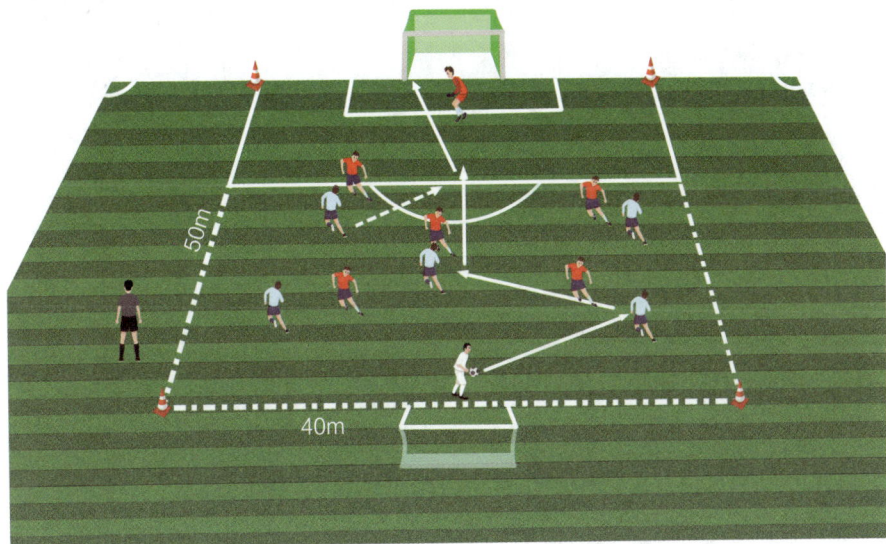

3.11 位置技术练习（1）：前锋位置技术练习

训练目标

提高前场队员中路配合进攻的能力。

组织方法

区域 40m×40m。

器材 球、球门、标志服、标志盘、标志桶。

方法 3名进攻队员，1名守门员。2名前卫队员交叉跑动，持球队员传球给绕过标志盘的前锋队员并向前跑动接球，前锋队员接球后回传给前卫队员，传球队员再将球直接传给后插上的另一名前卫队员，该队员接球后射门。

训练要点

1. 前锋队员摆脱接球意识。
2. 摆脱跑动必须突然、隐蔽。
3. 射门要准确。
4. 跟进补射。

方法示意图

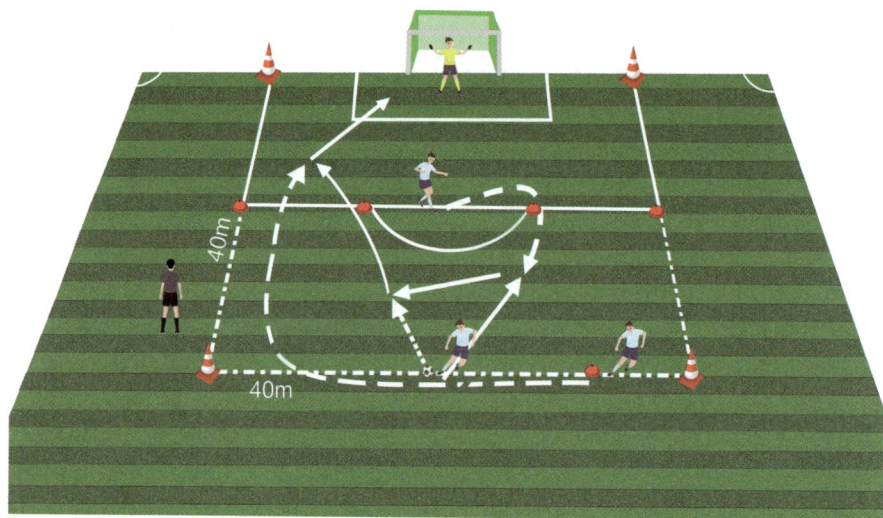

3.12 位置技术练习（2）：前锋位置技术练习

训练目标

提高前场队员边路传中射门的能力。

组织方法

区域 1/2场地。

器材 球、球门、标志服、标志盘、标志桶。

方法 3名进攻队员，1名守门员。前卫队员传球给边路队员后前插，边路队员快速下底传中，前锋回撤摆脱后前插，并突然反向插入后点接传中球射门或回传，前插前卫队员射门。

训练要点

1. 边路队员运球要快。
2. 包抄队员要掌握好时机。
3. 射门要准确。
4. 跟进补射。

方法示意图

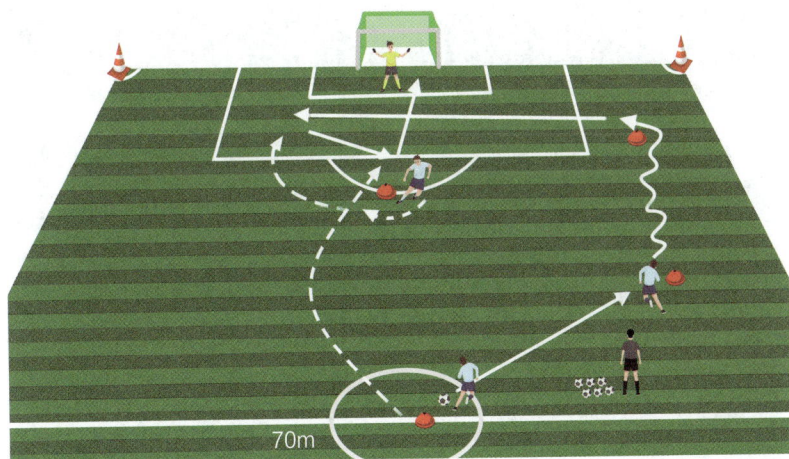

70m

3.13 防守抢断球练习（1）

训练目标

提高后卫队员抢断球的基本技术。

组织方法

区域 15m×10m。

器材 球、标志服、标志桶。

方法 3名队员1组，2名进攻队员，1名防守队员。持球队员将球传给前方接应队员，此时防守队员伺机抢断，并将球传回传球队员。

变化 根据队员的不同水平，要求以不同的速度进行。

训练要点

1. 判断来球。

2. 保持适当距离和角度。

3. 抢断上步要大而快。

4. 注意重心的移动。

方法示意图

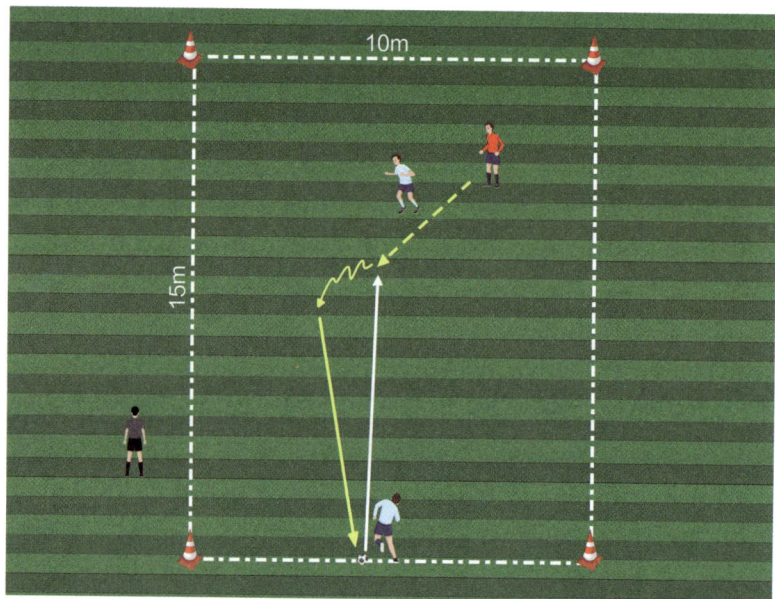

3.14　防守抢断球练习（2）

训练目标

1. 提高队员在对抗中抢断球的技术能力。
2. 培养队员间相互协作的意识。

组织方法

区域　25m×30m。

器材　球、球门、标志服、标志桶。

方法　进行4V4，4个小球门攻防练习。
每队防守2个球门，进攻2个球门。

规则　抢断球后得分为2分。

训练要点

1. 注意观察和判断。
2. 人盯人防守。
3. 注意抢断球时机。
4. 抢断球后由守转攻。

方法示意图

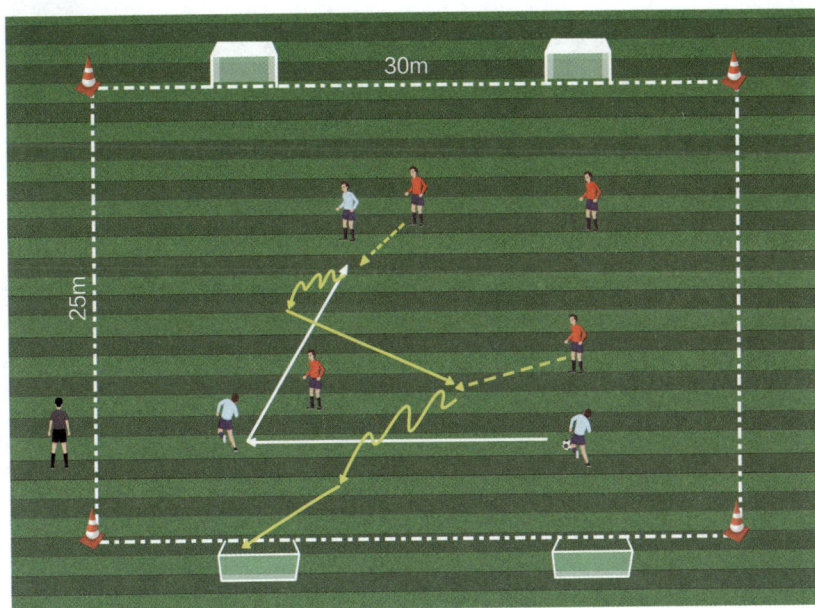

3.15 头顶球技术练习（1）

训练目标

提高队员的头顶球射门能力。

组织方法

区域 15m×15m。

器材 球、球门、标志服、标志桶。

方法 进行2V2头顶球射门比赛，得分多者为胜方。

规则 双方队员不许进入对方半场。

训练要点

1. 根据队员的水平，调整头顶球时机、速度、力度及方向。
2. 灵活运用站着头顶球、跳动头顶球、鱼跃冲顶的方法进行训练。
3. 改变队员的位置。
4. 变换头顶球距离、球门位置与球门宽度等。

方法示意图

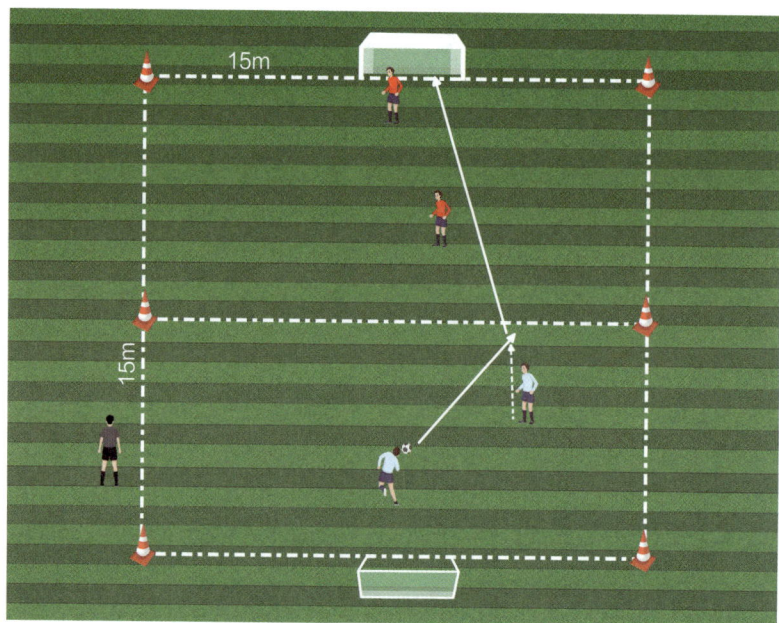

3.16　头顶球技术练习（2）

训练目标

提高队员头顶球的准确性。

组织方法

区域　15m×25m。

器材　球、标志服、标志桶、简易球网。

方法　3V3网式头顶球比赛。

规则　得球一方每次必须通过2次空中配合以头顶球方式使球越过球网，到达对面，每局15分，如下图所示。

变化　网高可以根据队员的水平进行调整。

训练要点

1. 判断球的落点。

2. 观察对方位置。

3. 运用头顶球时要用力。

4. 注意头顶球方向。

方法示意图

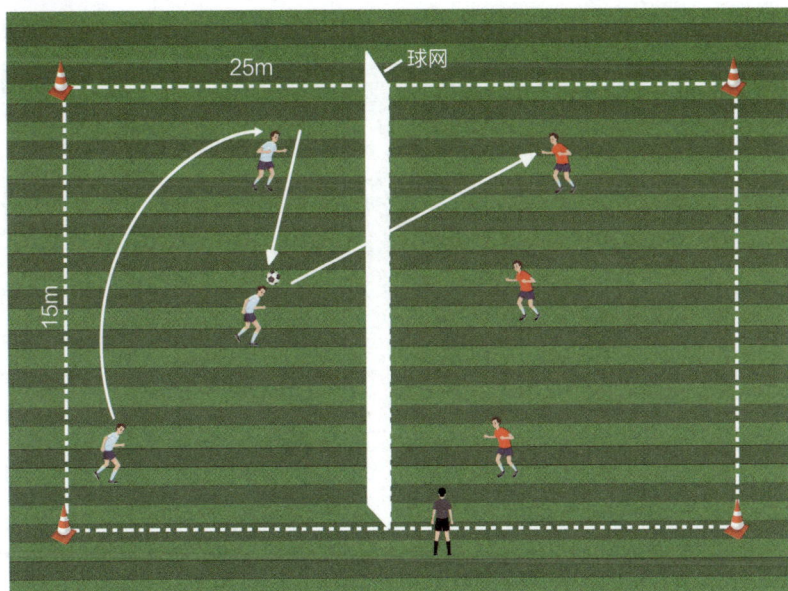

3.17 头顶球技术练习（3）

训练目标

提高队员在对抗中运用头顶球技术的能力。

组织方法

区域 30m×30m。

器材 球、球门、标志桶、标志服。

方法 在场地里面进行4V4比赛（无守门员），双方各有4名队员站在两边和底线，如下图所示。站在两边和底线的持球队员只能用手传球，场地内的球员对其传来的球只能用头顶球射门。

规则 外围队员作为接应队员，只能参与本方进攻，不能参加防守。持球队员不得持球跑动3步以上。

训练要点

1. 积极跑动。

2. 观察判断。

3. 头顶球技术准确。

4. 相互交流。

方法示意图

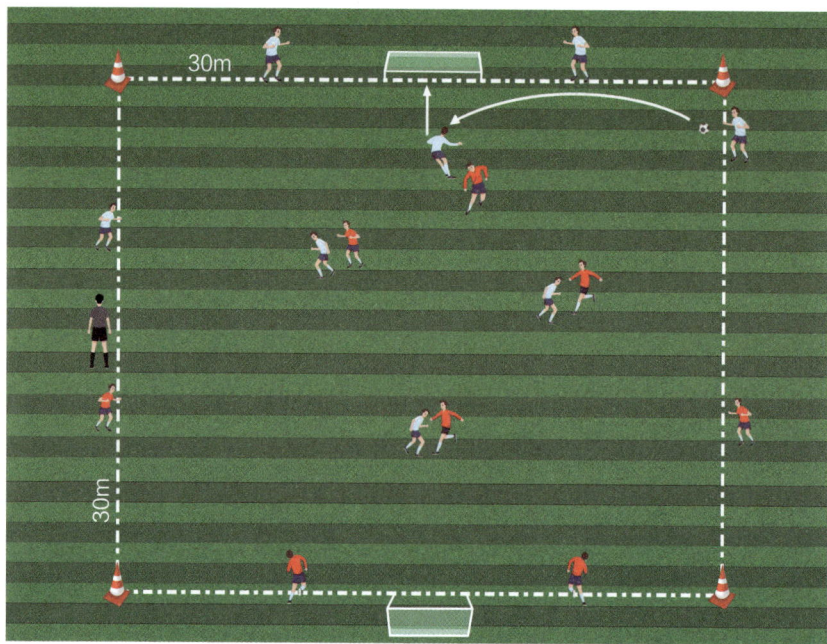

3.18 1V1攻防练习

训练目标

1. 提高队员1V1突破过人的能力。
2. 提高队员1V1防守的能力。
3. 培养队员取胜欲望。

组织方法

区域 20m×15m。

器材 球、球门、标志桶、标志服。

方法 4名队员为1组，共2组且每组1名守门员。每组每次1名队员练习，另外2名队员站于本方球门一侧。有球一方先将球传给对面的1名队员，当队员得球后1过1射门，如果防守队员得球则进攻对面的球门。记录双方进球总数，循环进行练习。然后2组交换角色进行练习。

训练要点

1. 利用假动作、速度变化、方向变化过人。
2. 防守队员注意保持重心和把握抢球时机。
3. 注意攻守转换。

方法示意图

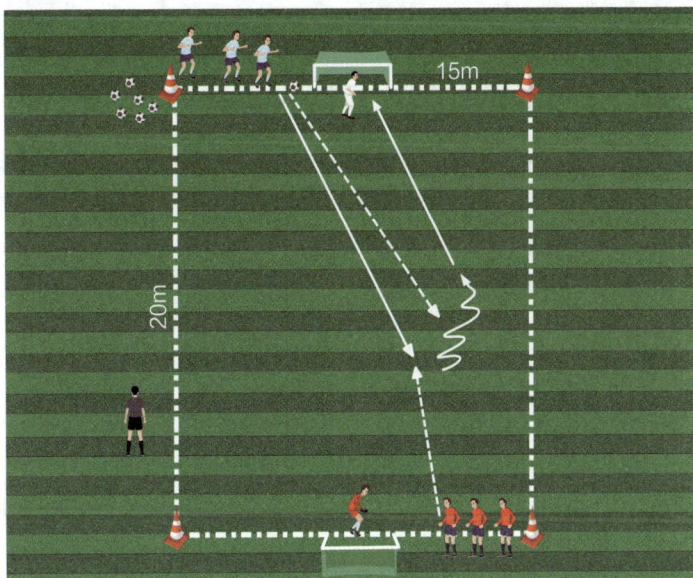

3.19 5V5攻防练习

训练目标

提高队员及球队的快速攻防能力。

组织方法

区域 30m×50m。

器材 球、球门、标志桶、标志服。

方法 进行4V4+2GK比赛，进攻方如果射门得分，将继续到另一半场与另一组进行4V4，防守方休息。如果射门不成功，就由防守方到另一半场与另一组进行4V4比赛。

训练要点

1. 进攻控制球权。
2. 多次射门。
3. 集中注意力。
4. 防守方协同防守。
5. 相互交流。

方法示意图

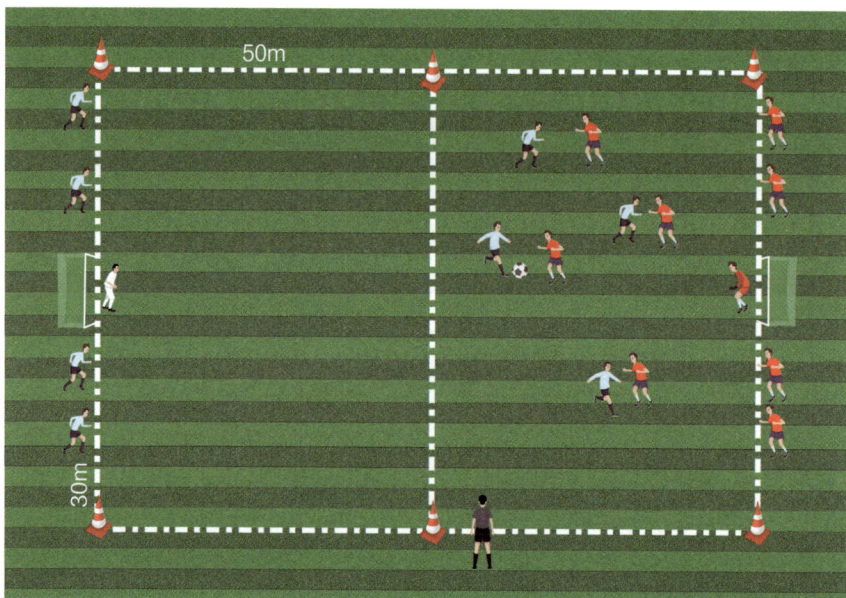

3.20 转移进攻方向练习

训练目标

1. 提高队员决策、应变能力。
2. 提高队员攻防转换意识和能力。

组织方法

区域 50m×50m。

器材 球、标志盘、标志服、标志桶。

方法 15名队员，平均分为3组。每队防守1个球门（宽5m），进攻另外2个球门，如下图所示。

训练要点

1. 观察判断。
2. 灵活决策。
3. 协同配合。
4. 攻防转换要快。
5. 相互交流。

方法示意图

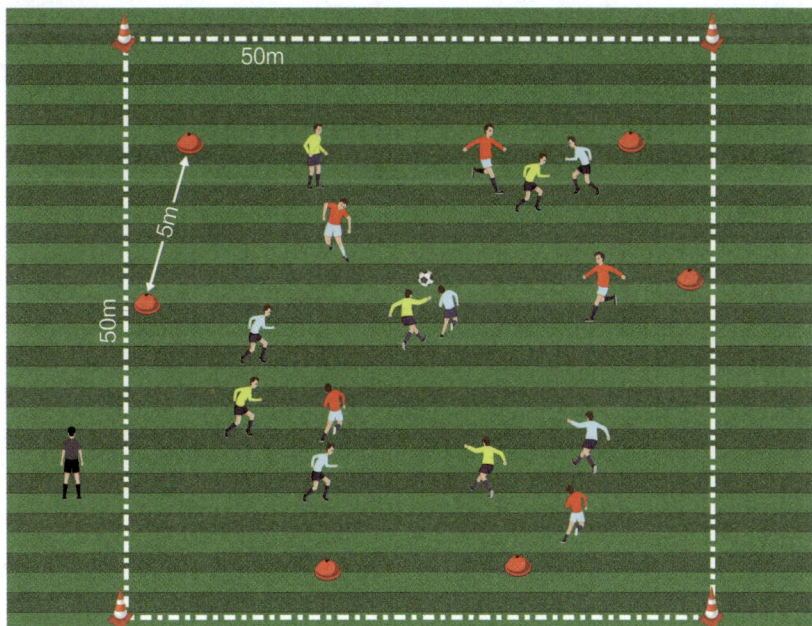

3.21 整体攻防练习

训练目标

1. 训练队员建立基本位置感。
2. 培养球队整体移动意识和能力。

组织方法

区域 90m×70m。

器材 球、球门、标志服、标志桶。

方法 11V11比赛中每队采用自己的阵型，进行攻防比赛。

规则 采用正规比赛规则。

训练要点

1. 每个人在自己的位置上比赛。
2. 注意交流。
3. 注意整体攻防移动。

方法示意图

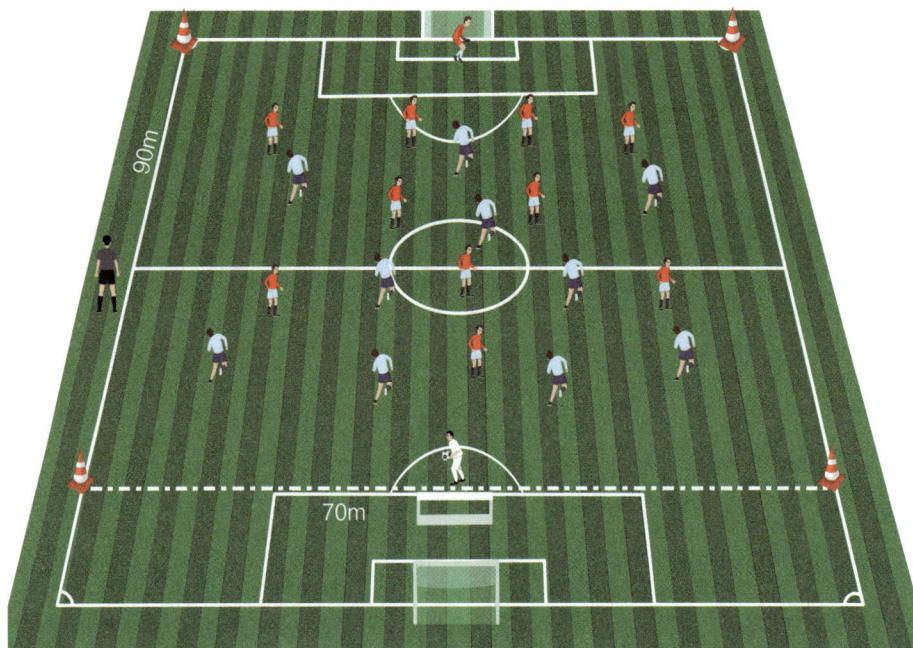

3.22　结合球的一般耐力训练

训练目标

提高队员的有氧耐力。

组织方法

区域　边长约为20m的三角形区域。

器材　球、标志桶、标志服。

方法　4名队员1组控1个球，相距约20m，连续进行传接球练习，如下图所示。采用顺时针或逆时针方向交替进行的方式进行练习。技术要求可采用运球、接球后传球、1脚传球等方法。

时间　持续2~3分钟，做3~5组，间歇休息2分钟。

速度　70%~80%速度。

训练要点

1. 控制好速度。
2. 技术准确（地滚球）。
3. 注意体力的恢复。

方法示意图

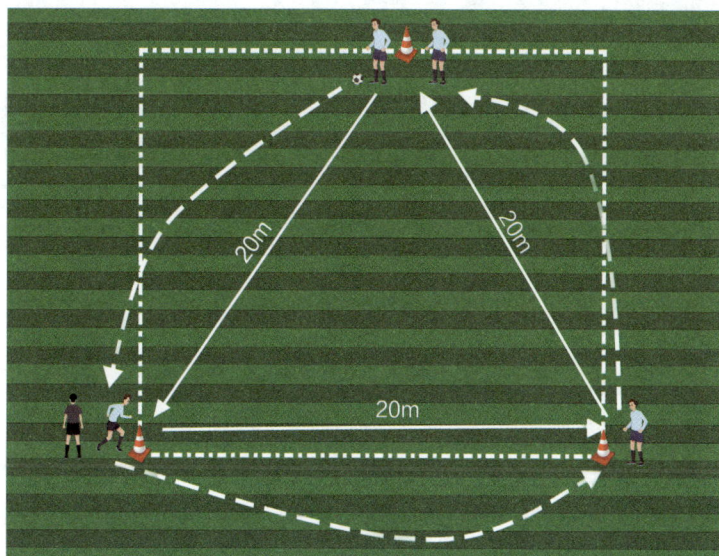

3.23 结合球速度练习

训练目标

提高队员结合球的速度。

组织方法

区域 15m×30m。

器材 球、标志服、标志桶。

方法 教练员发出信号后,队员快速运球到另一场地,把球留下后快速跑回起点。对面的队员进行接力运球跑,再跑回。进行6~8次,每次间歇1分钟。

训练要点

1. 以最快速度运球。

2. 以最快速度折返跑回。

3. 注意体力的恢复。

方法示意图

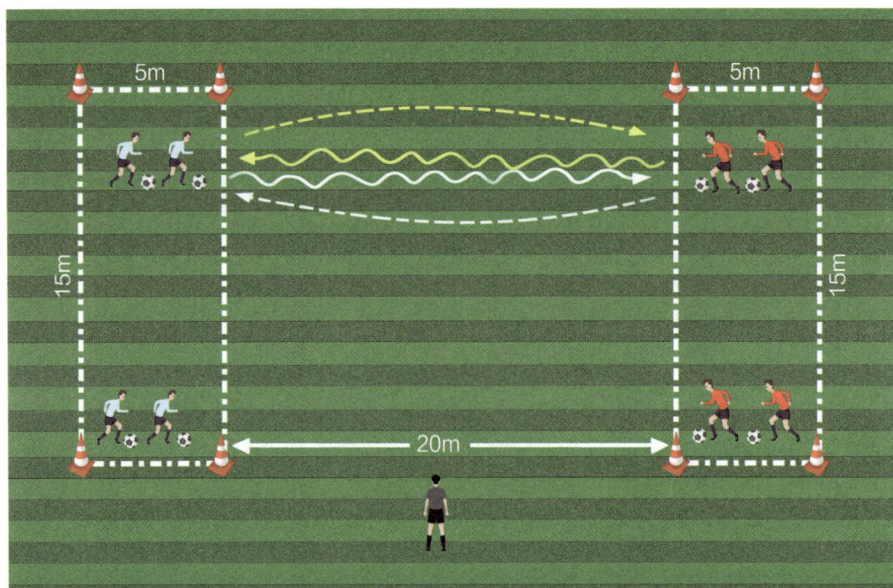

3.24 一般耐力训练

训练目标

提高队员的球性和有氧能力。

组织方法

场地 足球场划纵向50m，横向100m。

器材 球、标志桶、标志服、秒表。

方法 进行每50m要求不同的运球跑练习。左、右脚运球，双脚交替运球，按照不同技术动作变化要求运球。1个接1个，教练员要求第1个队员用不同的运球方法，后面的队员随着前面队员的运球方法运球，每6分钟进行1组，共3组。组间间歇3分钟。

速度 70%~80%速度。

训练要点

1. 运球时控制速度。

2. 按照要求做技术动作。

3. 克服疲劳。

4. 集中注意力。

方法示意图

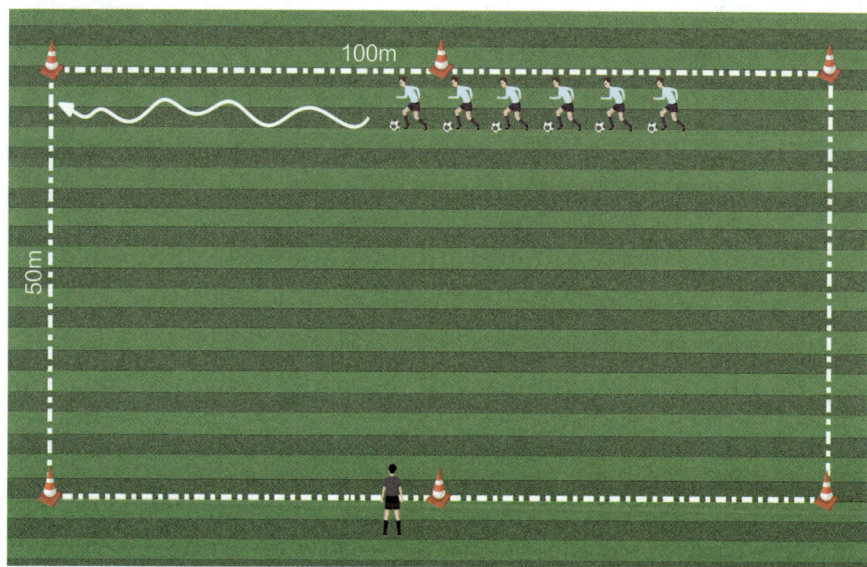

4. 基本要求

1. 每周训练3~4次，每次训练不超过90分钟。

2. 训练中要交替进行提高技术练习和局部对抗练习，每次训练课的最后阶段都要安排有守门员的对抗比赛（时间为20~30分钟，形式为4V4到11V11）。

3. 每次训练课的设计必须符合队员的水平。

4. 尽量安排人数少、场地小的练习，使队员有更多接触球的机会。

5. 身体训练必须是结合球的训练。

6. 训练质量始终是第一位的。

7. 每周至少进行1场11V11的教学比赛（场地为90m×50m，时间为35分钟×2节）。

5. 检查考核

该学龄阶段的学生在身体素质方面的检查考核参照教育部规定的学生体质健康标准，结合部分足球运动专项身体素质项目进行。技术技能检查考核参照本书第11章"检查考核部分"的相应评价标准。

5.1 技术考核

1. 踢球技术。

测试方法：队员在中点处向球门踢球，根据落点测试队员踢球的准确性和距离，横向测试准确性，纵向测试距离。每个落点都有相应的分值（横纵落点分值各20分。想象将球门后侧两点分别与起点连线，形成等腰三角形。横向落点分值和该落点与起点的连线偏离三角形中线的角度成反比；而纵向落点分值和该落点与起点之间的距离呈正比。一般来说，推荐老师或教练员提前在场地划线，从而确定出不同区域落点的大致分值。

注：随着队员的成长，每次测试的标准和场地一定要固定不变，以保证测试结果的可靠性，有利于观察队员进步的幅度。

2. 快速射门。

测试方法：队员从起点开始用最短的时间将球射进有守门员防守的球门，然后停止计时，每名队员在3个点各测2次。

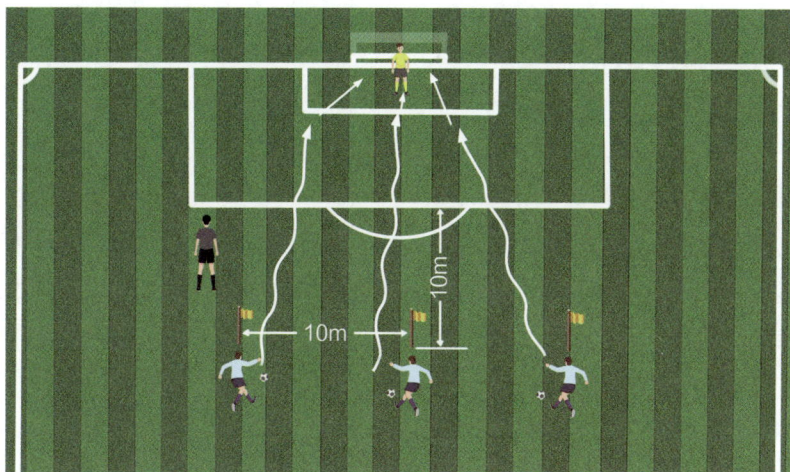

5.2　身体考核：灵敏性考核

测试方法：按图摆放4个标志桶，受试者按照计时员指令从标志桶A出发，跑向标志桶B，并用右手触及标志桶B，然后左转跑向标志桶C，并用左手触及标志桶C，再跑向标志桶D，用右手触及标志桶D，然后返回标志桶B，用左手触及标志桶B，最后返回标志桶A，当受试者再次通过标志桶A时停止计时。

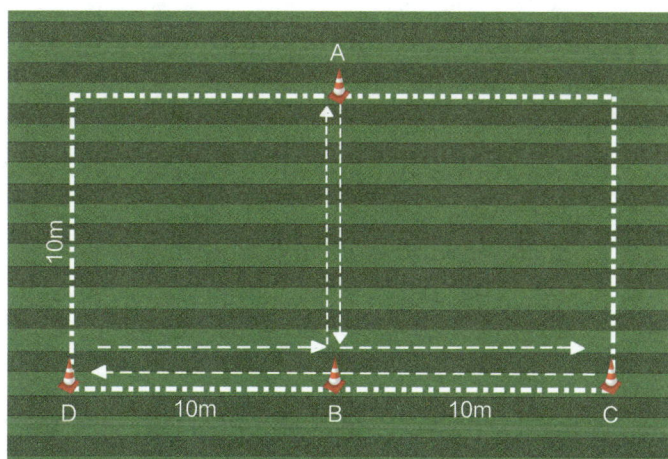

评级	男子（秒）	女子（秒）
优秀	<9.5	<10.5
良好	9.5~10.5（不含）	10.5~11.5（不含）
及格	10.5~11.5	11.5~12.5
较差	>11.5	>12.5

5.3 战术考核

战术考核部分以小场地比赛或正式比赛为测试方法，教练员统一参照本书第11章"检查考核部分"中的"个人战术意识水平考核定性评价标准"对队员打分。

第**7**章 U15（初中三年级）阶段

U15年龄阶段需要在U14的基础上继续培养学生的团队精神和球队凝聚力，使学生能够接受并明确自己的角色，同时增加心理稳定性的训练，培养正确的自我评价和对他人进行客观评价的能力。从身体素质发展方面看，这一阶段是无氧耐力发展的敏感期，要在发展有氧耐力的基础上，采用适宜的训练方法，以提高无氧耐力。此外，还要采用适宜的训练方法发展一般及专项力量素质，以发展速度和力量耐力，全面打好这一身体素质的基础。

1. 训练目标

1. 足球活动与足球训练能使学生在不断进步的过程中获得自我满足和快乐，懂得文化学习与体育活动是他们在校学习过程中2个可以相互促进的部分。

2. 进一步提高该学龄阶段学生以"精益求精"的态度对待学习与训练的意识。进一步提高学生正确对待个人作用与集体作用、个人荣誉与集体荣誉之间关系的认识水平。提高学生在意志力、自信心、注意力等足球运动专项心理素质方面的发展水平。

3. 进一步培养、发展、提高该学龄阶段的学生在不同身体运动状态下与对抗中，快速、准确地控制各种来球的熟练性与精巧性，继续提高"球随人心而动"的控制水平与能力。

4. 进一步提高该学龄阶段的学生熟练、正确完成各种基本技术的水平，完善各项技术。进一步改进、提高该学龄阶段的学生合理运用技术的应变能力。

5. 进一步发展、提高该学龄阶段的学生1V1情况下的主动控制能力，突出提高正面攻守对抗控制能力。教授个人和小组进攻、防守的系统知识，进一步提高学生的快速决策能力，结合比赛，培养、发展、提高该学龄阶段的学生正确执行"个人战术纪律要求"中的主要精神的能力与水平。

6. 以不同比赛方式为主要手段，使该学龄阶段的学生进一步提高阵型与队形的整体战术意识水平。教授比赛过程中常用的整体战术基本知识，提高学生个人行动的整体意识水平（进攻、防守、位置职责），初步掌握各位置的战术职责要求。

7. 以比赛为主要练习方式，进一步提高该学龄阶段的学生对不同位置的职责的认识水平，并根据学生个性特点及技能特长进一步培养、发展其相应的位置技术能力。

8. 提高学生在比赛中的战术配合能力，进一步培养、发展学生完成个人及小组的攻防战术中的创造能力。

9. 运用专项训练手段进一步提高该学龄阶段的学生的专项速度（位移、动作、反应），提高学生在快速对抗状态下快速完成技术、战术动作时，灵活协调地及时调整身体重心平衡的控制能力。加强学生的一般力量耐力及专项肌肉力量训练、加强专项灵敏性与协调性训练、加强一般有氧耐力素质的训练，可对无氧耐力素质进行专项化的低强度（谨慎）练习。继续坚持重点发展学生的踝关节、膝关节、髋关节的灵活性。

10. 培养、提高该学龄阶段的学生能正确应付训练与比赛中的竞争及其他人的犯规行为的能力，使学生养成自觉接受裁判员的判罚、勇于接受比赛结果的良好意识。

2. 基本训练内容

2.1 技术训练部分

1. 进行以提高比赛实用性为目的的综合颠控球练习。

2. 进行在高强度对抗情况下，以提高完成多个组合动作的熟练性与连接动作的技巧性为主要目的的综合运球技术练习。

3. 进行在狭小的空间范围内对抗情况下的运球过人、运球突破、运球变向、变速、转身等综合技术练习。

4. 以提高学生在狭小空间范围内、快速运动中完成动作的准确性与控制精巧性水平为目的，进行接球摆脱技术和摆脱接球技术，以及快速运动的对抗中的接-运-传、接-控-传、接-运-射等多元综合性技术练习（提高运动中接球及动作衔接的精巧性）。

5. 以提高学生在狭小的空间范围内完成动作技术规范水平为主要目的，进行原地、活动中、对抗情况下多种形式的传不同高度的球、不同运行轨迹的球、不同速度与距离的球（促使正确动作定型）的练习；进行原地、快速运动中、较高强度对抗情况下多种形式的射门综合技术与技巧练习。

6. 以提高选择合理性为目的，进行正面抢球、捅球、封堵，侧面抢球、捅球、合理冲撞，背后紧逼盯人、捅球破坏、头顶球争顶、断球、铲球等不同防守技术的综合防守技能练习。

7. 结合战术练习，进行基本位置技术练习，如边路传中技术、中锋的头顶球射门技术、中锋的运球过人与射门技术、前卫的中长传技术、后卫的争顶球与转身踢球技术等。

2.2　战术训练部分

1. 1～3人的个人与小组战术。

（1）进行以提高学生快速决策、选择合理攻防手段与策略、选择攻防位置与对象的能力为主的多种形式的有限定区域、限定条件和攻守目标的1V1、1V1+自由人、1V2、1V3、2V2+自由人等攻守射门练习。

（2）进行以提高学生快速决策、选择合理攻防手段与策略、选择攻防位置与对象的能力为主的多种形式的有限定区域、限定条件和攻守目标的1V1、1V1+自由人、1V2、1V3、2V2+自由人等攻守渗透与突破防守区域练习。

（3）进行以提高学生正面攻守能力为主的多种形式的有限定区域和攻守目标的1V1、2V2攻守射门、渗透和突破练习。

2. 局部小组战术。

（1）为实现不同的战术目的（如获得控制球权、获得边路传中机会、获得渗透突破机会、获得射门机会等）而进行的在不同区域内以小场地比赛条件下的2V2+自由人、3V3、4V4、5V5的攻守练习，以多攻少和以少防多的3V2、4V3、5V3、5V4等快速攻守射门、渗透与突破训练。

（2）教授局部2~5人的小组不同防守战术（人盯人防守、区域防守或压迫式防守等）时的盯人与抢球、保护与断球、换位与补位、回防与围抢的基本原则与方法。

（3）教授前场边路局部基本防守原则与方法。

（4）教授前场中路局部基本防守原则与方法。

（5）教授中场边路局部基本防守原则与方法。

（6）教授中场中路局部基本防守原则与方法。

（7）教授后场边路局部基本防守原则与方法。

（8）教授后场中路局部基本防守原则与方法。

（9）进行以3V3+自由人、4V4+自由人、5V5+自由人为主要手段的不同得分方式与攻守多个球门的小场地比赛。

（10）进行以4V4、5V5为主要手段的不同得分方式与双方各守1个球门或2个球门的小场地比赛。

3. 全队战术。

（1）进行保持正确的基本阵型与合理的局部队形的6V6、7V7、8V8、9V9、10V10、11V11的半场攻守练习。

（2）进行攻守不同球门数量的6V6、7V7、8V8、9V9半场攻守练习或2个罚球区之间的场区范围内的比赛练习。

（3）进行不同攻守区域的位置职责能力训练。

（4）教授以某种阵型（如4-4-2或4-5-1阵型）为基础的后场开始的进攻的发动与组织基本战术方法。

（5）教授以某种阵型（如4-4-2或4-5-1阵型）为基础的后场开始的防守的发动与组织基本战术方法。

（6）教授以某种阵型（如4-4-2或4-5-1阵型）为基础的中场开始的进攻的发动与组织基本战术方法。

（7）教授以某种阵型（如4-4-2或4-5-1阵型）为基础的中场开始的防守的发动与组织基本战术方法。

（8）教授以某种阵型（如4-4-2或4-5-1阵型）为基础的前场开始的进攻的发动与组织基本战术方法。

（9）教授以某种阵型（如4-4-2或4-5-1阵型）为基础的前场开始的防守的发动与组织基本战术方法。

（10）教授11V11比赛全队阵地进攻与防守的基本阵型与基本战术方法。

（11）教授11V11比赛全队快速进攻与防守的基本阵型与基本战术方法。

（12）教授4-5-1、4-4-2、5-4-1、3-5-2阵型的整体攻防的基本原则与方法。

2.3 身体训练部分

1. 进行以发展学生专项平衡能力、协调性、灵活性、节奏感为主的多种徒手体操动作与滚翻动作强化练习。

2. 进行以提高学生专项动作速度与反应速度为目的的强化训练。

3. 进行以提高学生一般位移速度为目的的强化训练。

4. 进行运用各种器械和方式以提高学生专项身体灵活性、协调性、节奏感为主的强化训练。

5. 进行多种形式的一般有氧耐力的强化练习。

6. 进行发展踝关节的专项灵活性的练习。

7. 进行一般基础力量的强化练习。

8. 进行多种形式的专项速度耐力的谨慎（非大强度的）练习。

2.4 心理训练部分

1. 利用各种方法及手段提高学生参与运动的积极性。

2. 继续训练、提高学生的自信心、注意力及观察力。

3. 继续培养学生的团队意识及集体责任感，增强球队凝聚力。

4. 进行以提高学生的自我控制能力及意志力为目的的心理稳定性训练。

5. 提高学生正确的自我评价和对他人进行客观评价的能力，使学生能接受并明确自己的角色。

6. 让学生学会尊重他人，形成良好的学习与生活习惯、训练与比赛作风。

2.5 理论学习部分

1. 讲授更好地深入理解与运用规则的方法。

2. 讲授现代足球发展基本趋势与要求的基本知识。

3. 讲授优秀职业足球运动员的技能特点的基本知识。

4. 讲授特殊战例下的攻防个人战术纪律与战术策略。

5. 讲授不同阵型中的位置职责基本知识。

6. 讲授提高个人战术效率的基本思路与方法。

7. 介绍训练学、生理学、运动心理学等相关学科知识。

8. 组织学生观看高水平球队的比赛。

2.6 比赛检验部分

以周末校内赛为主，如果有条件，可以参加市、区级的七人制至十一人制的比赛。应当基本做到平均每周有1场正规的比赛。比赛时学生应当注重对平时训练的各种基本技术、战术的实战运用。此外，要根据不同训练阶段，有选择地就学生的实战能力突出的1～2个主要方面进行重点培养，不断提高学生在该方面的能力，并对这些能力进行持续强化和检验。

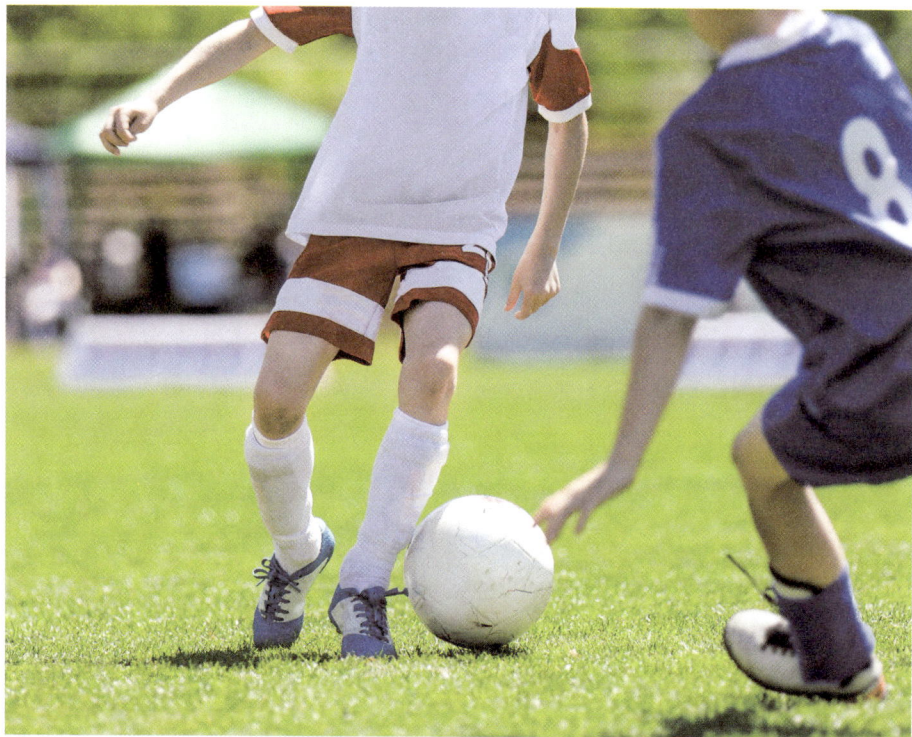

3. 基本训练方法

3.1　运球、传球组合技术练习

训练目标

1. 发展队员运球结合传球的技术。
2. 培养队员精益求精的意识。

组织方法

区域　20m×30m。

器材　球、标志服、标志桶。

方法　将队员分成2组。1组队员相互间传球；另外1组2人运球，另外2人无球跑动。1分钟后2组交换练习。

训练要点

1. 速度循序渐进加快。
2. 注意观察。
3. 集中注意力。
4. 注意动作质量。

方法示意图

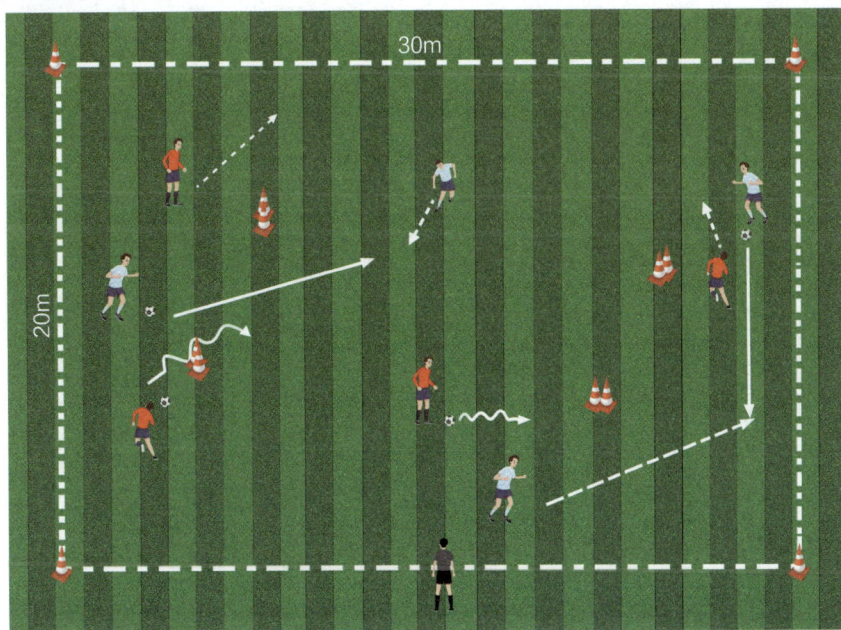

3.2 接球、运球、传球组合技术练习（1）

训练目标

1. 提高队员接球、运球、传球的连接技术。
2. 培养队员精益求精的意识。

组织方法

区域　10m×25m。

器材　球、标志服、标志桶。

方法　2名守门员站在方形区域内，其他队员站位如下图所示。第1组队员运球做假动作，然后传球给守门员；接着守门员传球给第2组队员；第2组队员迎球转身运球后，传球给第1组队员。练习结束后，第1组队员和第2组队员交换位置，2个守门员也交换位置。

训练要点

1. 动作连接要快。
2. 动作要准确。
3. 假设有防守队员紧逼。
4. 集中注意力。

方法示意图

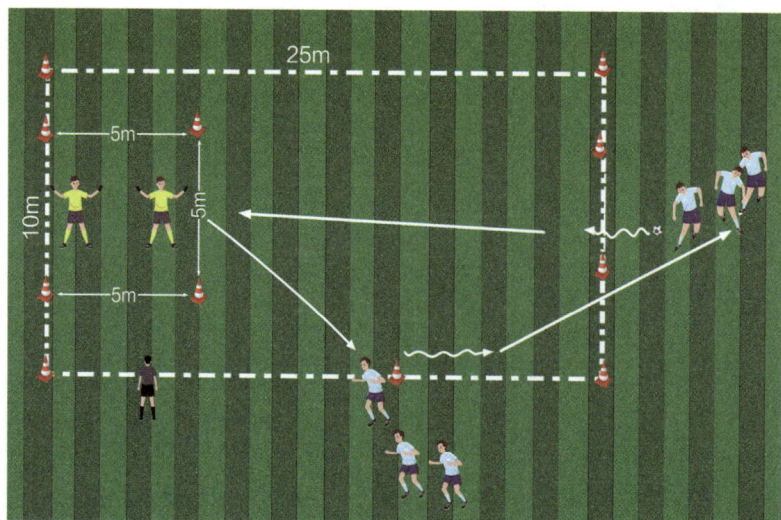

3.3 接球、运球、传球组合技术练习（2）

训练目标

1. 提高队员的传球技术。
2. 提高队员利用空间的能力。
3. 提高队员的观察力。

训练要点

1. 注意观察。
2. 保持移动。
3. 传球准确。
4. 力量适中。
5. 注意交流。

组织方法

区域 25m×30m。

器材 球、标志服、标志桶。

方法 16名队员分成4组，每组穿不同颜色的标志服，每组控1个球进行组内传接球练习。队员可以移动到其他区域进行小组传球，但前3秒之内必须小组统一移动，且避免和其他队员挤在一起。

变化 使用2个球，队员可以自由移动，可以在不同颜色的队员间传球，但按照一定顺序传球，如：红-蓝-黄-白。如果队员水平较高，可增加球的数量。

方法示意图

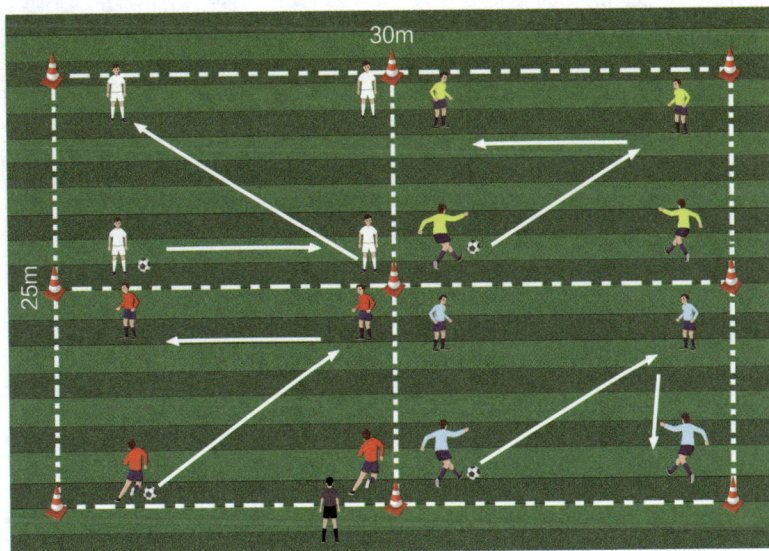

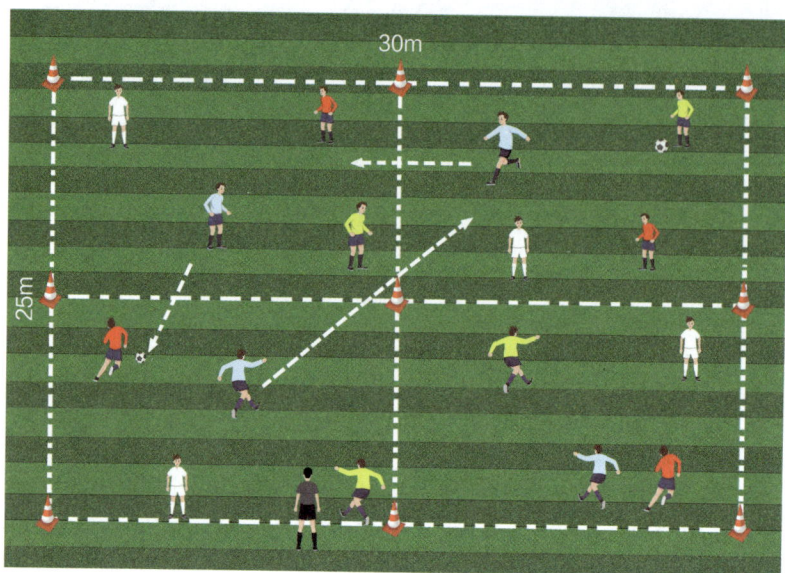

3.4 传球接应练习

训练目标

1. 提高队员的观察能力。
2. 提高队员传球选择能力。
3. 培养队员间相互交流的能力。

组织方法

区域 40m×40m。

器材 球、球门、标志桶、标志服。

方法 在方形区域内进行4V4、5V5或6V6比赛（无守门员），场地用标志桶分成4个三角形。队员想接球必须移动到另外1个三角形区域，如果违反规则，由对方在该三角区罚任意球。

训练要点

1. 观察判断。
2. 及时传球。
3. 快速移动。
4. 保持控球权。
5. 注意交流。

方法示意图

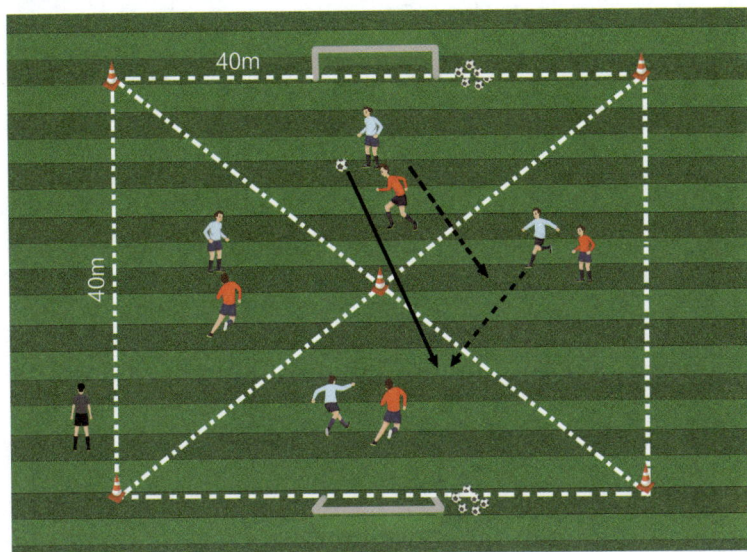

40m

40m

3.5 接球练习

训练目标

1. 提高队员在对抗条件下的接球技术。

2. 提高队员控制球权的能力。

组织方法

区域 15m×15m。

器材 球、标志桶、标志服。

方法 （2+2）V（2+2）进行传球、接球、控球练习。双方力争控制球权，6次传球得1分。场内的队员2脚传球，场外的队员1脚传球，场外的队员可以传球给其他场外的队员，场外队员还可以进入场地和场内队员进行配合。然后，场内队员轮换到场外，如果防守方抢到球则交换攻防。

变化 根据队员能力，调整传球脚数限制和得分要求。

训练要点

1. 创造3角接应局面。

2. 注意第一次触球质量。

3. 利用身体护好球。

4. 利用假动作。

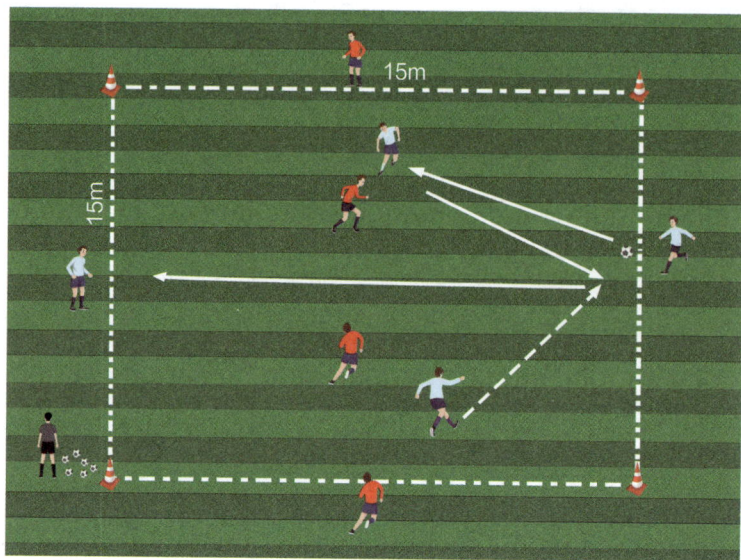

3.6 头球练习

训练目标

1. 提高队员头顶球技术。
2. 提高队员支援意识。

组织方法

区域　40m×40m。

器材　球、球门、标志服、标志桶、标志盘。

方法　2队进行5V5无守门员的头球攻防练习。如果球出线可发边线球或掷界外球；如果球落地，将球权交给对方。比赛可按下列形式进行：A1用手抛球给对方半场的A2，然后A2向球门前传球，A3头顶球攻门（见下页上方的图）。进攻结束或球落地，所有队员跑向另一半场（见下页下方的图）。B1用手向B2抛球，B2将球传向球门，B3完成射门。

训练要点

1. 判断球速和落点。
2. 无球队员要不断移动。
3. 头顶球动作要正确。

174

方法示意图

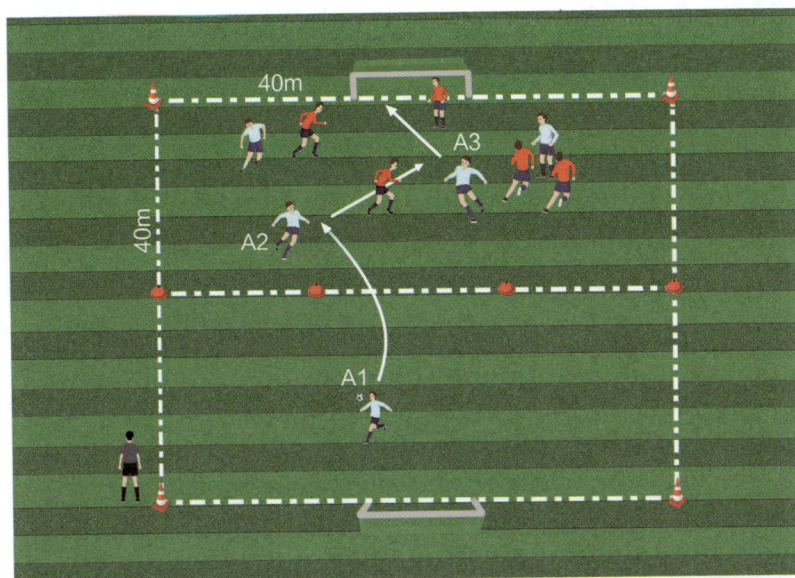

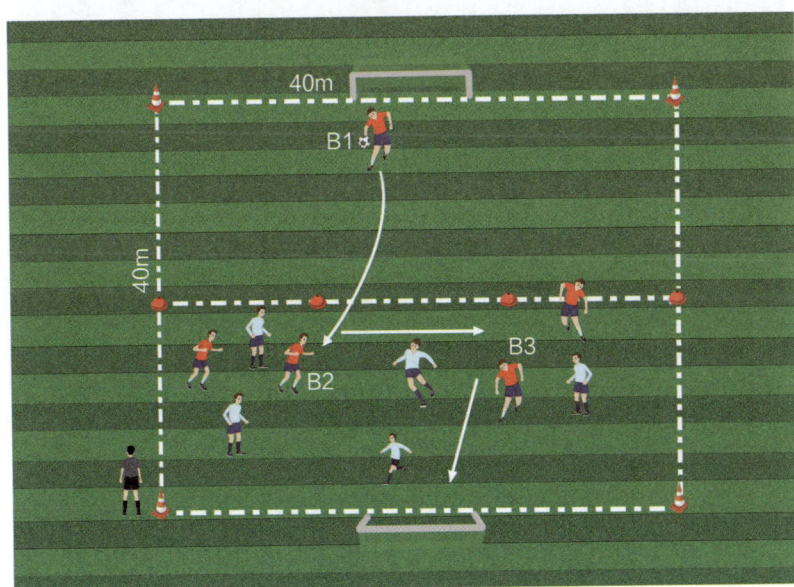

3.7 射门练习

训练目标

1. 提高队员的射门技术。
2. 提高队员的下底传中技术。
3. 提高队员的1V1能力。

组织方法

区域 40m×40m。

器材 球、球门、标志桶、标志盘、标志服。

方法 在场地进行练习，2组同时进行，队员射门（有守门员）后站到对面队尾。A1先传球给A2，然后跑到前方红色标志盘处，A2接球后用右脚向内运球，连接射门后站在对面队尾。对面的小组做同样的练习。

变化

1. 2人后套配合下底传中射门。
2. 2人墙式配合射门。
3. 2人交叉掩护配合射门。

训练要点

1. 注意传球质量。
2. 接运动作合理。
3. 射门前观察守门员位置。
4. 快速完成动作。

方法示意图

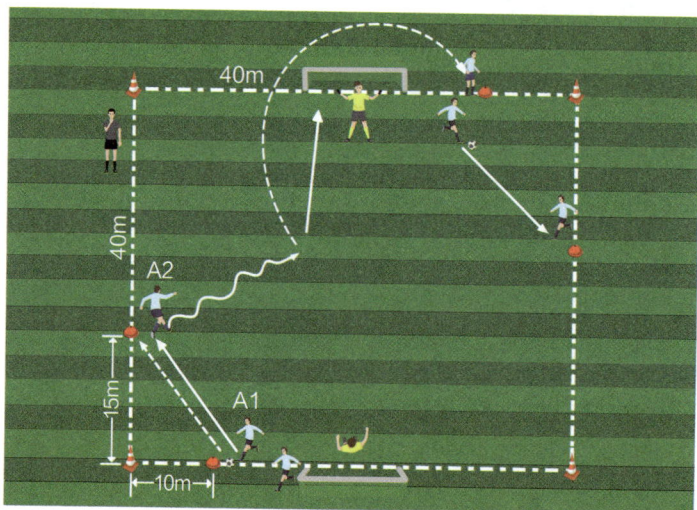

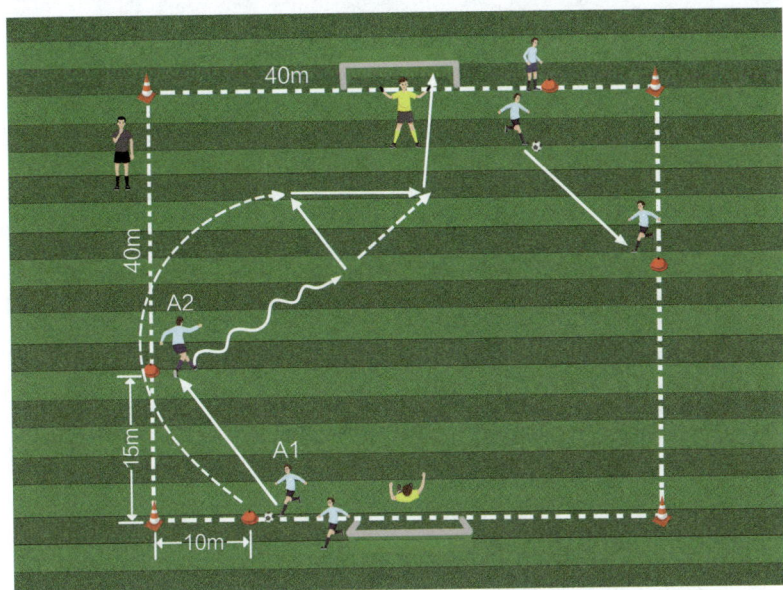

3.8　1V1练习

训练目标

1. 提高队员在1V1局面下的进攻能力。
2. 提高队员防守能力。

组织方法

区域　20m × 20m。

器材　球、球门、标志杆、标志服、标志桶。

方法　位于蓝队队首的队员快速运球绕过标志杆，同时位于红队队首的队员快速跑动绕过标志杆。蓝队队员运球并试图射门（有守门员），红队队员防守；当蓝队队员成功射门或红队队员成功抢断时，下一组开始练习。

训练要点

进攻队员

1. 利用假动作突破射门。
2. 射门应力图准确。

防守队员

1. 选择封堵射门角度。
2. 保持身体重心稳定。

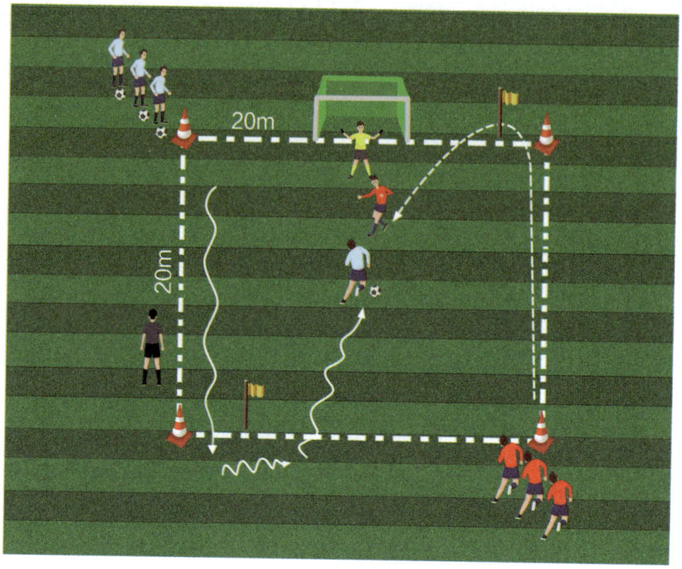

3.9 2V2练习

训练目标

1. 提高队员快速传球技术。
2. 提高队员在紧逼状态下射门的能力。
3. 提高队员的有氧耐力。

组织方法

区域　20m×20m。

器材　球、球门、标志桶、标志盘、标志服。

方法　安排6名红队队员（2人场内练习，2人站在边线、2人在球门线处支援）和6名蓝队队员（2人场内练习，2人站在边线，2人在球门线处支援）进行比赛，设置2名守门员。每队场外队员采用2脚球且仅可沿着边线或球门线移动，不能进入场内参与防守。

训练要点

1. 快速传接配合。
2. 快速转换攻守。
3. 鼓励队员创造性和即兴发挥。

方法示意图

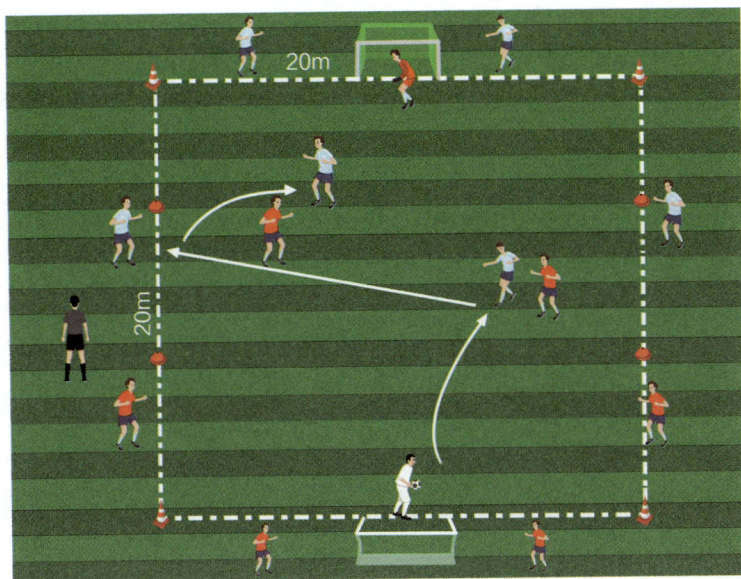

3.10 2V3带状防守练习

训练目标

1. 提高队员以多打少的能力。
2. 提高队员以少防多的技巧。

组织方法

区域　20m×40m。

器材　球、球门、标志服、标志桶。

方法　场地内设置4个球门，红队与蓝队进行比赛，2名队员作为中立者，在各自半场形成3V2局面。队员不允许跨过中线，队员可以进攻所在半场的任何1个球门。

训练要点

进攻队员

1. 应控制好球权。
2. 无球队员应积极跑动创造传球的空间。
3. 控球队员传球要及时。

防守队员

1. 协同移动。
2. 压迫式保护。
3. 注意交流。

方法示意图

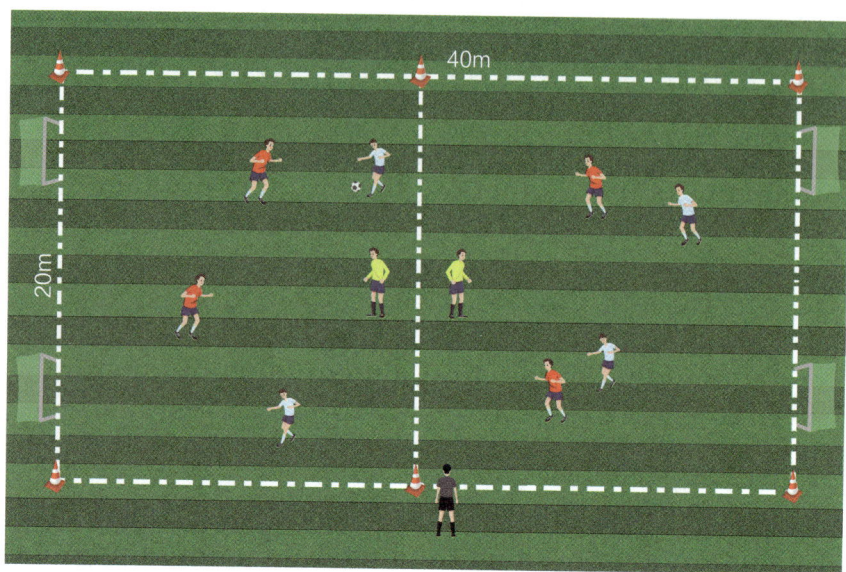

3.11 中场防守练习

训练目标

1. 提高球队形成良好的中场防守队形的能力。
2. 提高队员阻止对手渗透性传球的能力。

组织方法

区域 20m×30m。

器材 球、标志桶、标志盘、标志服。

方法 黄蓝2队队员之间进行渗透性传球，3名红队的中场防守队员阻止持球一方将球传至对面，所有传球必须是地滚球。防守队员尽可能地给黄蓝2队队员施压，如果防守队员拦截到了球，可将球传给教练员并得1分。

训练要点

1. 防守队员阻止对方队员向前渗透性传球。
2. 避免交叉换位。
3. 随球快速移动，封堵传球线路。

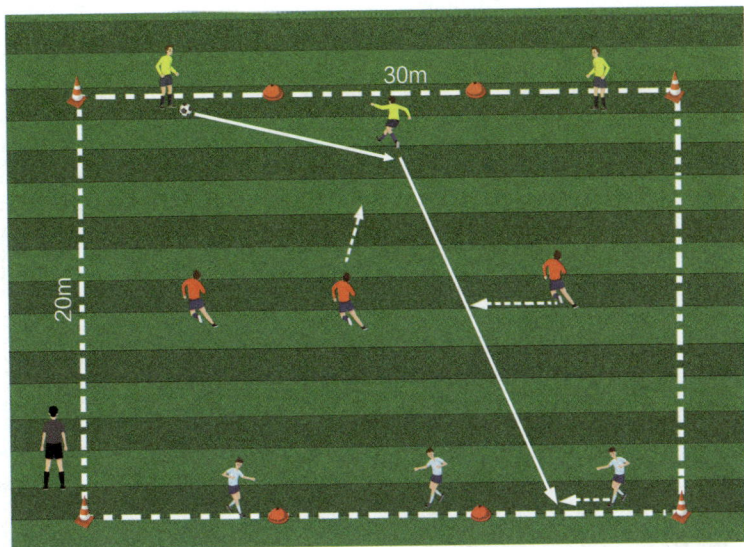

方法示意图

3.12 4V4V4控制球权练习

训练目标

1. 提高队员控球能力、传接球技术和快速进攻转移能力。
2. 提高队员协同防守能力。

组织方法

区域 15m×30m。

器材 球、标志服、标志桶。

方法 将队员分成3组，每组4人，防守队员有2名队员留在中场，而另外2名队员后场防守并向传球球员施压。中场2名队员拦截传球。进攻队员在传球给处在球场另一端队员前，必须完成4次传球（见下页上方的图）。传球后，2名处在中场的防守队员进入前场并向接球队员施压，而另外2名防守队员进入中场（见下页下方的图）。完成4次传球后成功将球传给另一个队得1分。

训练要点

1. 支援控球队员。
2. 形成3角站位。
3. 练习节奏快速。
4. 防守队员应积极施压。
5. 注意交流。

方法示意图

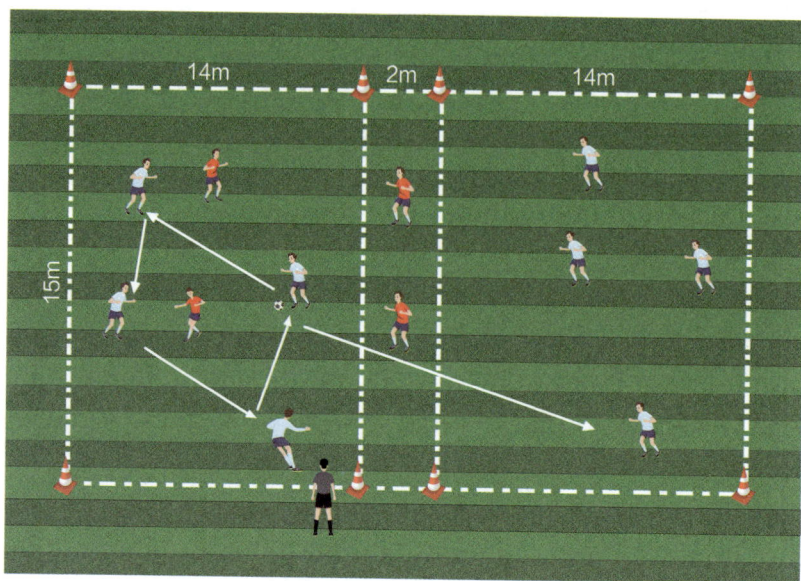

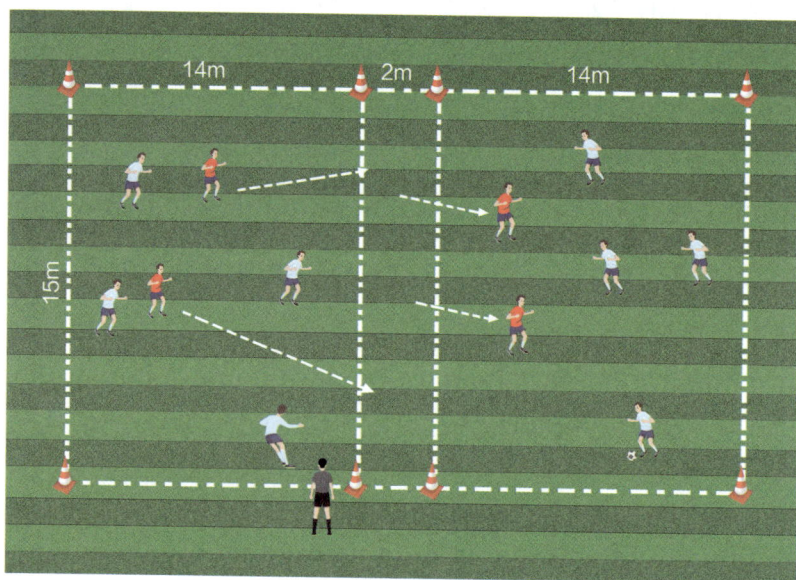

3.13　边路进攻练习8V6+1GK

训练目标

1. 发展队员边路进攻能力。
2. 培养队员与人协作的意识。

组织方法

区域　40m×50m。

器材　球、球门、标志桶、标志服。

方法　红队队员进攻2个小球门，而蓝队队员进攻大球门，进攻时边路区域只允许2名进攻队员和1名防守队员进入。边路传中射门得2分，正常得分为1分。

训练要点

1. 鼓励边路队员快速移动位置。
2. 边路队员可以通过地面配合或传中球改变进攻点。
3. 各位置队员协同移动。

方法示意图

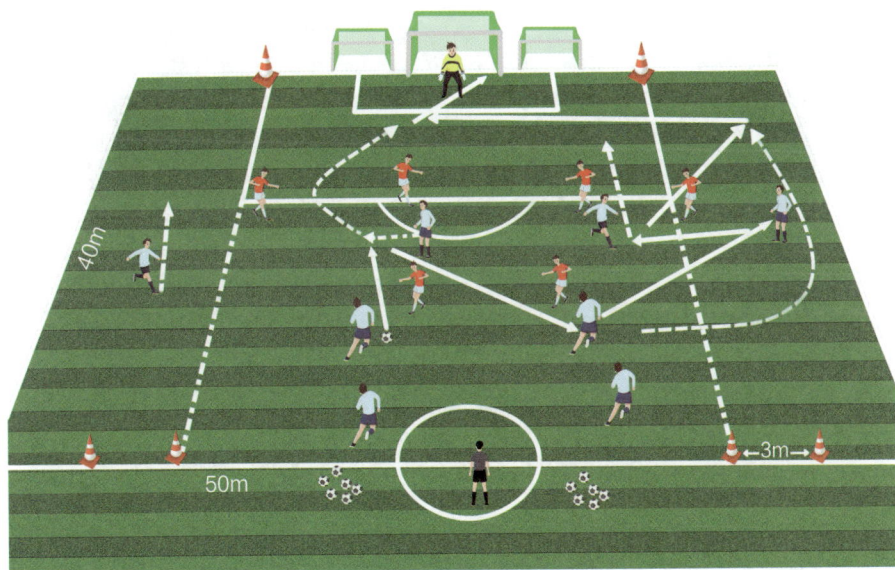

3.14 位置战术练习

训练目标

1. 让队员熟悉位置战术。
2. 发展队员快速返回防守位置的能力。
3. 发展队员位置转换的能力。

组织方法

区域 全场。

器材 球、球门、标志桶、标志服。

方法 教练员在中场传球给后卫线4名队员中的1名后开始练习。场上队员通过战术配合进攻球门，完成射门后所有队员快速返回最初的位置，邻近位置的队员自由配合，如边路进攻、中路进攻、传中射门等。

训练要点

1. 观察选位。
2. 传球要流畅。
3. 注意交流。
4. 注意接应时机。
5. 邻近的队员默契配合。

方法示意图

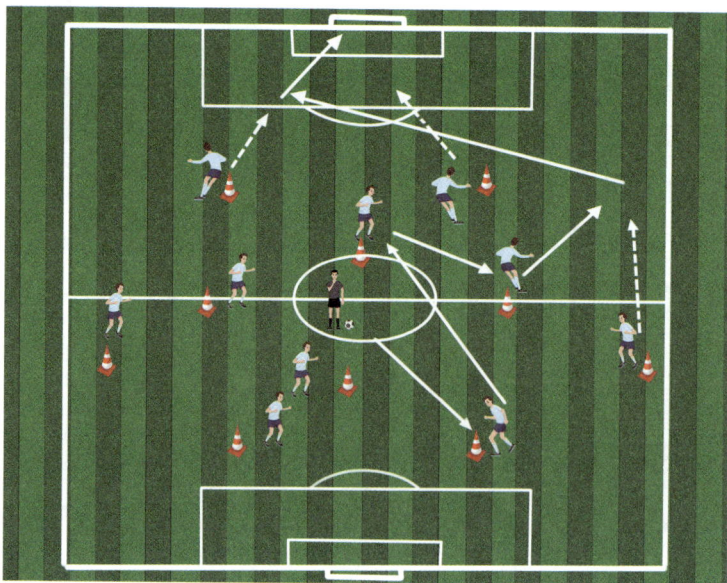

3.15　全队防守练习

训练目标

1. 培养队员整体防守意识。
2. 让队员建立各个位置间协同防守概念。
3. 让队员学习、掌握进攻和防守基本原则。

组织方法

区域　90m×70m。

器材　球、球门、标志服、标志桶。

方法　防守方11人，按照基本阵型排列；进攻方8人，位置如下图所示。守门员进攻发球，防守方整体队形随着球的位置移动，并开始逐步加快移动速度，检查各个位置选择正确与否。

变化　采用11V11赛制，正常进行攻防分队比赛，重点观察防守方整体移动和选位情况，加强队员的位置概念和防守协同意识。此练习还可用于进攻组织和发展训练。

训练要点

1. 观察移动。
2. 选择判断。
3. 注意交流。
4. 移动迅速。

方法示意图

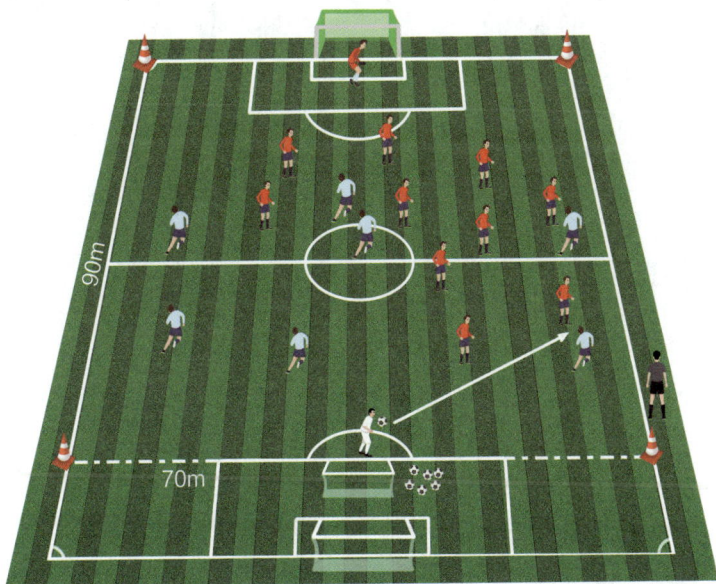

3.16 速度素质练习（1）：追逐游戏

提高队员的加速和减速能力。

组织方法

区域 30m×10m。

器材 标志桶、标志服、标志盘。

方法 B1首先绕过近处的标志桶向前跑动，接着绕过远处的标志桶，最后向出发点跑回。在B1绕过远处标志桶时，A1开始在其身后追逐。如果B1在跑回出发点近处的标志桶前被追上，那么他应返回本方队尾坐下；如果B1成功通过出发点近处的标志桶，那么他是安全的，可以到队尾等待下一次练习。A1通过对方队伍近处的标志桶，转身并快速跑回本队时，B2开始在其身后追逐。

训练要点

1. 反应快速。
2. 转身时降低身体重心。

方法示意图

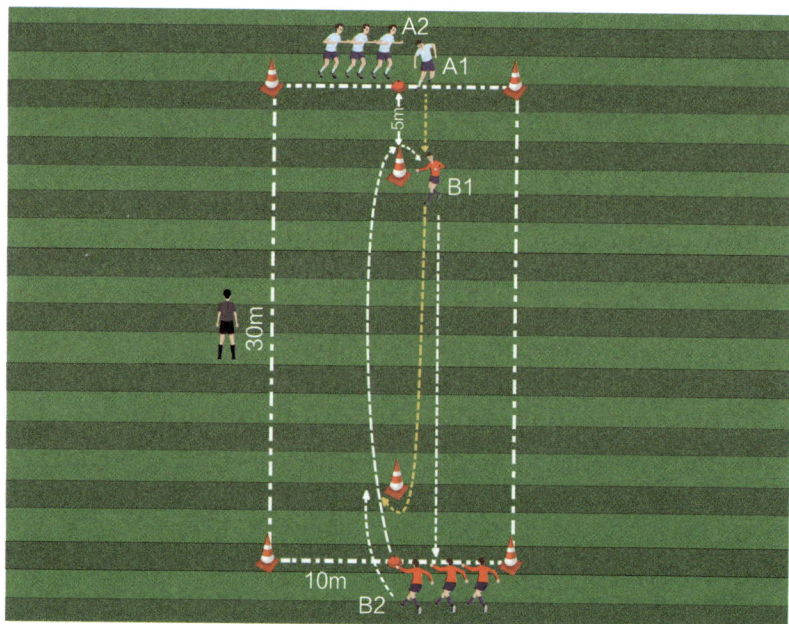

3.17　速度素质练习（2）：速度和灵敏性循环练习

训练目标

1. 提高队员速度和灵敏性。
2. 提高队员的加速度。

训练要点

区域　40m×20m。

器材　标志桶。

方法　队员先慢速跑1圈，然后进行以下练习。

第1圈：从标志桶A滑步到标志桶B，到达标志桶B后全速冲向标志桶F，然后走回标志桶A。

第2圈：从标志桶A做高抬腿到标志桶C，到达标志桶C后全速冲向标志桶F，然后走回标志桶A。

第3圈：从标志桶A做后退跑到标志桶D，到达标志桶D后全速冲向标志桶F，然后走回标志桶A。

第4圈：从标志桶A做后踢腿到标志桶E，到达标志桶E后全速冲向标志桶F，然后走回标志桶A。

然后休息3分钟，再重复第1～4圈练习。

组织方法

1. 开始时速度可稍慢，逐步加快速度。
2. 快速摆臂。

方法示意图

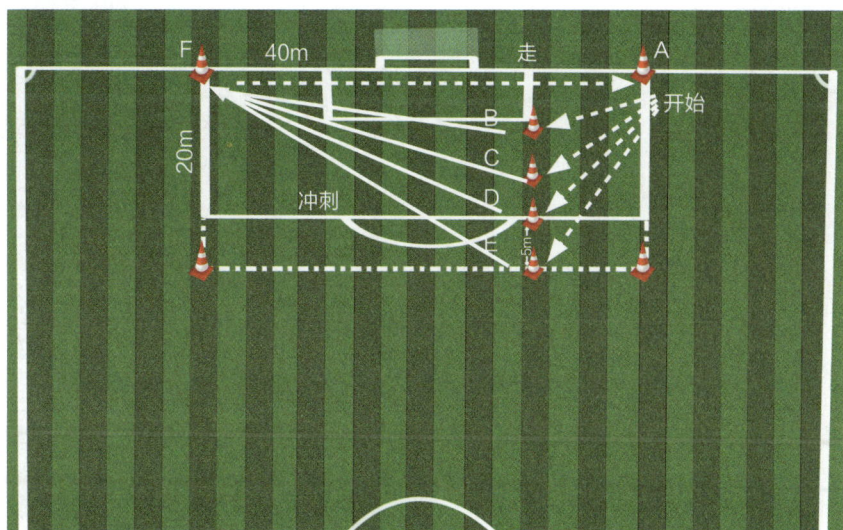

3.18 灵敏素质练习（1）

训练目标

发展队员灵敏素质。

组织方法

区域 10m×20m。

器材 标志桶、软梯、栏架。

方法 队员从左上角开始，顺时针完成4个练习，每个练习之间采用走或慢跑，回到开始位置即为完成1次训练，完成3次训练为1组，共做4组，组间休息2～3分钟。训练时间15～20分钟。

第1个障碍：两脚跳跃通过栏架。

第2个障碍：第1圈用左脚跳过软梯，第2圈用右脚跳过软梯，依次类推。

第3个障碍：两脚侧向跳跃，并接着向前跳跃通过栏架。

第4个障碍：向后跳跃通过软梯。

训练要点

1. 保持平衡，降低身体重心。
2. 在梯子处练习时步伐要快。

方法示意图

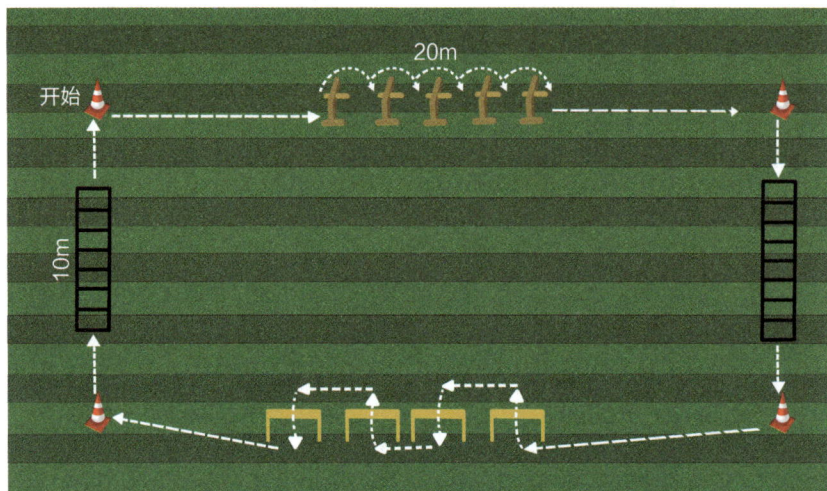

3.19 灵敏素质练习（2）

训练目标

1. 提高队员速度和灵敏性。
2. 发展队员的各种能力。

训练要点

1. 练习开始阶段速度可慢一些，逐步加快动作速度。
2. 技术练习要保证质量。

组织方法

区域　35m×35m。

器材　球、标志服、标志桶、软梯、栏架。

方法　队员分成2队，蓝队供球，红队练习，4分钟后2队交换，每队完成4次循环练习。队员从8站中的1站开始练习，并顺时针移动，完成如下练习：在每个红色标志桶处做传球练习，在每个软梯处做步法练习接着做技术练习，在每个障碍处做步法练习接着做技术练习。练习时间40分钟。

8站（如下图所示）的练习内容分别为：

1. 红队队员交替用两脚做传球练习。

2. 红队队员快速跑过软梯，用左右两脚传空中球。

3. 红队队员交替用两脚做传球练习。

4. 红队队员用兔跳快速跨过障碍，用左右两脚传空中球。

5. 红队队员交替用两脚做传球练习。

6. 红队队员快速跑过软梯，用左右两脚传空中球。

7. 红队队员交替用两脚做传球练习。

8. 红队队员单脚快速跨过障碍，用左右大腿停球后并传球。

方法示意图

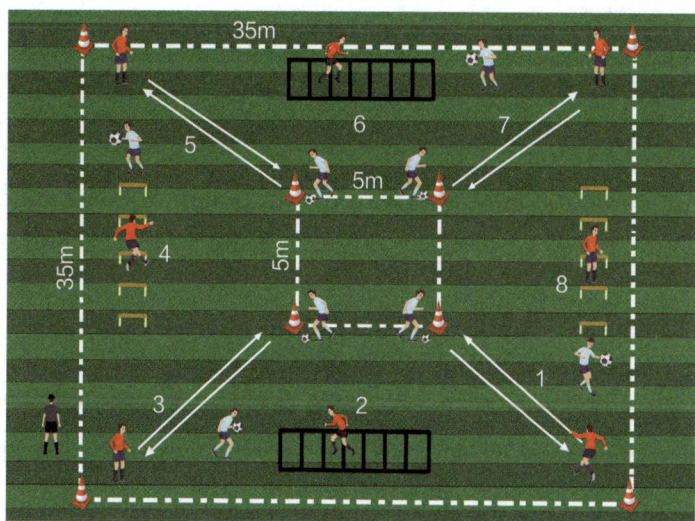

3.20 耐力素质练习：高强度有氧练习

训练目标

发展队员有氧耐力。

训练要点

区域 全场。

器材 标志桶、标志盘。

方法 每组3~6名队员从起点开始练习，如果队员较多，其他组可以间隔10秒出发，这个练习也可以当作热身练习。第1圈练习可慢一些，整个练习时间不超过15分钟。队员按照下图完成各种强度的练习，在6~7分钟之内跑完3圈。跑完3圈为1组，共完成3组，组间休息3分钟，最后慢跑1圈作为调整。也可将休息时间减到2分钟，以增加练习的强度。

组织方法

1. 按照规定的速度去跑。
2. 跑动时应降低身体重心。

方法示意图

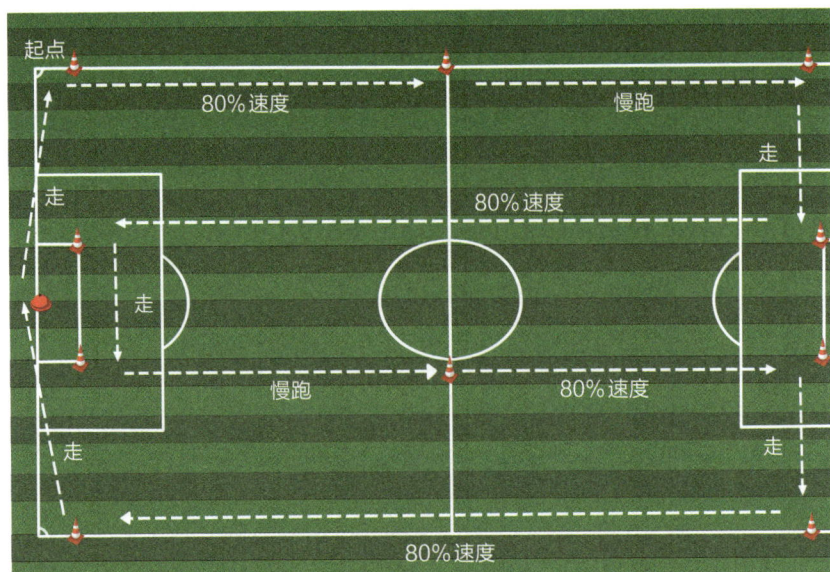

4. 基本要求

1. 教练员在训练中要重视学生品德教育，培养学生遵守纪律、遵守规则、尊重教练员、尊重对手、团结协作、刻苦训练等品质。

2. 技术训练应增强实战性，反复练习，及时纠正，逐步增加技术难度。

3. 战术训练应注重发挥学生的创造力，逐步增加难度，通过让学生参与示范、矫正、提问和讨论等方式，最终培养学生运用战术的能力，让学生逐步了解不同位置的职能。

4. 心理训练应以动机训练、集中注意力训练、意志力训练、克服不安情绪训练、赛前心理暗示训练、自我管理训练为主要内容，并教授学生如何将这些技能应用在技术、战术训练中。

5. 身体训练应以足球比赛为基础，不断提高学生的速度、敏捷性、有氧耐力等素质以满足足球比赛的要求。

6. 该学龄阶段学生每周训练次数和每次练习时间应与其年龄相符。U15阶段学生每周训练3次，每次训练不超过90分钟。

7. 让学生熟练掌握各项技术和战术，提高他们所属位置相关的技术和战术水平，通过实战练习提高学生在比赛中运用战术的能力。

8. 每次训练课必须进行准备活动和整理活动；定期检查训练场地，保障安全；气温和湿度高的时候应调节训练强度，让学生每间隔20分钟喝1次水；教练员在传授技术和战术时要向学生说明理由；教练员做示范时，可用慢动作进行示范，从多个角度进行示范，示范动作重复3~5次；每次训练的时候，找出学生身上的优点并对优点进行称赞和表扬。

9. 教练员应制订全年、阶段、周、课时等训练计划，以保证训练质量。

10. 每周至少进行1场11V11的教学比赛，以提高学生比赛意识和技术、战术运用能力。

11. 训练方法应根据学生的实际情况进行调整。

5. 检查考核

该学龄阶段的学生在身体素质方面的检查考核参照教育部规定的学生体质健

康标准，结合部分足球运动专项身体素质项目进行。技术技能检查考核参照本书第11章"检查考核部分"的相应评价标准。

5.1 技术考核

1. 踢球技术。

测试方法：队员在中线中点处向球门踢球，根据落点测试队员踢球的准确性和距离，横向测试准确性，纵向测试距离。每个落点都有相应的分值（横纵落点分值各20分。想象将球门后侧两点分别与起点连线，形成等腰三角形。横向落点分值和该落点与起点的连线偏离三角形中线的角度成反比；而纵向落点分值和该落点与起点之间的距离呈正比。一般来说，推荐老师或教练员提前在场地划线，从而确定出不同区域落点的大致分值。

注：随着队员的成长，每次测试的标准和场地一定要固定不变，以保证测试结果的可靠性，有利于观察队员进步的幅度。

2. 快速射门。

测试方法：队员从起点开始用最短的时间将球射进有守门员防守的球门，然后停止计时，每名队员在3个点各测2次。

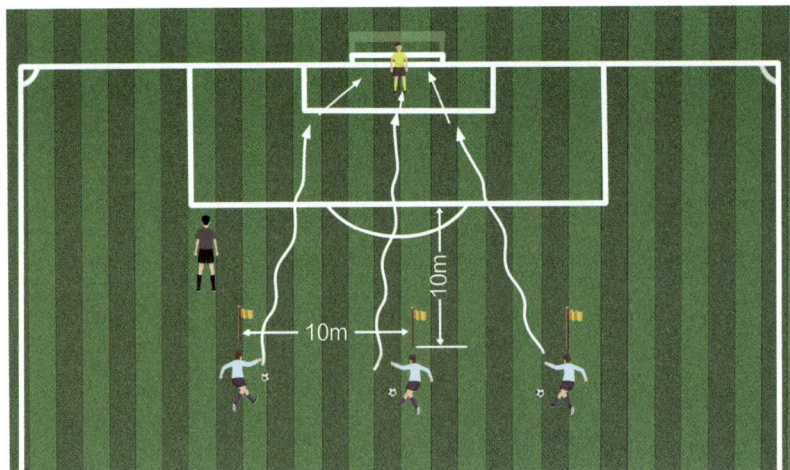

5.2　身体考核：灵敏性考核

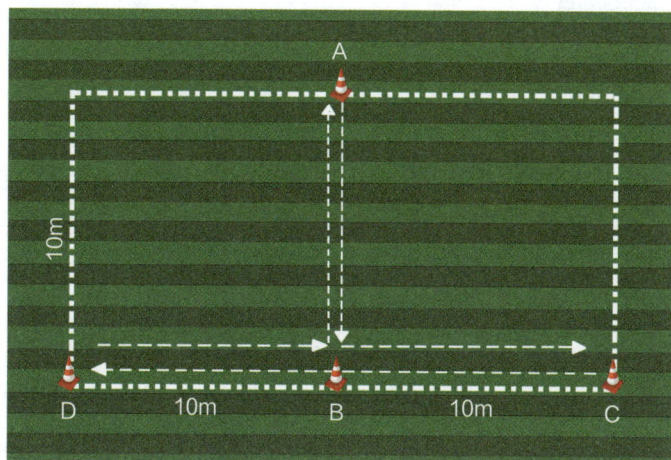

测试方法：按图摆放4个标志桶，受试者按照计时员指令从标志桶A出发，跑向标志桶B，并用右手触及标志桶B，然后左转跑向标志桶C，并用左手触及标志桶C，再跑向标志桶D，用右手触及标志桶D，然后返回标志桶B，用左手触及标志桶B，最后返回标志桶A，当受试者再次通过标志桶A时停止计时。

评级	男子（秒）	女子（秒）
优秀	<9.5	<10.5
良好	9.5～10.5（不含）	10.5～11.5（不含）
及格	10.5～11.5	11.5～12.5
较差	>11.5	>12.5

5.3　战术考核

战术考核部分以小场地比赛或正式比赛为测试方法，教练员统一参照本书第11章"检查考核部分"中的"个人战术意识水平考核定性评价标准"对队员打分。

第8章 U16（高中一年级）阶段

高中阶段（U16～U18年龄段）是青少年足球运动员竞技能力形成的主要阶段，也是快速提高竞技能力的重要时期。

U16～U18年龄段的青少年已进入青春期后期，各个组织、器官、系统的生长发育已接近成年人。速度、有氧耐力、柔韧性、平衡能力、协调性等各项运动素质的发展敏感期相继进入后期，而无氧耐力、最大力量、力量耐力素质进入发展敏感期。

随着学习内容、训练内容、知识结构的深化，社会交往的日益广泛，抽象思维已经发展到了较高的水平，形象思维与抽象思维相互的联系已经比较完善，感觉、知觉、认知、思维、观察、记忆等综合心理、智力发展水平与能力有了一些新的特点。

总之，U16～U18年龄段的青少年，生理、心理各项指标已接近成年人，但还不是成年人。

1. 训练目标

1. 通过足球运动与足球训练进一步促使学生形成自觉努力学习与训练的良好习惯。加强体育道德和敬业精神教育，促使学生养成懂礼貌、讲文明的良好社会行为规范。

2. 进一步提高该学龄阶段学生以"精益求精"的态度对待学习与训练的意识。进一步培养和提高学生在意志力、自信心、注意力、团队意识等足球运动专项心理素质方面的发展水平。

3. 进一步改进、提高该学龄阶段学生的个人技术、技能。提高该学龄阶段的学生在快速运动状态下与高强度对抗中快速、准确地控制各种来球的熟练性与精巧性，继续提高"球随人心而动"的控制水平与实战能力。

4. 进一步在高强度对抗中提高该学龄阶段的学生熟练正确完成各种基本技术的精巧水平，完善各项技术水平。进一步提高该学龄阶段的学生在高强度对抗中合理运用技术的应变能力。

5. 以各种小场地对抗练习为主要方式，重点提高学生在高速度、强对抗强度、狭小的空间状态下，控制球的能力与应变的合理性。

6. 进一步提高该学龄阶段的学生1V1情况下的主动控制能力，突出提高正面攻守对抗控制能力，使学生能够基本掌握和较熟练运用个人和小组进攻、防守的基本知识与方法。

7. 结合比赛，进一步提高学生的快速决策能力，提高该学龄阶段的学生全面、正确地执行"个人战术纪律要求"的能力与水平。

8. 以不同比赛方式为主要手段，发展、提高该学龄阶段学生的整体战术意识水平，让学生基本掌握各位置的战术职责要求和比赛中常用的小组战术的基本方法，提高个人行动的攻守合理性。进一步培养、发展学生完成个人及小组的攻防战术中的创造能力和相应的位置技术能力。

9. 运用多种手段发展与提高该学龄阶段学生的专项速度（突然启动、突然变向、突然制动等）、专项力量（传球、射门、抢球时的身体对抗、争顶时的跳起等）、专项耐力（冲刺耐力、高速运球、高速来回攻防等）、协调性（保持身体重心在快速变化过程中始终处于平稳状态、完成动作时的上下肢体、左右侧肢体的配合以及肢体动作与躯干动作的配合等）等的水平。在专项灵活性方面继续坚持重点发展、提高学生的踝关节、膝关节、髋关节的灵活性水平。

10. 加强足球专项理论学习，突出运动技能学、运动生理学、营养学等相关基础理论知识的学习。

11. 进一步培养、发展学生良好的个性心理品质，强化情绪、情感的自我控制能力，促使学生形成良好的比赛作风。

2. 基本训练内容

2.1 技术训练部分

1. 继续进行以更强比赛实用性为目的的综合颠控球强化练习。

2. 继续进行在高强度对抗情况下，以更高的要求完成多个动作组合熟练性与连接动作的技巧性为主要目的的综合性强化运球技术练习。

3. 继续进行在狭小的空间范围内、高强度对抗情况下的运球过人、运球突破、运球变向、变速、转身等综合性技术与技巧练习。

4. 继续以提高学生在狭小空间范围内、高强度对抗情况下、快速运动中，完成动作的准确性与控制精巧性水平为目的，进行接球摆脱技术和摆脱接球技术，以及高速运动对抗中接-运-传、接-控-传、接-运-射等多元综合性技术练习（提高运动中接球及动作衔接的精巧性）。

5. 继续以提高学生在狭小的空间范围内完成动作技术规范水平为主要目的，进行原地、高速运动中、强对抗情况下多种形式的传不同高度的球、不同运行轨迹的球、不同速度与距离的球（促使正确动作定型）的技术与技巧练习；进行原地、高速运动中、高强度对抗情况下多种形式的射门综合技术与技巧练习。

6. 继续以提高选择合理性为目的，进行正面抢球、捅球、封堵，侧面抢球、捅球、合理冲撞，背后紧逼盯人、捅球破坏、头顶球争顶、断球、铲球等不同防守技术的综合性防守技能练习。

7. 结合战术练习，进行基本位置技术的强化练习（注重位置技术技能与局部战术要求的融合与运用）。位置技术训练分析提示如下。

（1）前锋：前锋、边锋。

前锋：接球、运球假动作突破、射门、控球、头球攻门、传球（短传）。

边锋：接球、传球（短传与传中技术）、控球、运球假动作突破、射门、头球攻门。

重点：接球、运球、控球、射门。

（2）中场：中前卫、边前卫。

中前卫：传球（短、中长传）、接球、控球、运球、射门、头球攻门。

边前卫：传球（短、中长传）、接球、控球、运球、射门、头球攻门。

重点：传球、控球、远射。

（3）后卫：中后卫、边后卫。

中后卫：传球（长传、短传）、抢截球、争顶球、头球解围、控球、铲球、转身踢球。

边后卫：传球（长传、短传）、接球、抢截球、争顶球、铲球、头球解围、侧身踢球、控球和运球。

重点：传球、抢截球、争顶球。

（4）守门员：巩固守门员基本技术动作、站位、控球、出击。

重点：站位、各种接球技术。

位置	本方控球	对方控球	重点
前锋队员	传球、突破后传球、接球、控球、运球、运球突破、射门	封堵前传、延缓、施压、不要被突破、设法抢球	接球、控球、射门
边锋队员	接球、控球、运球假动作、传球、射门	封堵前传、延缓、施压、不要被突破、设法抢球	接球、控球、射门
中场队员	第一次接球后的决策、传球、运球、攻门、头球	抢截球、施压	传球、控球
后卫队员	传球、踢球（短、长）、接球	抢截球、封堵、头球（防守）、铲球	传球、抢截球
守门员	组织第一次进攻（踢凌空球、手抛球、踢球门球）、接球、传球	守门员基本技术、站位、控球、出击	基本技术、站位

2.2 战术训练部分

1. 1～3人的个人与小组战术。

（1）继续进行以提高学生快速决策、选择合理攻防手段与策略、选择攻防位置与对象的能力为主的多种形式的有限定区域、限定条件和攻守目标的1V1、1V1+自由人、1V2、1V3、2V2+自由人等攻守射门练习。

（2）继续进行以提高学生快速决策、选择合理攻防手段与策略、选择攻防位置与对象的能力为主的多种形式的有限定区域、限定条件和攻守目标的1V1、1V1+自由人、1V2、1V3、2V2+自由人等攻守渗透与突破防守区域练习。

（3）继续进行以提高学生正面攻守能力为主的多种形式的有限定区域和攻守目标的1V1、2V2攻守射门、渗透和突破练习。

2. 局部小组战术。

（1）继续为实现不同的战术目的（如获得控制球权、获得边路传中机会、获得渗透突破机会、获得射门机会等）而进行的在不同区域内以小场地比赛条件下的2V2+自由人、3V3、4V4、5V5的攻守练习，以多攻少和以少防多的3V2、4V3、5V3、5V4等快速攻守射门、渗透与突破训练。

（2）继续教授局部2~5人的小组不同防守战术目标情况下的盯人与抢球、保护与断球、换位与补位、回防与围抢的基本原则与方法。

（3）教授对方与本方压迫式进攻与防守时的前场边路局部基本进攻和防守原则与方法。

（4）教授对方与本方压迫式进攻与防守时的前场中路局部基本进攻和防守原则与方法。

（5）教授对方与本方压迫式进攻与防守时的中场边路局部基本进攻和防守原则与方法。

（6）教授对方与本方压迫式进攻与防守时的中场中路局部基本进攻和防守原则与方法。

（7）教授对方与本方压迫式进攻与防守时的后场边路局部基本进攻和防守原则与方法。

（8）教授对方与本方压迫式进攻与防守时的后场中路局部基本进攻和防守原则与方法。

（9）进行局部以压迫式防守情况下的3V3+自由人、4V4+自由人、5V5+自由人为主要手段的不同得分方式与攻守多个球门的小场地比赛。

（10）进行局部以压迫式防守情况下的4V4、5V5为主要手段的不同得分方式与双方各守1个球门或2个球门的小场地比赛。

3. 全队战术。

（1）继续进行保持正确的基本阵型与合理的局部队形的6V6、7V7、8V8、9V9、10V10、11V11人的半场攻守练习。

（2）继续进行攻守不同球门数量的6V6、7V7、8V8、9V9半场攻守练习或在2个罚球区之间的场区范围内的比赛练习。

（3）进行不同区域的转移进攻与快速反击战术基本原则与方法训练。

（4）继续教授以某种阵型（如4-4-2或4-5-1阵型）为基础的后场开始的进攻的发动与组织基本战术方法。

（5）继续教授以某种阵型（如4-4-2或4-5-1阵型）为基础的后场开始的防守的发动与组织基本战术方法。

（6）继续教授以某种阵型（如4-4-2或4-5-1阵型）为基础的中场开始的进攻的发动与组织基本战术方法。

（7）继续教授以某种阵型（如4-4-2或4-5-1阵型）为基础的中场开始的防守的发动与组织基本战术方法。

（8）继续教授以某种阵型（如4-4-2或4-5-1阵型）为基础的前场开始的进攻的发动与组织基本战术方法。

（9）继续教授以某种阵型（如4-4-2或4-5-1阵型）为基础的前场开始的防守的发动与组织基本战术方法。

（10）继续教授11V11比赛全队阵地进攻与防守的基本阵型与基本战术方法。

（11）继续教授11V11比赛全队快速进攻与防守的基本阵型与基本战术方法。

（12）继续教授4-5-1、4-4-2、5-4-1、3-5-2阵型的整体攻防的基本原则与方法。

（13）教授罚球区附近的任意球进攻与防守基本原则与方法。

（14）教授罚球区附近的掷界外球进攻与防守基本原则与方法。

（15）教授角球进攻与防守的基本原则与方法。

（16）教授"越位陷阱"战术与"反越位陷阱"战术基本原则与方法。

2.3　身体训练部分

1. 继续进行以发展学生专项平衡能力、协调能力、灵活性、节奏感为主的多种徒手体操动作与滚翻动作技巧水平的强化练习。

2. 继续进行以提高学生专项动作速度与反应速度为目的的强化训练。

3. 继续进行以提高学生一般与专项位移速度为目的的强化训练。

4. 继续进行以提高学生下肢与躯干快速运动的专项身体灵活性、协调性、节奏感为主的强化训练。

5. 继续进行多种结合有球练习形式的一般有氧耐力的强化练习。

6. 继续进行发展踝关节的专项灵活性的练习。

7. 继续进行一般基础力量的强化练习、发展大肌肉群的专项力量与爆发力的一般性训练。

8. 进行多种形式的提高专项速度耐力的较大强度练习。

2.4 心理训练部分

1. 利用各种方法及手段提高学生参与运动的积极性。

2. 继续提高学生的自信心、注意力及观察力。

3. 继续增强学生的团队意识及集体责任感，增强球队凝聚力。

4. 继续进行以提高学生的自我控制能力及意志力为目的的心理稳定性训练。

5. 继续提高学生自我评价和评价他人的客观能力，让学生学会辨别不良行为与社会意识的负面影响。

6. 让学生学会尊重他人，形成良好的学习与生活习惯、训练与比赛作风。

7. 让学生懂得正确履行自己的角色职责，保持积极向上的健康心态。

2.5 理论学习部分

1. 讲授如何更好地深入理解与运用规则精神，杜绝学生在训练与比赛中的非体育道德行为。

2. 继续讲授现代足球发展基本趋势与要求的基本知识。

3. 讲授职业足球运动员的职业行为要求与特征知识。

4. 讲授不良社会习惯对于个人发展的危害，促使学生养成良好生活习惯。

5. 继续讲授特殊战例下的攻防个人战术纪律与战术策略。

6. 讲授不同阵型的攻守特点与位置职责变化知识。

7. 继续讲授提高个人战术效率的基本思路与方法。

8. 继续介绍训练学、生理学、运动心理学等相关学科知识。

9. 组织学生观看高水平球队的比赛。

2.6 比赛检验部分

以周末校内赛为主，如果有条件，可以参加市、区级的七人制、九人制至十一人制的比赛。应当基本做到平均每周有1场正规的比赛。比赛时学生应当注重对平时训练的各种基本技术、战术的实战运用。此外，要根据不同训练阶段，有选择地就学生的实战能力突出的1~2个主要方面进行重点培养，不断提高学生在该方面的能力，并对这些能力进行持续强化和检验。

3. 基本训练方法

3.1 颠控球练习（网式足球）

训练目标

1. 巩固、提高队员球感，强化队员身体与球的位置关系的知觉能力。
2. 提高队员对球的综合控制能力。
3. 培养队员主动协作的团队意识与能力。

组织方法

区域　10m×15m或借用排球场。

器材　球、标志服、标志桶、低网或线。

方法　每队各2～3人，参照排球比赛方式，合理地用身体部位发球、触球。

规则

1. 每队最多有5次触球机会。
2. 接球前，允许球触地1次。
3. 发球未过网、球2次触地、出界均为失误，由对方得分。
4. 先得15分的队伍获胜。

训练要点

1. 脚步灵活，合理运用身体部位控球。
2. 主动与同伴协作，创造得分机会。
3. 强调球员间的默契配合与团队精神。

方法示意图

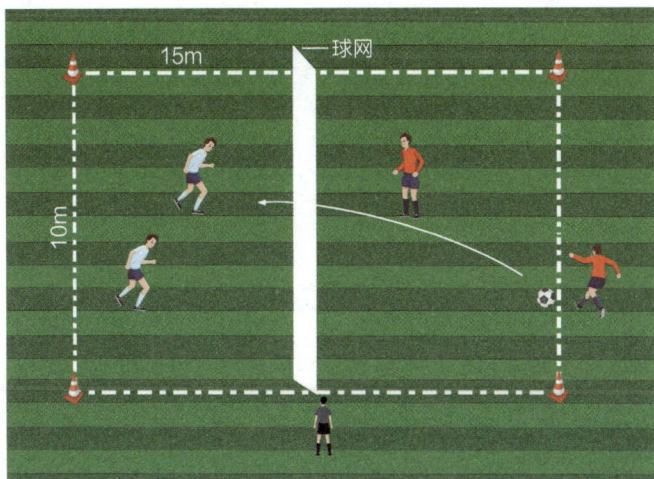

3.2 个人运球、控球练习

训练目标

1. 提高队员护球、控球技巧与技术运用的合理性。
2. 提高队员在狭小空间对抗条件下的控球、护球的能力。

组织方法

区域 10m×10m。

器材 球、标志服、标志桶。

方法 全队同时练习，2人控1个球，固定进行1V1攻防控球练习。哨响（30秒）时无球队员做俯卧撑。

变化

1. 进行攻防不固定的运球、控球练习。
2. 进行提高个人防守能力的练习。

训练要点

1. 合理运用身体护球。
2. 观察对手位置的变化，保证自己处于球与对手之间。
3. 观察区域范围，利用区域控球、护球。

方法示意图

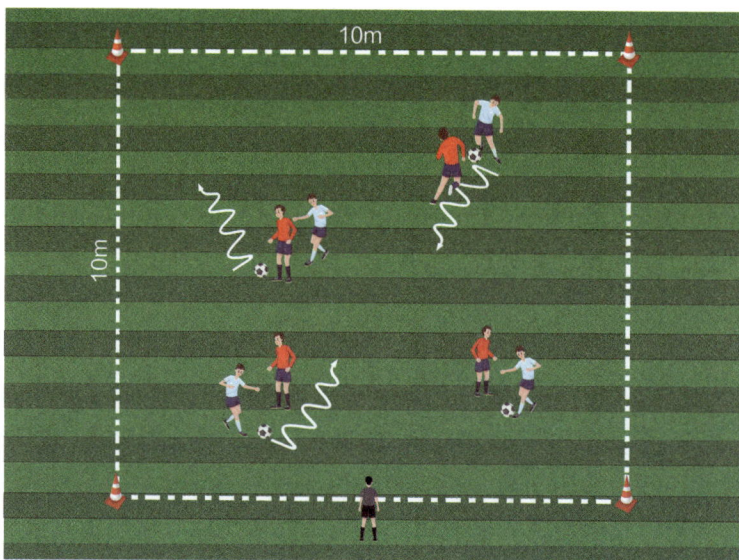

3.3　传球、接球练习

训练目标

1. 提高队员相互间传接球的准确性、默契度。
2. 强化队员集体控球意识与能力。

组织方法

区域　15m×15m。

器材　球、标志服、标志桶。

方法　3V3分队抢截。一方连续传球、接球，10次得1分，1组练习进行2~3分钟。

变化

1. 限制控球人或调整抢断球的次数。
2. 在相同时间内，计算抢断球的次数，将球抢下获得球权得1分，球出界不得分。
3. 进行提高小组防守能力的练习。

训练要点

1. 观察队友接应的时机、位置，与队友形成默契。
2. 观察防守队员的位置。
3. 强化队员主动与队友配合的意识与能力。

方法示意图

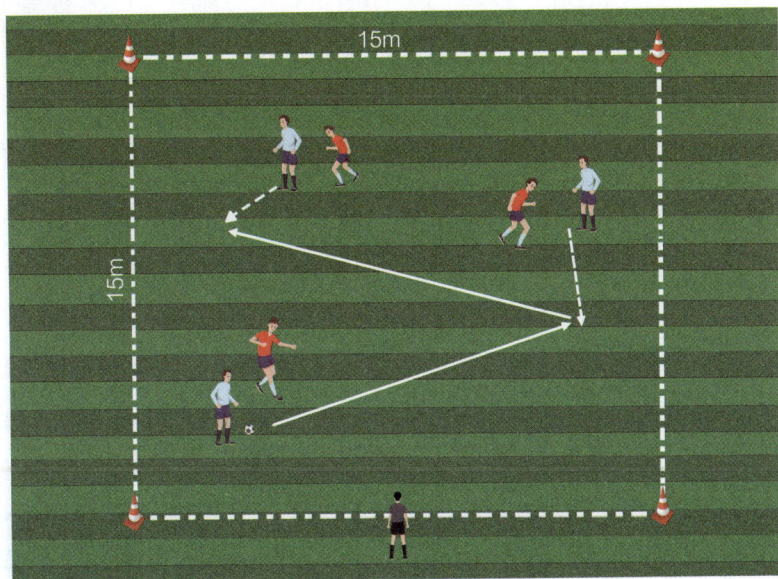

3.4 前锋、前卫位置技术练习

训练目标

1. 提高前锋、前卫位置技术运用的合理性。
2. 强化前锋、前卫多元化技术动作衔接能力。

组织方法

区域 1/2场地。

器材 球、球门、标志服。

方法 3V3边路传中配合射门练习（有守门员）。A1传球给A3，A2摆脱防守接A3的球，A2接球后回传给A1，同时A3沿边路插上，A1长传打边，A3接球下底传中，中间A1、A2包抄射门。

训练要点

1. 观察队友接应的时机、位置，与队友形成默契。
2. 观察防守队员位置。
3. 转移边路时注意提前量。
4. 注意边路传中的准确性。
5. 注意中路包抄射门的层次、质量。

方法示意图

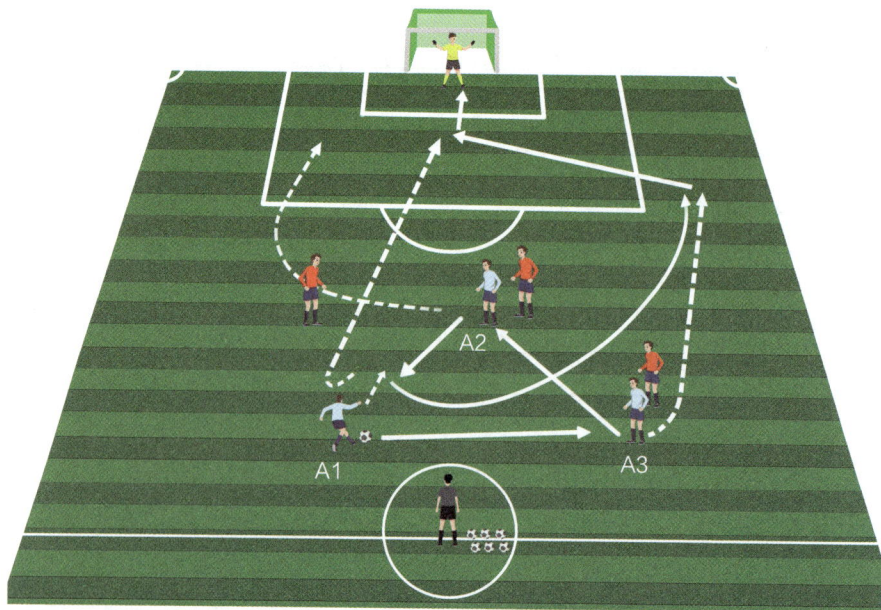

3.5 前卫位置技术练习

训练目标

1. 提高前卫队员位置技术运用的合理性。
2. 提高前卫队员接-传-插-射多元位置技术动作的衔接能力。

组织方法

区域 1/2场地。

器材 球、球门、标志服。

方法 中路4V4攻防练习（有守门员）。A4传球给A2后插直线，A2传球给A3后插直线，同时A1插直线接A3球，A1直接射门，也可以传球给A2或A4射门。

训练要点

1. 熟练掌握多元化位置技术动作的选取与衔接技巧。
2. 强化队员主动配合的意识与配合效果。
3. 注意向前传球的时机和质量。
4. 注意无球队员向对方身后插上的意识和时机。

方法示意图

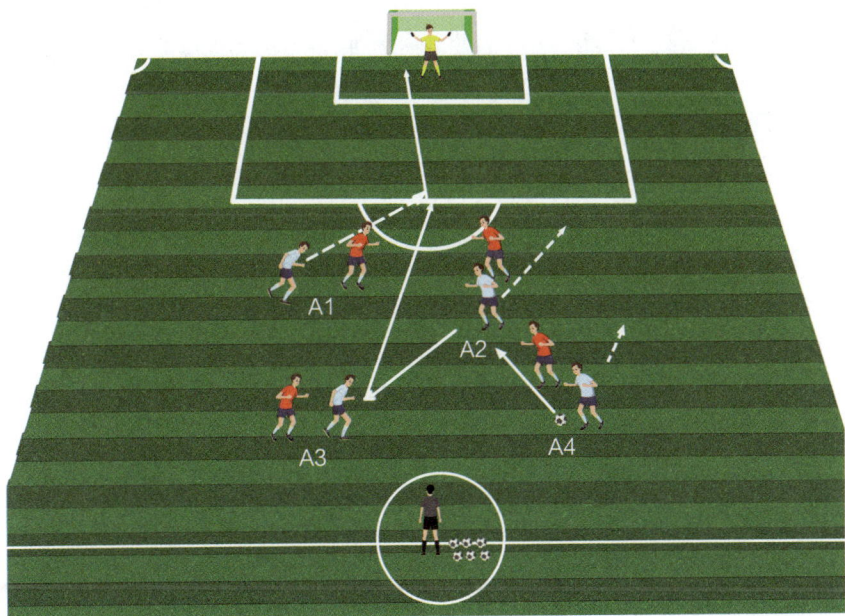

3.6 后卫位置技术练习

训练目标

1. 提高后卫位置技术运用的合理性。
2. 提高后卫判断落点、抢位的能力。
3. 提高后卫线站位、保护、协防的能力。

组织方法

区域 1/2场地。

器材 球、球门、标志桶、标志服。

方法 场内4名后卫，防对方4名进攻队员。教练员在中前场将球传向（长、中、短、高、地滚）4名进攻队员，4名后卫队员判断来球，向前逼抢，控制落点，断、抢、踢、顶，把球传到前方3名接应队员脚下。

提示 该练习还可作为进攻队员丢掉球权后立即反抢的练习。

训练要点

1. 离球近的防守队员前逼，抢断来球。
2. 对方得球，贴身紧逼，不使其转身，迫使其回传。
3. 对方得球，且已转身，拉开距离，严防突破，逼向两边。
4. 本方队员注意协防、保护。
5. 严禁犯规。

方法示意图

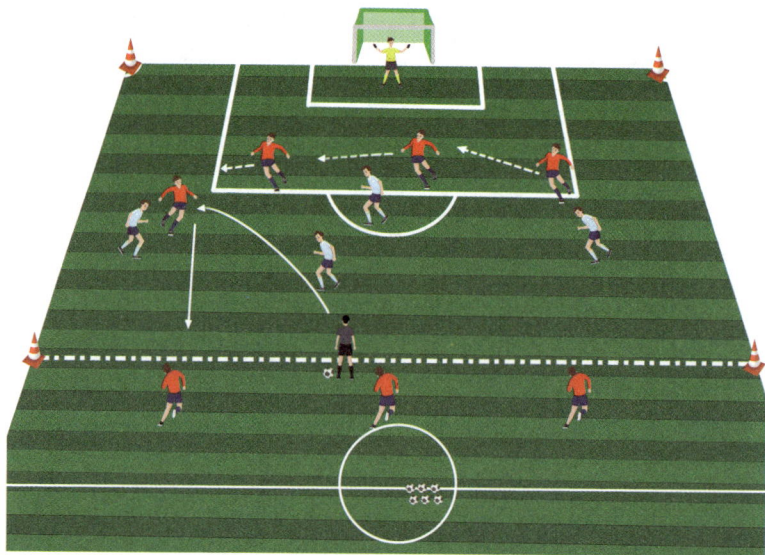

3.7 中路渗透战术（1）

训练目标

1. 提高中路队员渗透配合的熟练性、精巧性。
2. 提高队员配合的默契度。

组织方法

区域 45m×30m。

器材 球、球门、标志服、标志桶。

方法 队员分2组站在两端，守门员抛球给一方时练习开始。得球方中路进攻配合，射入球门得1分，防守方抢到球后过对侧端线得1分。

变化 设2个守门员，得球之后互换角色。

训练要点

1. 制造空当。
2. 传球、跑位、形成1V1或2V1局面。
3. 把握传球、接应时机。
4. 快速决策。

方法示意图

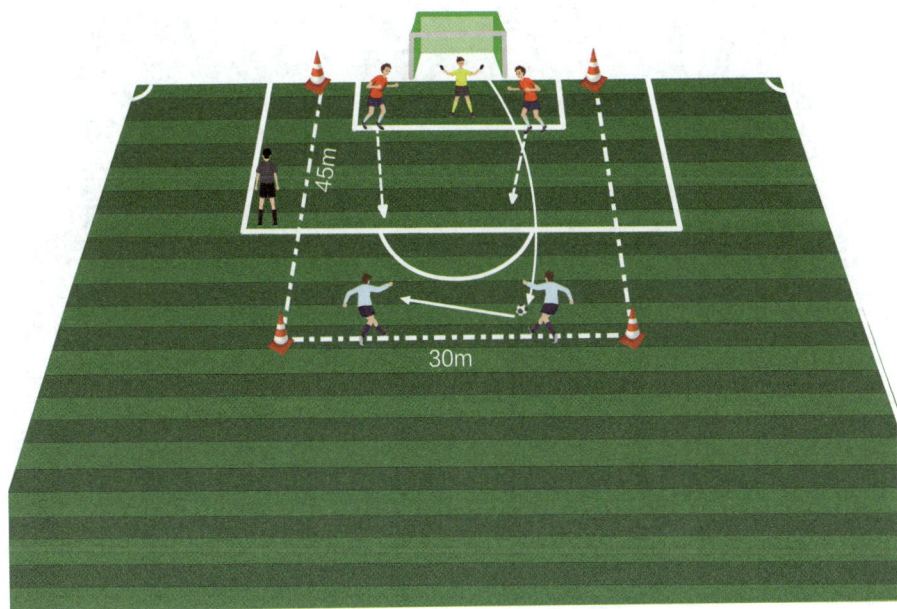

3.8 中路渗透战术（2）

训练目标

1. 提高中路队员渗透配合的熟练性、精巧性。
2. 提高队员的射门能力。
3. 提高队员穿插、跑位的意识与能力。

组织方法

区域 50m×40m。

器材 球、球门、标志服、标志桶。

方法 5V5中路攻守练习，射入球门（有守门员）即可得分。

变化 2边线各设1名自由人，参与攻守组织。

训练要点

1. 灵活跑位。
2. 快速传接。
3. 寻找向前渗透的时机。
4. 敢于向对方身后插上。
5. 形成以多打少的局面。

方法示意图

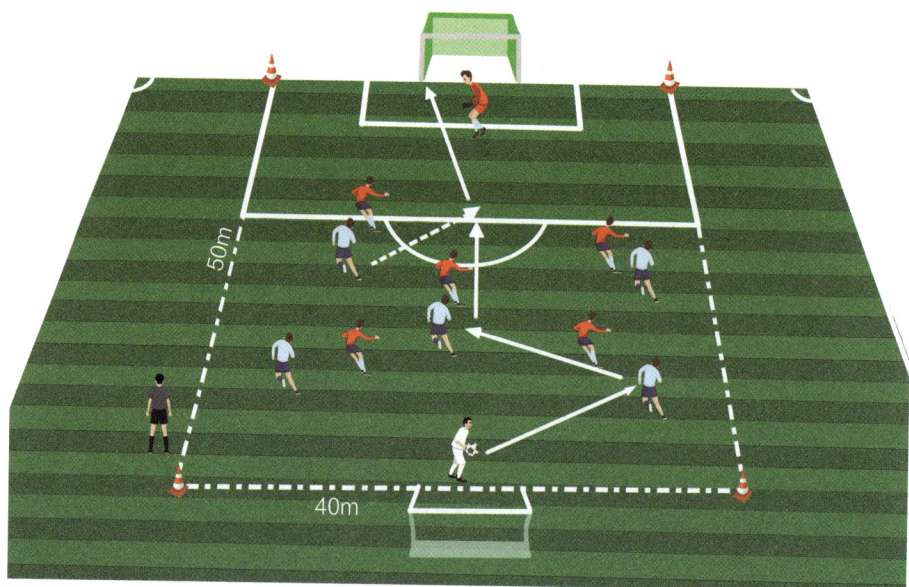

3.9　边路突破战术（1）

训练目标

1. 提高小组边路突破进攻意识。
2. 提高队员边路插上意识与能力。
3. 提高小组配合的默契度。

组织方法

区域　50m×70m。

器材　球、球门、标志服、标志桶。

方法　6V6+2GK攻守练习。中场守门员发起进攻，6人进攻组通过配合必须将球传入边路区内，插入队员传中，包抄射门方可得分。对方防守队员不可进入边路区。

训练要点

1. 强化边路突破战术的整体意志与战术纪律。
2. 提高队员边路传中质量。
3. 提高队员包抄射门能力。

方法示意图

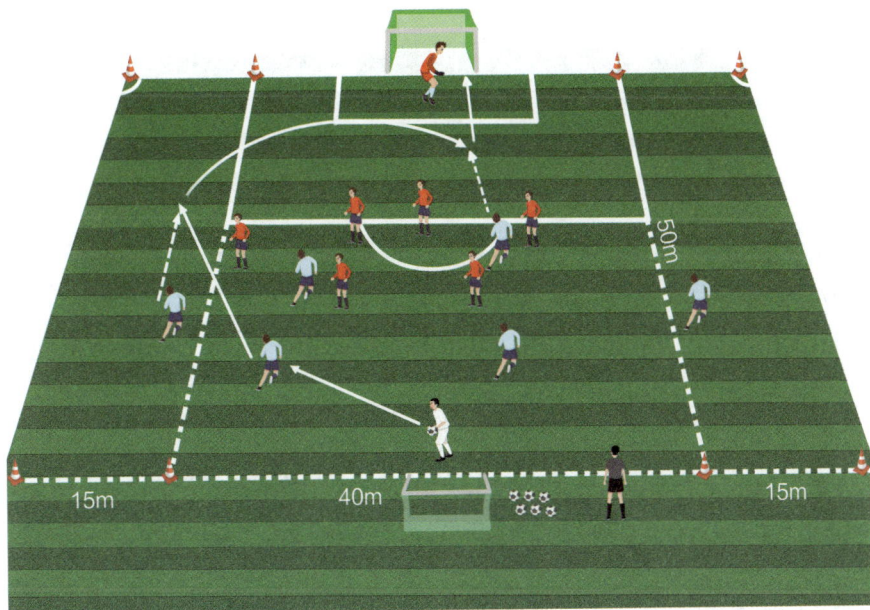

3.10 边路突破战术（2）

训练目标

1. 强化全队边路突破进攻意识。
2. 提高队员边路插上意识与能力。
3. 提高全队配合的默契度。

组织方法

区域 2/3场地。

器材 球、球门、标志服、标志桶。

方法 进行11V11比赛，守门员发起进攻，进攻队员通过配合攻破边路，传中后射门得分。防守队员协同移动抢球和封堵。

变化 11V11整场分队比赛，提高队员对比赛阵型和整体攻防战术的熟练性。

训练要点

1. 强化边路突破战术的整体意志与战术纪律。
2. 提高队员边路传中的质量。
3. 提高队员包抄射门的能力。

方法示意图

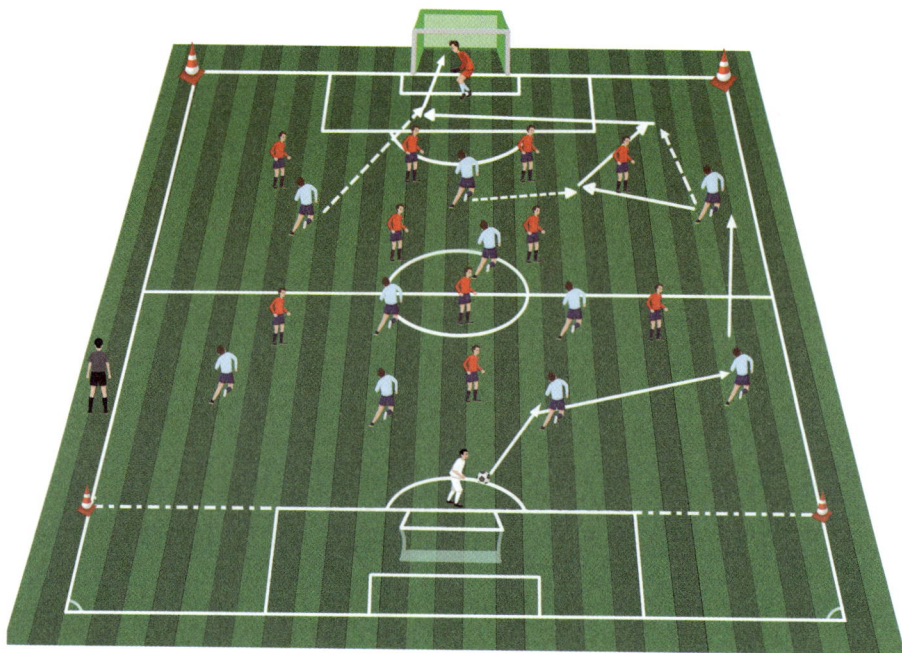

3.11　罚球区正面的直接和间接任意球战术

训练目标

1. 提高队员的直接和间接任意球战术配合、变化的合理性。
2. 提高全队配合的默契度。
3. 提高队员的间接任意球战术效果。

组织方法

区域　罚球弧外附近。

器材　球、球门、标志服。

方法

1. 直接射门（有守门员）。
2. 1名队员横拨，另1名队员快速射门。
3. 将球传至由人墙边突然摆脱回插做球的同伴，由主罚队员或其他同伴直接射门或传至任一侧，包抄射门。

变化　根据队员的不同水平，将步骤调整为无人墙防守-有人墙防守-增加正常攻防人员-双方比赛的方式，进行练习。

训练要点

1. 明确战术配合。
2. 明确参与队员的职责、动作时机、行动路线。
3. 发现、培养特定队员。

方法示意图

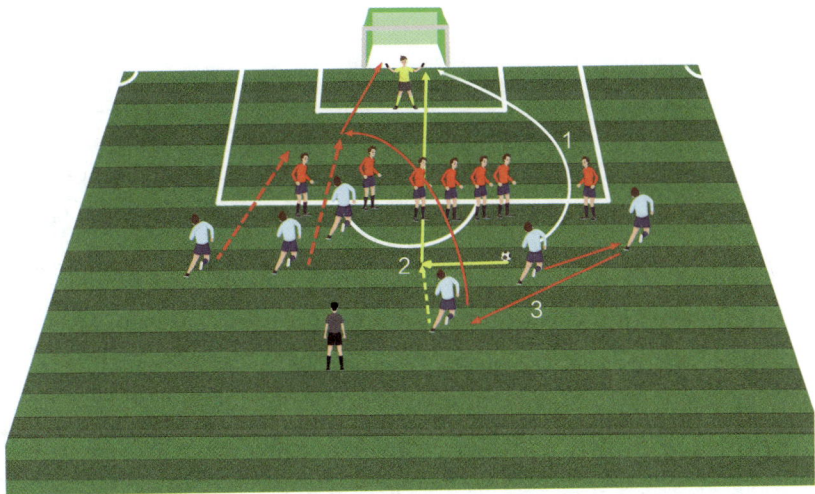

3.12 罚球区侧面的任意球战术

训练目标

1. 提高队员间接任意球战术配合、变化的合理性。
2. 提高全队配合的默契度。
3. 提高队员的间接任意球战术效果。

组织方法

区域 罚球区外侧面（10~15m）。

器材 球、球门、标志服。

方法 根据球的位置和主罚队员左、右脚习惯传球，弧线形成内旋或外旋球传至球门前，包抄射门（有守门员）。

防守注意事项

1. 延缓对方罚球，听从指挥，迅速组织人墙。
2. 盯紧对方重点队员与危险区域。
3. 集中注意力，封堵第二点及对方队员补射。

训练要点

1. 明确战术配合。
2. 明确参与队员的职责、动作时机、行动路线。
3. 发现、培养特定队员。

方法示意图

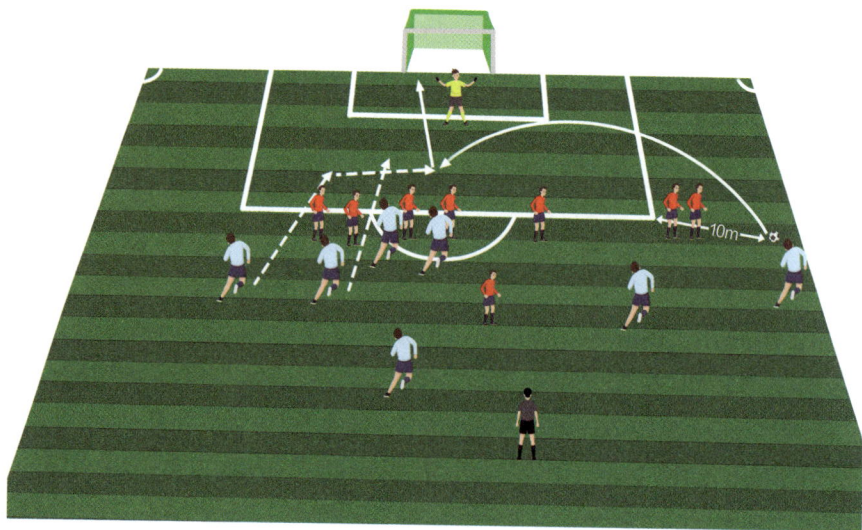

3.13　角球战术（进攻）

训练目标

1. 提高队员角球破门得分成功率。
2. 提高全队角球配合的默契度。
3. 教练员要留意挑选出踢角球的特定队员。

训练要点

1. 传速度快、旋转强的向内弧线球。
2. 包抄时分工明确，启动时间要有先后，摆脱要突然并结合假动作。
3. 注意传球落点的准确性。
4. 罚球区外部署适当队员以便于连续进攻。

组织方法

区域　前场。

器材　球、球门、标志服。

方法

1. 直接长传至门前（有守门员）3点。
2. 角球区短传配合，然后边路传中。

进攻方

1. 包抄、插上注意层次。
2. 注意掩护主攻队员插上路线。

防守方

1. 集中注意力，分工明确，人球兼顾。
2. 占据有利位置，始终让自己处在球、对手和球门内侧之间。
3. 解围时，防守队员应全线压上至罚球区附近，以限制对方的2次进攻或造成对方越位，一旦抢到球可发动快速进攻。

方法示意图

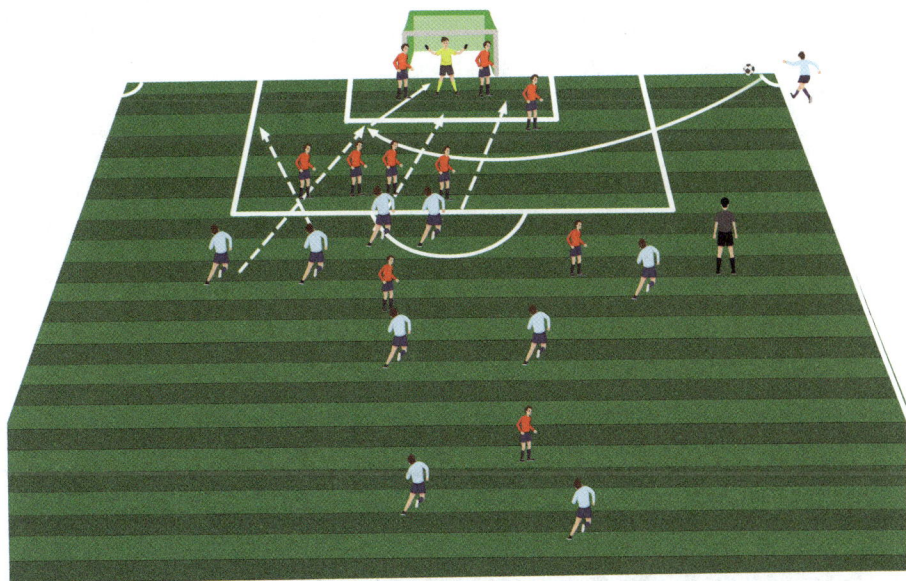

3.14 界外球战术

训练目标

1. 利用规则、特殊队员有效取得进攻或射门机会。
2. 加强队员间的默契度。

组织方法

区域 前场边线附近。

器材 球、球门、标志服。

方法

1. 直接将球掷入门前（有守门员）前点、中点。
2. 3人界外球配合：掷球给接应队员，接应队员用头后蹭传至门前，同伴抢点射门。

防守注意事项

1. 对掷球区域可能的对方接球队员进行紧逼，在危险区域要重点防护。
2. 防守队员应集中注意力，扩大视野，人球兼顾和相互保护。

训练要点

1. 注意掷球的准确性，要有利于接球。
2. 策应队员突然摆脱、跑位，积极为接球队员创造条件。
3. 将球掷向无人盯防队员或空当。
4. 掷球队员掷出球后应迅速进场接应，以形成人数优势。

方法示意图

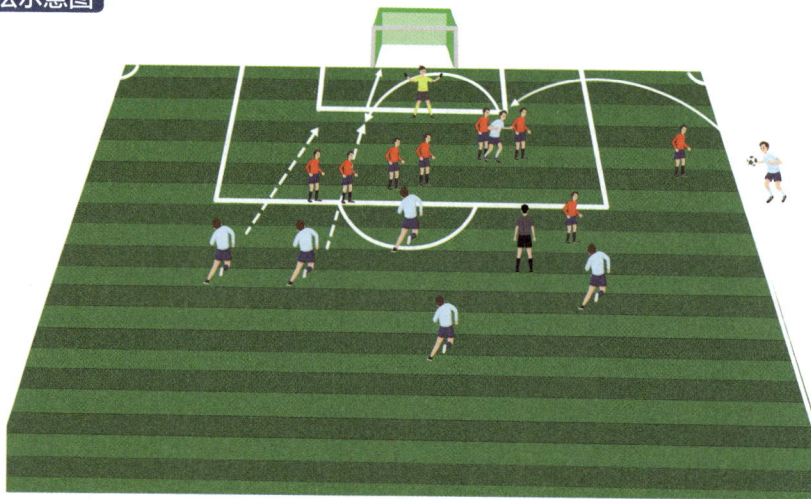

3.15 专项速度练习

训练目标

1. 提高队员不同距离（3~25m）不同间歇的反复冲刺能力（无氧速度耐力）。
2. 提高队员在持球状态下的动作速度。
3. 提高队员完成技术动作的准确性、稳定性。

组织方法

区域 1/2场地。

器材 球、球门、标志桶、标志服。

方法

1. 25m折返跑。
2. 不同距离，结合接球、控球、运球、射门、铲球等技术动作的多元组合练习。

训练要点

1. 尽可能地结合技术动作操作，提高专项素质。
2. 确保完成技术动作的准确性、稳定性。
3. 在高速中完成训练。
4. 加强恢复措施。

方法示意图

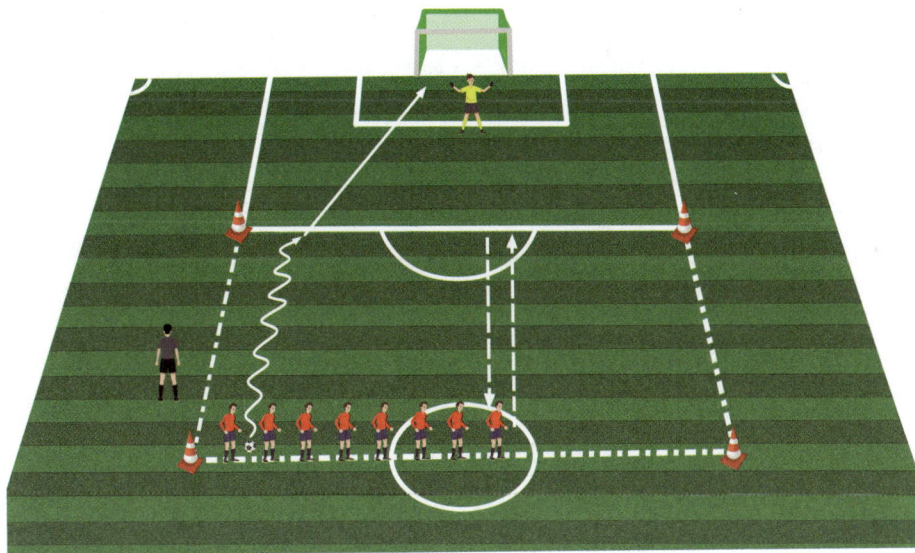

3.16　专项力量训练

训练目标

1. 增强队员全身各部位力量。
2. 增强队员小肌肉群力量。

训练要点

1. 循序渐进，逐步增加负荷。
2. 注意安全，加强保护措施。
3. 注意动作姿势的准确性。
4. 加强恢复措施。

组织方法

区域　全场。

器材　单杠、双杠、综合练习器械、标志桶 、皮尺、球。

方法

上肢：俯卧撑、引体向上、双杠臂屈伸。

下肢：立定跳、多级跳、纵跳、跳伸、负重半蹲跳起等。

躯干：仰卧起坐、背伸、跳起摆动等结合球的2人1组的力量练习。

注意事项

1. 注重核心力量练习。
2. 单、双脚跳起头顶球，脚内侧传球，坐地起身跳起头顶球，仰卧起身跳起手接球，两侧、前后转身移动中跳起传球等练习均可。
3. 要注意利用器械进行轻力量、多次数的耐力练习。

4. 基本要求

1. 教育要点。

通过足球运动与足球训练，进一步促使学生形成自觉学习、刻苦训练的良好品质。加强体育道德和敬业精神教育，促使学生养成懂礼貌、讲文明的良好社会行为规范。

2. 心理训练要点。

培养学生，使其具备良好的心理素质，促进个性发展；强化情绪、情感的自我控制能力，增强团队意识，鼓励创新。

3. 专项训练要点。

巩固、提高该学龄阶段学生技术、战术技能水平，强化专项技术、战术竞技能力的形成与提高。

强化足球专项体能训练，突出专项力量和专项速度耐力的训练。

加强足球专项理论学习，突出运动技能学、运动生理学、运动营养学等相关基础理论知识的学习。

4. 训练时间安排。

每周训练3～4次，每次60～90分钟，每周保证1～2场比赛。

5. 检查考核

该学龄阶段的学生在身体素质方面的检查考核参照教育部规定的学生体质健康标准，结合部分足球运动专项身体素质项目进行。技术技能检查考核参照本书第11章"检查考核部分"的相应评价标准。

5.1 传、接、运、控、抢截球考核

方法1：自由传接球。

1/2场地，2人控1个球。考查学生在无对抗条件下，进行长、中、短距离传球，各种方式的接球、控球的准确性、熟练性、精巧性（见下图）。

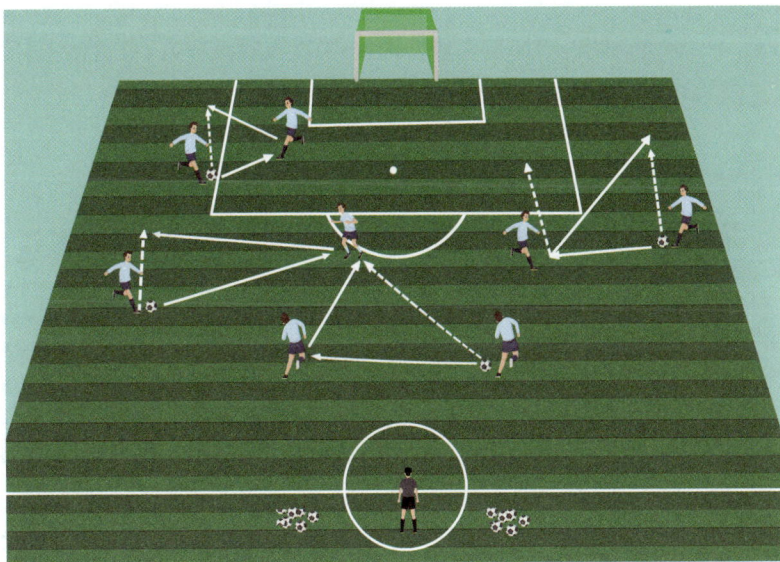

方法2：人盯人抢截。

5V5（或4V4、6V6、8V8），20m×20m或1/8场地。考查学生在狭小空间对抗与高速条件下，各种距离传球，各种方式接球、控球、摆脱、接应、抢截技术运用的合理性、熟练性、精巧性、变化性（如下页图所示）。

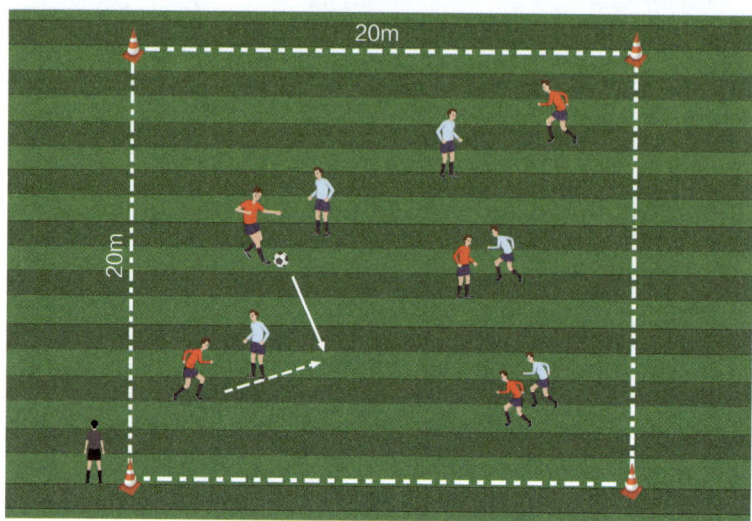

5.2 射门、顶球

方法1：半场攻守。

8V8，1/2场地。明确攻防与位置，通过中路、边路进攻，考查学生射门、顶球技术运用的合理性、熟练性、精巧性（如下图所示）。

方法2：教学比赛。

11V11，全场。明确攻防与位置，通过中路、边路进攻，考查学生射门、顶球技术运用的合理性、熟练性、精巧性（如下图所示）。

5.3　个人战术意识

方法1：半场攻守。

6V6（或8V8），20m×30m或1/4场地。明确攻防与位置，实现有球、无球技术运用的合理性、目的性、创新性，主动与同伴协作，组织、形成进攻、防守局势（配合）的意识、动机、行为、效果等，考查学生个人战术意识的水平与能力。

方法2：教学比赛。

11V11，全场。明确攻防与位置，实现有球、无球技术运用的合理性、目的性、创新性，主动与同伴协作，组织、形成进攻、防守局势（配合）的意识、动机、行为、效果等，考查学生个人战术意识的水平与能力。

第9章 U17（高中二年级）阶段

1. 训练目标

1. 通过足球运动与足球训练进一步培养学生懂礼貌、讲文明的良好社会行为规范和行为习惯，进一步促使学生形成良好的训练和比赛作风，在思想品德方面与行为规范方面向更加良好的方向发展。

2. 进一步巩固与提高该学龄阶段学生以"精益求精"的态度严格要求自己不断改进、提高技术技能的意识；进一步巩固与全面提高学生在足球运动专项心理素质方面的发展水平。

3. 进一步提高该学龄阶段的学生在快速运动状态下与高强度对抗中控制各种来球的实战能力。继续提高学生"球随人心而动"控制球的熟练性与精巧性水平，让学生向更高水平的职业足球运动员的方向发展。

4. 进一步在高强度对抗中提高该学龄阶段的学生熟练、正确完成各种技术的精细控制水平。进一步提高该学龄阶段的学生在高强度对抗中合理运用技术的实战能力（灵活性与实效性）。

5. 进一步以各种小场地比赛与对抗练习为主要方式，重点提高学生在高速度、强对抗强度、狭小的空间攻守状态下控制球与争抢球的应变合理性与控制能力。

6. 进一步提高该学龄阶段的学生在局部攻守对抗情况下的主动控制能力，进一步突出学生个人正面攻守对抗控制能力的提高与局部小组协调攻守能力的提高，使学生能够熟练掌握和熟练运用个人和小组进攻、防守基本知识与方法。

7. 结合比赛，进一步提高学生的快速决策能力，提高该学龄阶段的学生全面正确执行"比赛原则"与"个人战术纪律要求"的能力与水平。

8. 以不同比赛方式为主要手段，提高个人行动的攻守合理性，使学生较熟练地掌握各位置的战术职责要求和较熟练地运用比赛中常用的局部战术的基本方法。突出发展、提高学生在攻防过程中的创造能力和相应的位置技术能力。

9. 进一步提高该学龄阶段学生的整体战术意识水平，提高学生的个人与小组战术、局部战术与全队战术的衔接能力，提高整体战术配合水平。

10. 运用多种专项手段提高该学龄阶段学生的专项体能。突出专项力量和专项速度耐力的训练，专项力量训练强度可达到大负荷标准，专项速度耐力训练以有氧、无氧的间歇训练为主。

11. 在专项协调性方面要重点发展学生保持身体重心在快速变化过程中始终处于平稳状态的能力；在完成动作方面重点发展上下肢体、左右侧肢体的合理配合能力，以及肢体动作与躯干动作的合理配合能力。

12. 在专项灵活性方面继续坚持重点发展、提高学生的踝关节、膝关节、髋关节的灵活性。

13. 进一步加强学生对足球专项理论的学习，突出运动技能学、运动生理学、运动营养学、运动心理学等相关基础理论知识的学习。

14. 进一步培养、发展、提高学生心理素质，强化学生对情绪、情感的自我控制能力，培养和发展学生个人勇于拼搏、坚持到底的体育比赛精神。

2. 基本训练内容

2.1　技术训练部分

1. 继续进行以更高比赛实用性为目的的综合颠控球强化练习。

2. 继续进行在比赛情况下，以提高组合动作熟练性与连接动作的技巧性为主要目的的综合性强化运球技术练习。

3. 继续进行在狭小的空间范围内、高强度对抗情况下的运球过人、运球突破等综合性技术与技巧强化训练。

4. 继续进行以提高学生在狭小空间范围内、高强度对抗情况下、快速运动中完成动作的准确性与控制精巧性水平为目的的接控球及接球、控球的综合技术强化训练（提高运动中接球及动作衔接的合理性与精巧性）。

5. 继续以提高学生在狭小的空间范围内完成动作技术规范水平为主要目的，进行原地、高速运动中、强对抗情况下的综合传球、射门（促使正确动作高度熟练自动化）的技术与技巧强化训练。

6. 继续进行以提高合理性选择为目的的正面抢球、捅球、封堵，侧面抢球、捅球、合理冲撞，背后紧逼盯人、捅球破坏、头顶球争顶、断球、铲球等不同防守技术的综合性防守技能强化训练。

7. 结合战术练习，进行基本位置技术的强化练习。位置技术训练分析提示如下。

（1）前锋：前锋、边锋。

前锋：接球、运球假动作突破、射门、控球、头球攻门、传球（短传）。

边锋：接球、传球（短传与传中技术）、控球、运球假动作突破、射门、头球攻门。

重点：接球、运球、控球、射门。

（2）中场：中前卫、边前卫。

中前卫：传球（短、中长传）、接球、控球、运球、射门、头球攻门。

边前卫：传球（短、中长传）、接球、控球、运球、射门、头球攻门。

重点：传球、控球、远射。

（3）后卫：中后卫、边后卫。

中后卫：传球（长传、短传）、抢截球、争顶球、头球解围、控球、铲球、转身踢球。

边后卫：传球（长传、短传）、接球、抢截球、争顶球、铲球、头球解围、侧身踢球、控球和运球。

重点：传球、抢截球、争顶球。

（4）守门员：巩固守门员基本技术动作、站位、控球、出击。

重点：站位、各种接球技术。

位置	本方控球	对方控球	重点
前锋队员	传球、突破后传球、接球、控球、运球、运球突破、射门、头顶球射门	封堵前传、延缓、施压、不要被突破、设法抢球	运球假动作突破、射门、头球攻门
边锋队员	接球、控球、运球假动作、传中球、攻门	封堵前传、延缓、施压、不要被突破、设法抢球	运球假动作突破、射门、头球攻门
中场队员	第一次接球后的决策、中长传球、运球、攻门、头球	抢截球、施压	运球、射门
后卫队员	传球、踢球（短、长）、接球	抢截球、封堵、头球（防守）、铲球	侧身踢球、头球解围
守门员	组织第一次进攻（踢凌空球、手抛球、踢球门球）、接球、传球	守门员基本技术、站位、罚球区内控球、出击	罚球区内控制球

2.2 战术训练部分

本学龄阶段战术训练的基本要点：熟练掌握中路、边路、转移攻守战术；通过半场攻防、教学比赛，提高学生在对抗、高速运动条件下的局部战术运用能力；提高学生从局部战术逐步过渡到全队整体战术的能力；加强定位球战术练习；培养主动组织攻守战术配合、初步有意识控制比赛节奏的能力。

1. 1~3人的个人与小组战术。

（1）继续进行以提高学生快速决策、选择合理攻防手段与策略、选择攻防位置与对象的能力为主的多种形式的有增加攻守难度条件的有限定区域、限定条件和攻守目标的1V1、1V1+自由人、1V2、1V3、2V2+自由人等攻守射门练习。

（2）继续进行以提高学生快速决策、选择合理攻防手段与策略、选择攻防位置与对象的能力为主的多种形式的有增加攻守难度条件的有限定区域、限定条件和攻守目标的1V1、1V1+自由人、1V2、1V3、2V2+自由人等攻守渗透与突破防守区域练习。

（3）继续进行以提高学生正面攻守能力为主的多种形式的有增加攻守难度条件的1V1、2V2攻守射门、渗透和突破练习。

2. 局部小组战术。

下面的小组战术训练的核心是提高学生在不同的比赛战术背景下，能够快速、合理、高效地完成所面临的局部攻守任务的基本实战能力。

（1）继续为实现不同的战术目的（如获得控制球权、获得边路传中机会、获得渗透突破机会、获得射门机会等）而进行的在不同区域内以有增加攻守难度条件的小场地比赛条件下的2V2＋自由人、3V3、4V4、5V5的攻守练习，以多攻少和以少防多的3V2、4V3、5V3、5V4等快速攻守射门、渗透与突破训练。

（2）教授在增加攻守难度条件下的局部2～5人的小组不同防守战术目标情况下的盯人与抢球、保护与断球、换位与补位、回防与围抢的策略与方法。

（3）教授对方与本方压迫式进攻与防守时的前场边路局部进攻与防守综合方法。

（4）教授对方与本方压迫式进攻与防守时的前场中路局部进攻与防守综合方法。

（5）教授对方与本方压迫式进攻与防守时的中场边路局部进攻与防守综合方法。

（6）教授对方与本方压迫式进攻与防守时的中场中路局部进攻与防守综合方法。

（7）教授对方与本方压迫式进攻与防守时的后场边路局部进攻与防守综合方法。

（8）教授对方与本方压迫式进攻与防守时的后场中路局部进攻与防守综合方法。

（9）进行局部以压迫式防守情况下的3V3＋自由人、4V4＋自由人、5V5＋自由人为主要手段的不同得分方式与攻守多个球门的小场地比赛。

（10）进行局部以压迫式防守情况下的4V4、5V5为主要手段的不同得分方式与双方各守1个球门或2个球门的小场地比赛。

3. 全队战术。

全队战术训练的核心是提高学生在不同的比赛战术背景下，能够快速、合理、高效地完成所面临的整体攻守任务的基本实战能力与特殊战术背景下的攻守战术任务的基本实战能力。

（1）在增加攻守难度条件下，继续进行保持正确的基本阵型与合理的局部队形的6V6、7V7、8V8、9V9、10V10、11V11的半场攻守练习。

（2）在增加攻守难度条件下，继续进行攻守不同球门数量的6V6、7V7、8V8、9V9半场攻守练习或在2个罚球区之间的场区范围内的比赛练习。

（3）在增加攻守难度条件下，继续进行不同区域的转移进攻与快速反击战术综合方法强化训练。

（4）教授在增加攻守难度条件下，以某种阵型（如4-4-2或4-5-1阵型）为基础的后场开始的进攻的发动与组织的综合战术方法。

（5）教授在增加攻守难度条件下，以某种阵型（如4-4-2或4-5-1阵型）为基础的后场开始的防守的发动与组织的综合战术方法。

（6）教授在增加攻守难度条件下，以某种阵型（如4-4-2或4-5-1阵型）为基础的中场开始的进攻的发动与组织的综合战术方法。

（7）教授在增加攻守难度条件下，以某种阵型（如4-4-2或4-5-1阵型）为基础的中场开始的防守的发动与组织的综合战术方法。

（8）教授在增加攻守难度条件下，以某种阵型（如4-4-2或4-5-1阵型）为基础的前场开始的进攻的发动与组织的综合战术方法。

（9）教授在增加攻守难度条件下，以某种阵型（如4-4-2或4-5-1阵型）为基础的前场开始的防守的发动与组织的综合战术方法。

（10）教授在增加攻守难度条件下，11V11比赛全队阵地进攻与防守的阵型变化与综合战术方法。

（11）教授在增加攻守难度条件下，11V11比赛全队快速进攻与防守的阵型变化与综合战术方法。

（12）教授在增加攻守难度条件下，4-5-1、4-4-2、5-4-1、3-5-2阵型的整体攻防的阵型变化与综合战术方法。

（13）教授在增加攻守难度条件下，罚球区附近的任意球进攻与防守综合方法。

（14）教授在增加攻守难度条件下，罚球区附近掷界外球进攻与防守综合方法。

（15）教授在增加攻守难度条件下，角球进攻与防守的综合方法。

（16）教授在增加攻守难度条件下，"越位陷阱"战术与"反越位陷阱"战术综合方法。

2.3　身体训练部分

1. 继续进行以发展学生专项平衡能力、协调能力、灵活性、节奏感为主的多种徒手体操动作与滚翻动作技巧水平的强化练习。

2. 继续进行以提高学生专项动作速度与反应速度为目的的强化训练。

3. 继续进行以提高学生一般与专项位移速度为目的的强化训练。

4. 继续进行以发展学生下肢与躯干快速运动的专项身体灵活性、协调性、节奏感为主的强化训练。

5. 继续进行多种结合球练习形式的一般有氧耐力的强化练习。

6. 继续进行发展踝关节的专项灵活性的练习。

7. 继续进行提高一般基础力量的强化练习、发展大肌肉群的专项力量与爆发力的一般性训练、发展大肌肉群的最大力量训练。

8. 继续进行多种形式的提高专项速度耐力的较大强度练习。

2.4 心理训练部分

1. 继续利用各种方法及手段提高学生参与运动的积极性。

2. 继续训练、提高学生的自信心、注意力及观察力。

3. 继续增强学生的团队意识及集体责任感，增强球队凝聚力。

4. 继续进行以提高学生的自我控制能力及意志力为目的的心理稳定性练习。

5. 继续提高学生自我评价和客观评价他人的能力，让学生学会辨别不良行为与社会意识的负面影响。

6. 让学生懂得尊重他人，形成良好的学习与生活习惯、训练与比赛作风。

7. 让学生正确履行自己的角色职责，保持积极向上的健康心态。

2.5 理论学习部分

1. 讲授如何更好地深入理解与运用规则精神，杜绝学生在训练与比赛中的非体育道德行为。

2. 继续讲授现代足球发展基本趋势与要求基本知识。

3. 继续讲授现代职业足球的发展趋势。

4. 讲授如何观察与分析对手的基本特点的基本方法。

5. 讲授不良社会习惯对于个人发展的危害，促使学生形成良好生活习惯。

6. 继续讲授特殊战例下的攻防个人战术纪律与战术策略。

7. 讲授不同阵型的攻守特点与位置职责变化知识。

8. 结合学生个人特点继续讲授提高个人战术效率的基本思路与方法。

9. 继续介绍训练学、生理学、运动心理学、运动营养学等学科相关知识。

10. 组织学生观看高水平球队的比赛。

2.6 比赛检验部分

以周末校内赛为主。如果有条件，可以参加市、区级的五人制、七人制至十一人制的比赛。应当基本做到平均每周有1场正规的比赛。比赛应当注重提高学生平时训练的各种基本技术、战术的实战运用能力。此外，要根据不同训练阶段，有选择地就学生的实战能力突出的1～2个主要方面进行重点培养，不断提高学生在该方面的能力，并对这些能力进行持续强化和检验。

3. 基本训练方法

3.1 颠控球训练：网式足球

训练目标

1. 巩固、提高队员球感，强化队员身体与球的位置关系的知觉能力。
2. 提高队员对球的综合控制能力。
3. 培养队员主动协同的团队意识与能力。

组织方法

区域 10m×15m或借用排球场。

器材 球、标志服、标志桶、低网或线。

方法 每队各4～6人，参照排球比赛方式，合理运用身体部位发球、触球。

规则

1. 不得1次将球踢过网。
2. 每队最多有3次触球机会。
3. 发球未过网、球2次触地、出界均为失误，由对方得分。
4. 先得15分一方获胜。

训练要点

1. 合理运用身体部位控球。
2. 主动与同伴协作，创造得分机会。
3. 强调队员间的默契配合与团队精神。

方法示意图

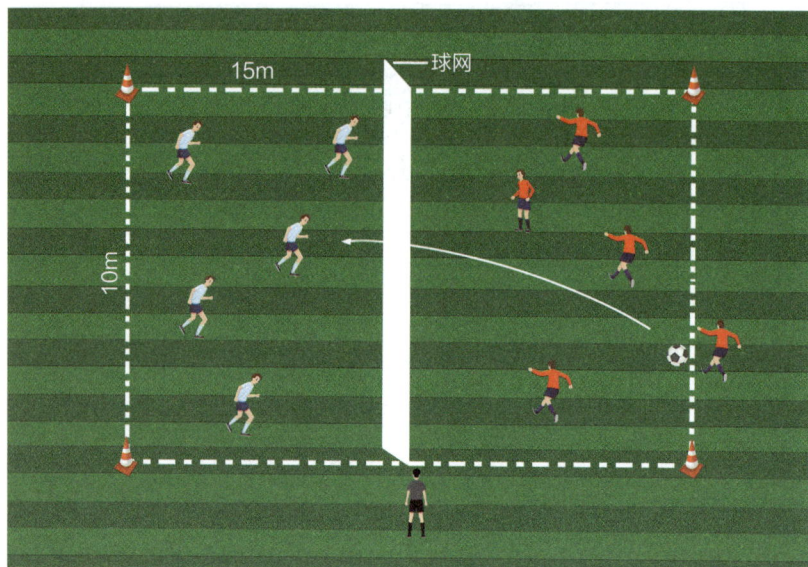

15m

10m

球网

3.2 小组运球、控球练习

训练目标

1. 提高小组护球、控球技巧与技术运用合理性。
2. 提高队员在狭小空间对抗条件下集体控球、护球能力。

组织方法

区域 15m×15m。

器材 球、标志服、标志桶。

方法 1组队员同时练习，2人控1个球，固定进行1V1运球、控球练习。同时设1组无球小组进行抢球，抢到球后无球小组队员与被抢球小组队员交换角色，哨响（60秒）时未控球的队员做俯卧撑。

变化

1. 逐步延长练习时间。
2. 增加无球小组数量。

训练要点

1. 强化2人小组合作意识，强化共同控球、护球的意识与技巧。
2. 观察同伴与对手（无球小组）的位置变化。
3. 灵活跑位。

方法示意图

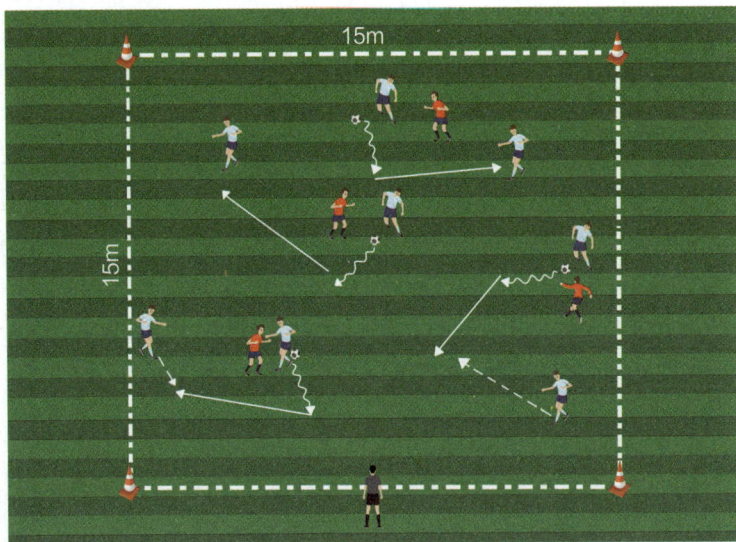

3.3 小组传球、接球练习

训练目标

1. 提高小组队员相互间传球、接球的准确性、默契度。

2. 强化队员集体控球意识与能力。

3. 提高队员传球、运球、控球、摆脱、接应的选择决策能力。

组织方法

区域 15m×15m。

器材 球、标志服、标志桶。

方法 4V4分队传接球，设1名自由人。一方连续传球、接球15次得1分，1组练习进行2~5分钟。

变化

1. 限制控球者调整次数。

2. 在相同时间内，计算抢断球的次数，将球抢下、获得球权得1分，破坏出界不记分。

3. 进行提高小组防守能力的练习。

4. 逐步延长每组练习时间。

训练要点

1. 观察同伴接应的时机、位置，以形成默契。

2. 观察防守队员位置。

3. 强化队员主动与同伴配合的意识与能力。

方法示意图

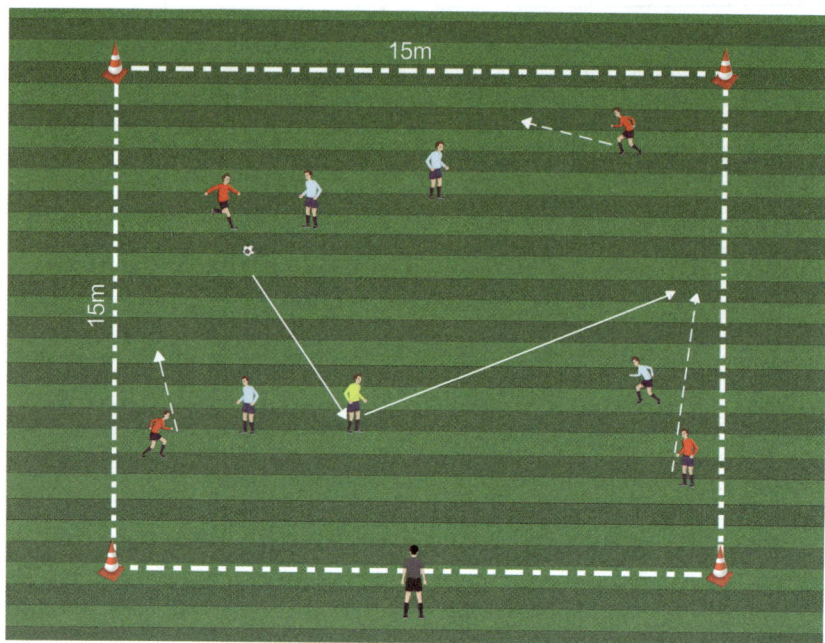

15m

15m

3.4 快速射门练习

训练目标

1. 提高前场队员罚球区内快速射门的能力。
2. 提高队员在压力下射门的能力。

组织方法

区域 罚球区内。

器材 球、标志服、标志桶、活动球门。

方法 在罚球区内进行6V6+2GK比赛。两边各放1个球门，守门员开球，队员在狭小区域内寻找射门机会，守门员不得直接射门。射门结束后由守门员供球继续开始比赛。

训练要点

1. 短距离内，以最快速度射门。
2. 提前观察球门与守门员的位置。
3. 跟进补射。

方法示意图

3.5　位置技术综合练习（1）

训练目标

1. 提高前锋、前卫中路进攻的位置技术能力。
2. 提高后卫中路防守的位置技术能力。

组织方法

区域　罚球区线向场内延伸的部分区域。

器材　球、球门、标志服、标志桶。

方法　3V4+1GK攻防练习。守门员传球发起进攻，教练员随机喊出4人组的1名队员的名字，被喊到名字的队员必须摆脱防守去接球，当该队员完成第一次触球后，才允许其他进攻队员参与进攻。4人组一方攻2个小球门，3人组方全力防守，获得球权后进攻大球门。

训练要点

1. 随机确定进攻发起点与发起队员。
2. 攻守双方及时调整进攻、防守队形。
3. 迅速反应。

方法示意图

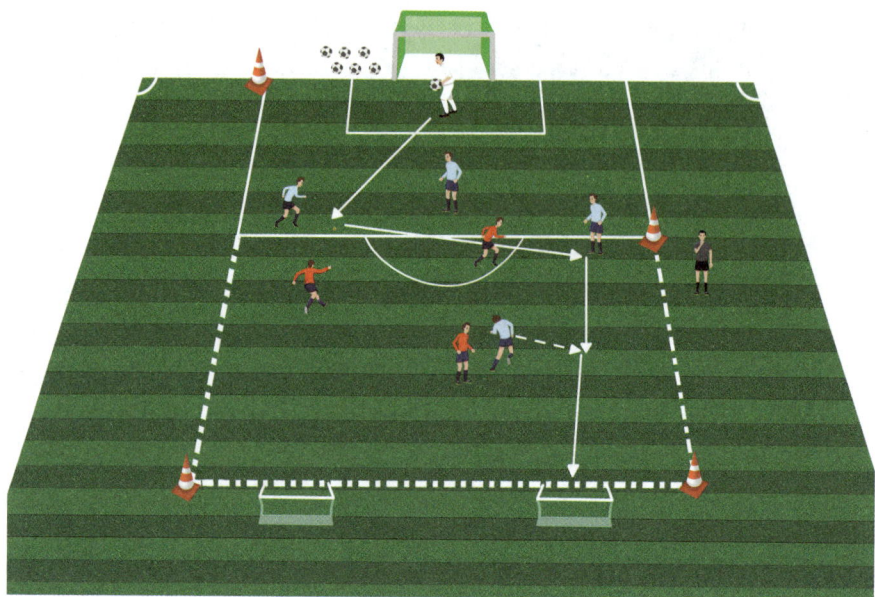

3.6 位置技术综合练习（2）

训练目标

1. 提高中后场队员安全组织进攻，并进入前场参与进攻的意识和能力。
2. 提高后场、中场、前场队员丢球后防守意识。

组织方法

区域　60m×45m。

器材　球、球门、标志服、标志桶。

方法　将练习场地平均分为防守区与进攻区2个区域。练习开始时由守门员抛球给防守区内的同伴，守门员可参与接应，防守区形成6V5的局面，6人组一方拿球设法将球在最短时间内传给进攻区域内的2名前锋队员，前锋控制球权后，位于中间虚线附近的2名同伴进入进攻区域共同进行进攻，进攻区形成4V2局面，进攻队员将球踢入2个小球门则得分。防守区5人组一方尽力获得控球权并进攻大球门。

训练要点

1. 快速通过中后场，迅速将球传至前场。

2. 中后场队员迅速支援，形成以多打少的局面。

3. 2个区域的防守队员要极力破坏、阻止进攻方的行动。

方法示意图

3.7 防守反击战术

训练目标

1. 提高队员由守转攻的意识与能力。
2. 提高中后场队员快速组织进攻的能力。
3. 提高队员快攻的有效性。

组织方法

区域 70m × 45m。

器材 球、活动球门、标志服、标志桶。

方法 7V6+2GK反击练习。将练习场地平均分为防守区与进攻区2个区域。练习开始时由红队进攻，蓝队形成7人密集协防，抢得球后第一时间传给进攻区内的前锋队员，前锋队员控球后其他球员插上进攻，反击组进攻射门时，所有队员必须压上过中间虚线，否则射门无效。1次反击结束后，进攻组继续开始比赛。

训练要点

1. 防守严密组织。
2. 抢下球后迅速找前锋队员，最多有1次过渡。
3. 前锋队员拿到球后，同伴以最快的速度插上接应。
4. 通过有效配合快速射门。

方法示意图

3.8 转移控球练习

训练目标

1. 提高队员人随球动转移控球的意识与能力。
2. 提高队员形成局部以多打少局面的意识与能力。

组织方法

区域 将1/2场地分成左右两侧。

器材 球、球门、标志桶、标志服。

方法 教练员供球给8人组队员进行传接球，局部形成8V6传接球；6人组的队员抢到球后长传转移给另一侧半场的2名同伴，同时进入另一侧接应，形成角色转换，进行传球、接球练习，8人组留2人在本区域接应，其他6人去另一侧进行抢球，抢到后再转移，依次轮流进行。转移1次得1分，8人组传球、接球10次得1分。

训练要点

1. 注意转移前提前观察。
2. 迅速变换角色。
3. 转移后迅速进行另一区域的接应、传球、接球。
4. 丢球方迅速反抢，阻止对方转移。

方法示意图

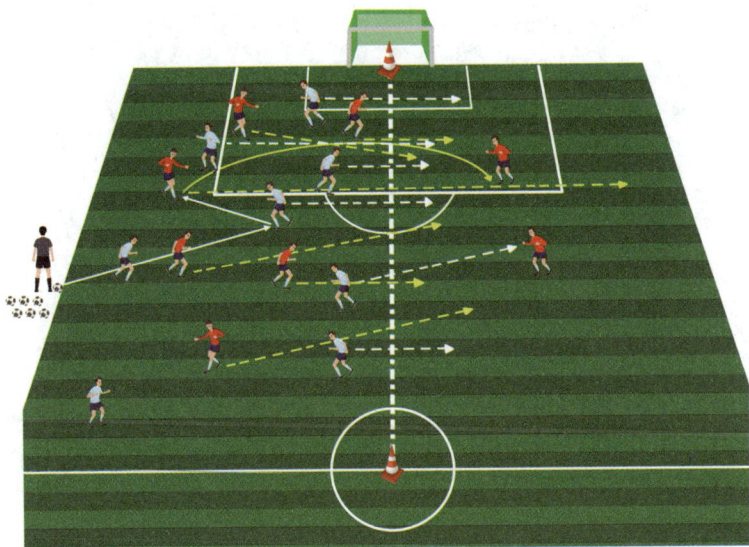

3.9 边路攻防战术练习

训练目标

1. 提高队员边路攻防的战术意识与能力。
2. 强化队员在边路攻防中的位置职责与能力。
3. 提高队员在边路攻防中的小组配合意识与能力。

组织方法

区域 1/2场地。

器材 球、球门、标志服、标志桶。

方法 7V8+1GK攻防练习。7人组控球进攻大球门，8人组进攻2个标志桶设置的小球门，7人组进攻传球进入两侧虚线以外区域，对方防守队员跟进封堵。7人组进攻队员利用虚线空当，下底传中，中路包抄进行射门。

训练要点

进攻方

1. 拉开场地宽度。
2. 利用边路空当突破。
3. 强调边路攻防战术质量。

防守方

1. 以球为中心进行移动和协防。
2. 相互交流。

方法示意图

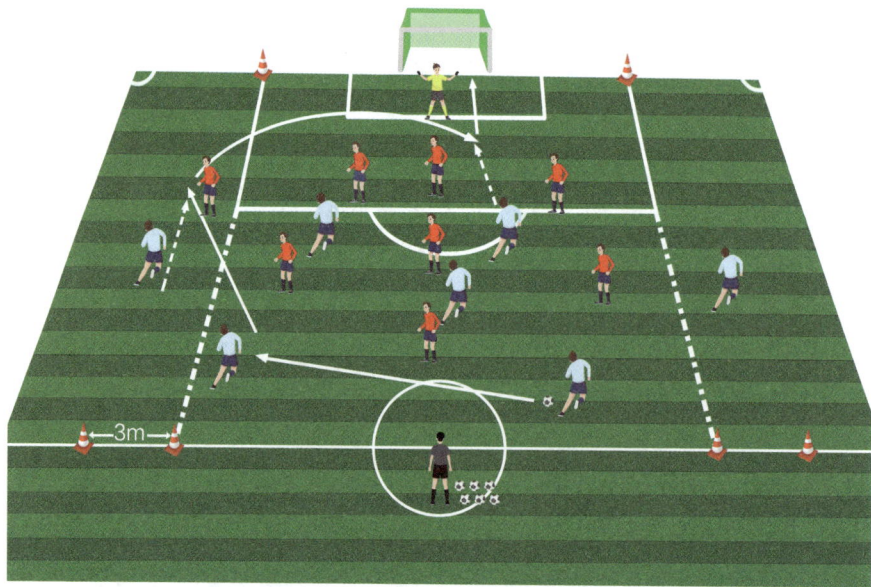

3.10 半场攻守练习

训练目标

1. 强化队员对位置职责的熟悉程度。
2. 让队员熟练运用各种战术打法与配合。
3. 让队员熟练掌握整体防守体系。

组织方法

区域 1/2场地。

器材 球、球门、标志服。

方法 配备守门员，进行8V8或9V9半场攻守。进攻方演练中路、边路进攻战术，攻入大球门得1分。防守方演练防守阵型（站位、移动、协防、补位、换位、盯人）。

训练要点

1. 注意位置职责执行力。
2. 协同作战。
3. 相互信任和交流。
4. 注意团队意识与意志。

方法示意图

3.11　教学比赛

训练目标

1. 形成全队稳定、成型的基本战术体系。
2. 强化队员位置职责，提高队员位置技术水平。
3. 完善、丰富全队基础战术体系。
4. 教练员要发现、引导队员创新。

组织方法

区域　全场。

器材　球、球门、标志服。

方法　以4-4-2战术为基础，通过比赛演练、强化基本攻防战术打法，完善全队战术体系。

训练要点

1. 强化全队意志、执行力。
2. 强调战术纪律。
3. 强调配合的默契度。
4. 鼓励队员合理改变、应用战术。

方法示意图

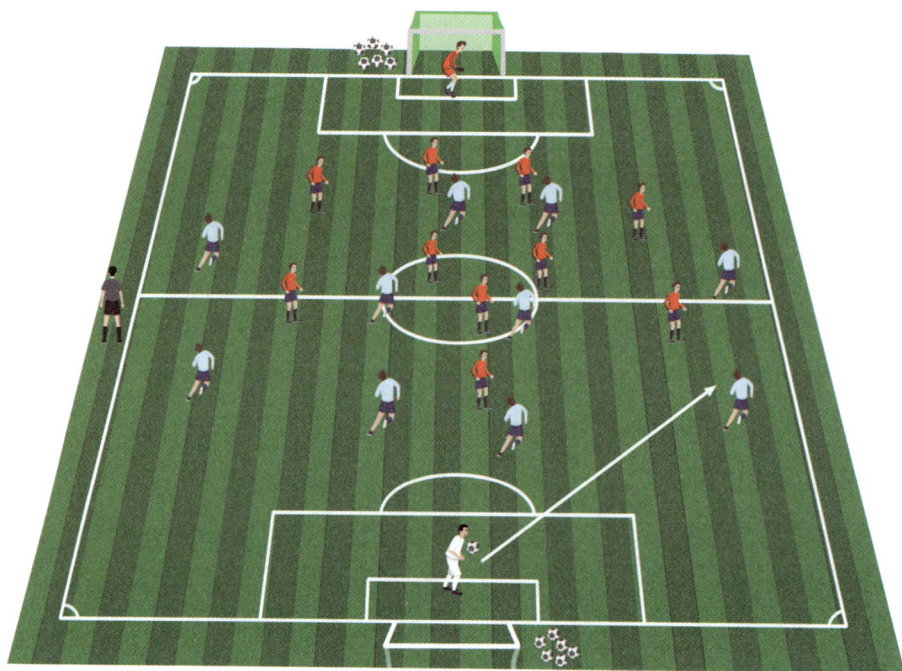

3.12　角球战术练习

训练目标

1. 提高队员在比赛中角球破门的成功率。
2. 提高全队角球配合的默契度。
3. 教练员要挑选出踢角球的特定队员。

组织方法

区域　前场角球区。

器材　球、球门、标志服。

方法　A2突然摆脱去接应球，短传回给A1，A1传中或中路配合射门。

训练要点

1. 传球速度要快。
2. 迅速做出决定。
3. 注意传球的准确性，增大传球的角度。

方法示意图

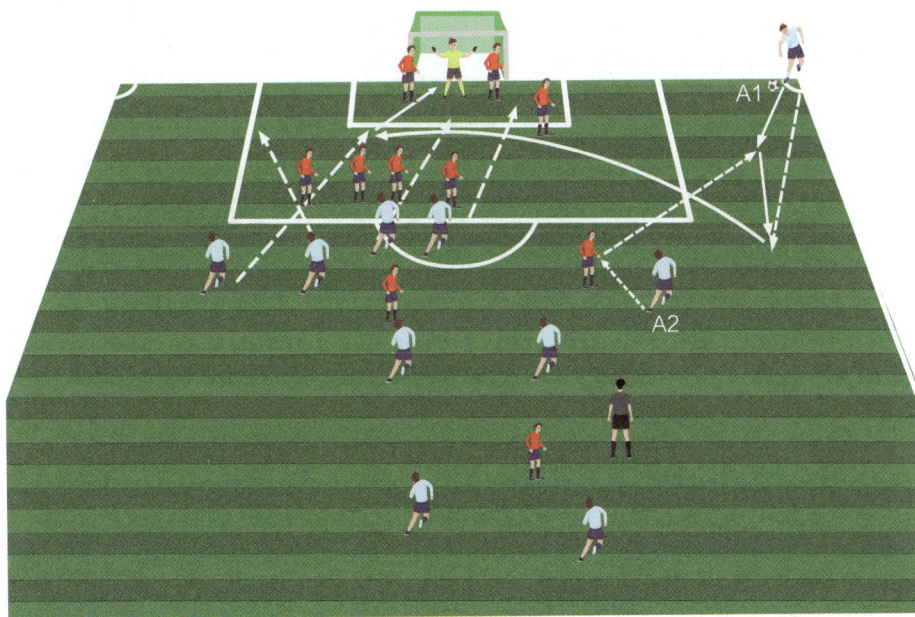

3.13　界外球战术练习

训练目标

1. 让队员学会在比赛中有效取得进攻或射门机会。
2. 提高队员间的默契度。

训练要点

组织方法

区域　前场边线罚球区附近。

器材　球、球门、标志服。

方法　掷界外球队员酌情选择掷球点，例如向盯防空当掷球，A1与A2交叉跑动接球，或者长传掷球到中路A3脚下，A3控球后直接射门（有守门员）。

1. 注意掷球的准确性，要有利于同伴接球。
2. 掷给无人盯防队员。
3. 接球队员突然摆脱交叉换位。

4. 掷球队员掷出球后应迅速进场接应。

方法示意图

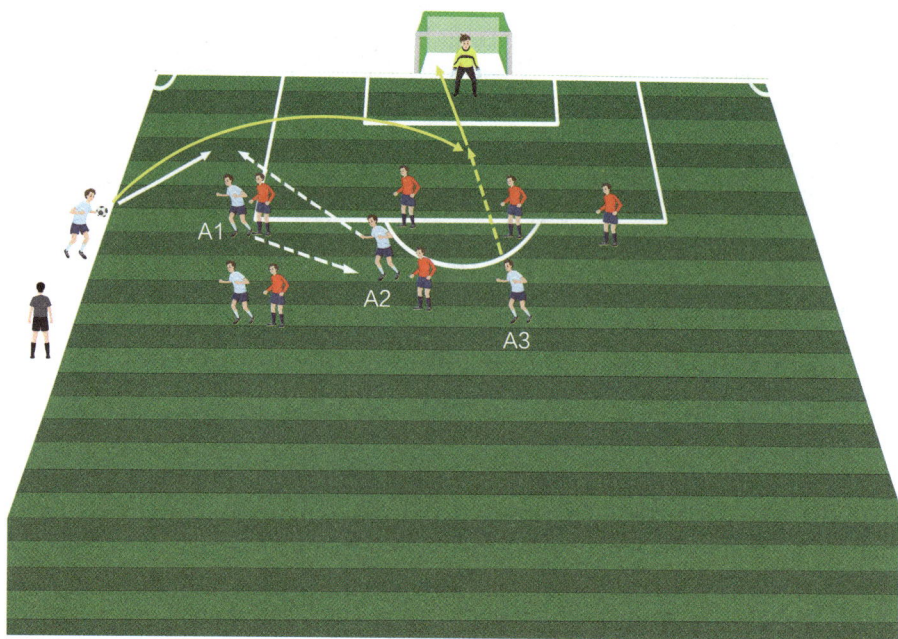

3.14 专项速度耐力练习

训练目标

1. 发展、提高队员的专项速度耐力。
2. 提高队员在反复冲刺下结合球的速度耐力。
3. 注重队员意志品质的培养。

组织方法

区域 1/4场地。

器材 球、球门、标志服。

方法 进行4V4或5V5人盯人抢截练习，每组练习时间为3~5分钟，逐步加长练习时间。间歇时间与练习时间1：1，积极性恢复。连续传球、接球15次得1分。

训练要点

1. 人盯人，不许换位盯人。
2. 积极跑动。
3. 充分利用场地。

方法示意图

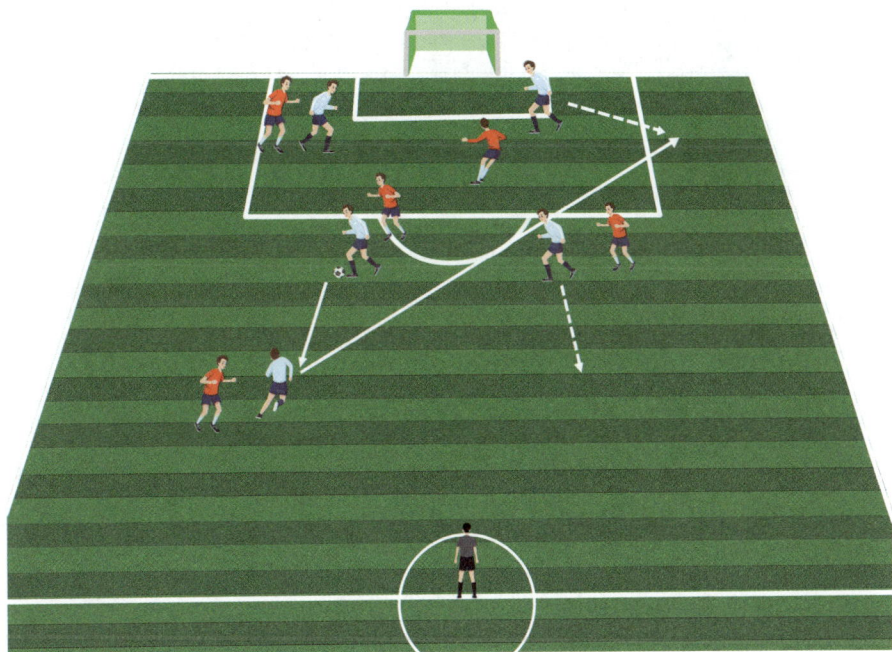

3.15 循环力量训练

训练目标

1. 增强队员全身各部位力量。
2. 增强队员小肌肉群力量。

组织方法

区域 全场。

器材 杠铃、哑铃、拉力带、壶铃、标志杆。

方法

第1站：哑铃肱二头肌弯举15次。

第2站：高抬腿30秒。

第3站：俯卧撑30次。

第4站：杠铃（30kg）推举15次。

第5站：负重（壶铃70kg）蹲跳。

第6站：腹肌练习（躺地收腿折体）。

第7站：双腿提膝跳（标志杆两侧共做30次）。

训练要点

1. 循序渐进，逐步增加负荷。
2. 注意安全，加强保护措施。
3. 注意动作姿势的准确性。
4. 加快动作频率。
5. 加强恢复措施。

4. 基本要求

1. 教育要点。

通过足球训练、比赛活动，培养学生形成良好的训练和比赛作风；进一步巩固学生懂礼貌、讲文明的良好社会行为规范与行为习惯，促使思想道德品质向更加良好的方向发展；营造积极、健康、向上的团队文化。

2. 心理训练要点。

培养学生，使其具备良好的心理素质，促进学生个性发展；进一步强化学生对情绪、情感的控制能力；培养学生顽强拼搏、团队协作、争强好胜的体育比赛精神；鼓励创新意识。

3. 专项训练要点。

强化该学龄阶段学生专项技术、战术竞技能力的形成与提高，提高学生在高速、对抗条件下实际运用战术的能力，促进个体技能、技巧的形成与发展。

突出专项力量和专项速度耐力的训练，力量训练强度应达到大负荷标准，专项速度耐力应以有氧、无氧的间歇训练为主。

加强学生对足球专项理论的学习，突出对运动技能学、运动生理学、营养学等相关基础理论知识的学习。

4. 训练时间安排。

每周训练3~4次，每次60~90分钟，每周保证1~2场比赛。

5. 检查考核

该学龄阶段学生在身体素质方面的检查考核参照教育部规定的学生体质健康标准，结合部分足球运动专项身体素质项目进行。技术技能检查考核参照本书第11章"检查考核部分"的相应评价标准。

5.1 传、接、运、控、抢截球考核

方法1：自由传接球。

1/2场地，2人控1个球。考查学生在无对抗条件下，进行长、中、短距离传球，各种方式的接球、控球的准确性、熟练性、精巧性。

方法2：人盯人抢截。

4V4（或6V6、8V8），12m×20m或1/8场地。考查学生在狭小空间对抗与高速条件下，各种距离传球，各种方式接球、控球、摆脱、接应、抢截技术运用的合理性、熟练性、精巧性、变化性。

5.2 射门、顶球考核

方法1：半场攻守。

8V8，1/2场地。明确攻防与位置，通过中路、边路进攻，考查学生射门、顶球技术运用的合理性、熟练性、精巧性。

方法2：教学比赛。

11V11，全场。明确攻防与位置，通过中路、边路进攻，考查学生射门、顶球技术运用的合理性、熟练性、精巧性。

5.3 个人战术意识考核

方法1：半场攻守。

6V6（或8V8），20m×30m或1/4场地。明确攻防与位置，通过有球、无球技

术运用的合理性、目的性、创新性，主动与同伴协作，组织、形成进攻、防守局势（配合）的意识、动机、行为、效果等，考查学生个人战术意识的水平与能力。

方法2：教学比赛。

11V11，全场。明确攻防与位置，通过有球、无球技术运用的合理性、目的性、创新性，主动与同伴协作，组织、形成进攻、防守局势（配合）的意识、动机、行为、效果等，考查学生个人战术意识的水平与能力。

第 **10** 章　U18（高中三年级）阶段

1. 训练目标

1. 进一步加强学生敬业精神（努力学习）和体育道德（公平竞争意识）教育，进一步巩固良好的训练作风和比赛行为规范，促使学生在思想品德方面与行为规范方面向更加优秀的方向发展。

2. 进一步促进该学龄阶段学生自觉形成"精益求精"地不断提高、完善个人技术技能的意识。在全面提高学生足球运动专项心理素质发展水平的基础上，更加突出发展足球运动员最核心的心理品质。

3. 进一步提高该学龄阶段的学生在比赛中"随心所欲"地控制球的实战能力，进一步提高其"随心所欲"地控制球的熟练性与精巧性水平，让学生向优秀职业足球运动员的方向发展。

4. 进一步提高该学龄阶段的学生在比赛中熟练、巧妙、正确完成各种技术的精细控制水平（传、接、运、射、抢等），使该学龄阶段的学生在比赛中的技术能力进一步接近职业足球运动员的水平。

5. 进一步强化、提高学生在高速度、强对抗强度、狭小的空间攻守状态下，控制球与争抢球的应变合理性与控制能力。

6. 进一步强化、提高该学龄阶段的学生在不同局部攻守对抗情况下的主动控制能力，进一步强化、提高学生个人正面攻守对抗控制能力与局部小组协调攻守能力，使学生能够熟练掌握和熟练运用个人和小组及局部进攻、防守基本知识与方法。

7. 进一步强化、提高学生的快速决策能力，进一步强化、提高该学龄阶段的学生全面正确执行"比赛原则"与"个人战术纪律要求"的能力与水平。

8. 以不同比赛方式为主要手段，进一步强化、提高个人行动的攻守合理性，使学生正确地履行各位置的战术职责要求和熟练地运用比赛中常用的局部战术。进一步发展、提高学生在攻防过程中的创造能力和强化相应的位置技术能力，形成独特的个人位置技术技巧与风格。

9. 进一步提高该学龄阶段学生的整体战术意识水平，提高个人与小组战术、局部战术与全队战术的衔接能力，提高整体战术配合的默契水平，不断完善、形成全队整体战术配合默契的特点。

10. 运用多种专项手段提高该学龄阶段学生的专项体能，进一步突出强化专项力量和专项速度耐力的训练。

11. 进一步强化、提高学生的专项协调性。

12. 进一步强化、提高学生的专项灵活性，并要继续坚持重点提高学生的踝关节、膝关节、髋关节的灵活性水平。

13. 进一步加强学生对足球专项理论的系统性学习，让学生深入学习运动技能学、运动生理学、运动营养学、运动心理学等相关基础理论知识。

14. 进一步强化、提高学生良好的个性心理品质，强化、提高学生的自我控制能力，培养、发展学生个人勇于拼搏、坚持到底的体育比赛精神。

2. 基本训练内容

2.1 技术训练部分

本年龄阶段的技术训练要点：对学生的局部和整体战术位置技术运用能力进行培养，注重提高比赛中学生个人位置技术的实际运用能力，让学生熟练掌握位置技术技能，形成个人位置技术技巧特长。

1. 继续进行以提高比赛实用性为目的的综合颠控球强化练习。

2. 继续进行在比赛情况下，以提高组合动作的熟练性与连接动作的技巧性为主要目的的综合性强化运球技术训练。

3. 继续进行在狭小的空间范围内、高强度对抗情况下的运球过人、运球突破等综合性技术与技巧强化训练。

4. 继续进行以提高学生在狭小空间范围内、高强度对抗情况下、快速运动中完成动作的准确性与控制精巧性水平为目的的接球、控球及接球、控球的综合技术强化训练（提高运动中接球及动作衔接的合理性与精巧性）。

5. 继续以提高学生在狭小的空间范围内完成动作的规范水平为主要目的，进行原地、高速运动中、强对抗情况下的综合传球、射门（促使正确动作高度熟练自动化）的技术与技巧强化训练。

6. 继续进行以提高选择合理性为目的的正面抢球、捅球、封堵，侧面抢球、捅球、合理冲撞，背后紧逼盯人、捅球破坏、头顶球争顶、断球、铲球等不同防守技术的综合性防守技能强化训练。

7. 结合战术练习，进行基本位置技术的强化练习。位置技术训练分析提示如下。

（1）前锋：前锋、边锋。

前锋：接球、运球假动作突破、射门、控球、头球攻门、传球（短传）。

边锋：接球、传球（短传与传中技术）、控球、运球假动作突破、射门、头球攻门。

重点：接球、运球、控球、射门。

（2）中场：中前卫、边前卫。

中前卫：传球（短、中长传）、接球、控球、运球、射门、头球攻门。

边前卫：传球（短、中长传）、接球、控球、运球、射门、头球攻门。

重点：传球、控球、远射。

（3）后卫：中后卫、边后卫。

中后卫：传球（长传、短传）、抢截球、争顶球、头球解围、控球、铲球、转身踢球。

边后卫：传球（长传、短传）、接球、抢截球、争顶球、铲球、头球解围、侧身踢球、控球和运球。

重点：传球、抢截球、争顶球。

（4）守门员：巩固守门员基本技术动作、站位、控球、出击。

重点：站位、各种接球技术。

位置	本方控球	对方控球	重点
前锋队员	传球、突破后传球、接球、控球、运球、运球突破、射门、头顶球射门	封堵前传、延缓、施压、不要被突破、设法抢球	运球假动作突破、射门、头球攻门
边锋队员	接球、控球、运球假动作、传中球、攻门	封堵前传、延缓、施压、不要被突破、设法抢球	运球假动作突破、射门、头球攻门
中场队员	第一次接球后的决策、中长传球、运球、攻门、头球	抢截球、施压	运球、射门
后卫队员	传球、踢球（短、长）、接球	抢截球、封堵、头球（防守）、侧身解围踢球、铲球	侧身踢球、头球解围
守门员	组织第一次进攻（踢凌空球、手抛球、踢球门球）、接球、传球	守门员基本技术、站位、罚球区内控球、出击	罚球区内控制球

上述各项技术练习的核心是提高学生在高强度对抗情况下的多元技术组合的熟练性与精巧性水平。

2.2 战术训练部分

本学龄阶段战术训练的基本要点：培养主动控制比赛节奏的意识与能力；提高小组战术、局部战术与全队战术运用的实效性；让学生熟练掌握中路、边路、转移攻守战术，提高在比赛条件下中路、边路、转移攻守战术的运用能力；形成独特的定位球战术特色；初步形成符合现代足球发展趋势的全队整体战术打法特点。

1. 1~3人的个人与小组战术。

（1）继续进行以提高学生快速决策、选择合理攻防手段与策略、选择攻防位置与对象的能力为主的多种形式的有增加攻守难度条件的有限定区域、限定条件和攻守目标的1V1、1V1+自由人、1V2、1V3、2V2+自由人等攻守射门练习。

（2）继续进行以提高学生快速决策、选择合理攻防手段与策略、选择攻防位置与对象的能力为主的多种形式的有增加攻守难度条件的有限定区域、限定条件和攻守目标的1V1、1V1+自由人、1V2、1V3、2V2+自由人等攻守渗透与突破防守区域练习。

（3）继续进行以提高学生正面攻守能力为主的多种形式的有增加攻守难度条

件的1V1、2V2攻守射门、渗透和突破练习。

2. 2~5人的局部小组战术。

小组战术训练的核心是提高学生在不同的比赛战术背景下，快速、合理、高效地完成所面临的局部攻守任务的综合实战能力。

（1）继续为实现不同的战术目的（如获得控制球权、获得边路传中机会、获得渗透突破机会、获得射门机会等）而进行的在不同区域内以有增加攻守难度条件的小场地比赛条件下的2V2+自由人、3V3、4V4、5V5的攻守练习，以多攻少和以少防多的3V2、4V3、5V3、5V4等快速攻守射门、渗透与突破训练。

（2）教授在增加攻守难度条件下的局部2~5人的小组不同防守战术目标情况下的盯人与抢球、保护与断球、换位与补位、回防与围抢的策略与方法。

（3）教授对方与本方压迫式进攻与防守时的前场边路局部的进攻与防守综合方法。

（4）教授对方与本方压迫式进攻与防守时的前场中路局部的进攻与防守综合方法。

（5）教授对方与本方压迫式进攻与防守时的中场边路局部的进攻与防守综合方法。

（6）教授对方与本方压迫式进攻与防守时的中场中路局部的进攻与防守综合方法。

（7）教授对方与本方压迫式进攻与防守时的后场边路局部的进攻与防守综合方法。

（8）教授对方与本方压迫式进攻与防守时的后场中路局部的进攻与防守综合方法。

（9）进行局部以压迫式防守情况下的3V3+自由人、4V4+自由人、5V5+自由人为主要手段的不同得分方式与攻守多个球门的小场地比赛。

（10）进行局部以压迫式防守情况下的4V4、5V5为主要手段的不同得分方式与双方各守1个球门或2个球门的小场地比赛。

3. 全队战术。

全队战术训练的核心是提高学生在不同的比赛战术背景下，快速、合理、高效地完成所面临的整体攻守任务的综合实战能力与特殊战术背景下的攻守战术任务的综合实战能力。

（1）在增加攻守难度条件下，继续进行保持正确的基本阵型与合理的局部队形的6V6、7V7、8V8、9V9、10V10、11V11的半场攻守练习。

（2）在增加攻守难度条件下，继续进行攻守不同球门数量的6V6、7V7、8V8、9V9半场攻守练习或在2个罚球区之间的场区范围内的比赛练习。

（3）在增加攻守难度条件下，继续进行不同区域的转移进攻与快速反击战术综合方法强化训练。

（4）教授在增加攻守难度条件下，以某种阵型（如4-4-2或4-5-1阵型）为基础的后场开始的进攻的发动与组织的综合战术方法。

（5）教授在增加攻守难度条件下，以某种阵型（如4-4-2或4-5-1阵型）为基础的后场开始的防守的发动与组织的综合战术方法。

（6）教授在增加攻守难度条件下，以某种阵型（如4-4-2或4-5-1阵型）为基础的中场开始的进攻的发动与组织的综合战术方法。

（7）教授在增加攻守难度条件下，以某种阵型（如4-4-2或4-5-1阵型）为基础的中场开始的防守的发动与组织的综合战术方法。

（8）教授在增加攻守难度条件下，以某种阵型（如4-4-2或4-5-1阵型）为基础的前场开始的进攻的发动与组织的综合战术方法。

（9）教授在增加攻守难度条件下，以某种阵型（如4-4-2或4-5-1阵型）为基础的前场开始的防守的发动与组织的综合战术方法。

（10）教授在增加攻守难度条件下，11V11比赛全队阵地进攻与防守的阵型变化与综合战术方法。

（11）教授在增加攻守难度条件下，11V11比赛全队快速进攻与防守的阵型变化与综合战术方法。

（12）教授在增加攻守难度条件下，4-5-1、4-4-2、5-4-1、3-5-2阵型的整体攻防的阵型变化与综合战术方法。

（13）教授在增加攻守难度条件下，罚球区附近的任意球进攻与防守综合方法。

（14）教授在增加攻守难度条件下，罚球区附近的掷界外球进攻与防守综合方法。

（15）教授在增加攻守难度条件下，角球进攻与防守的综合方法。

（16）教授在增加攻守难度条件下，"越位陷阱"战术与"反越位陷阱"战术综合方法。

2.3 身体训练部分

1.继续进行以发展学生专项平衡能力、协调能力、灵活性、节奏感为主的多种徒手体操动作与滚翻动作技巧水平的强化练习。

2. 继续进行以提高学生专项动作速度与反应速度为主的强化训练。

3. 继续进行以提高学生一般与专项位移速度为主的强化训练。

4. 继续进行以发展学生下肢与躯干快速运动的专项身体灵活性、协调性、节奏感为主的强化训练。

5. 继续进行多种结合球练习形式的一般有氧耐力的强化练习。

6. 继续进行以发展踝关节的专项灵活性为主的练习。

7. 继续进行提高一般基础力量的强化练习、发展大肌肉群的专项力量与爆发力的强化训练、发展最大力量的强化训练。

8. 继续进行多种形式的提高专项速度耐力的大强度训练。

2.4 心理训练部分

1. 继续利用各种方法及手段提高学生参与运动的积极性。

2. 继续训练、提高学生的自信心、注意力及观察力。

3. 继续增强学生的团队意识及集体责任感，增强球队凝聚力。

4. 继续进行以提高学生的自我控制能力及意志力为目的的心理稳定性训练。

5. 继续提高学生自我评价和客观评价他人的能力，让学生学会辨别不良行为与社会意识的负面影响。

6. 让学生懂得尊重他人，形成良好的学习与生活习惯、训练与比赛作风。

7. 让学生正确履行自己的角色职责，保持积极向上的健康心态。

8. 积极组织学生主动参与球队的各种活动，主动参与球队训练计划的制订及训练课的开展。

2.5 理论学习部分

1. 讲授如何更好地深入理解与运用规则精神，杜绝学生在训练与比赛中的非体育道德行为。

2. 讲授不良社会习惯对于个人发展的危害，促使学生形成良好的生活习惯。

3. 继续讲授现代足球发展基本趋势与要求的基本知识。

4. 讲授如何观察与分析对手的基本特点的基本方法。

5. 讲授提高自我训练质量的基本思路与方法。

6. 讲授特殊战例下的攻防个人战术纪律与战术策略。

7. 讲授不同阵型的攻守特点与位置职责变化的知识。

8. 结合队员个人特点，继续讲授提高个人战术效率的基本思路与方法。

9. 介绍训练学、生理学、运动心理学、运动营养学等学科的相关知识。

10. 组织学生观看高水平球队的比赛。

2.6 比赛检验部分

以周末校内赛为主。如果有条件，可以参加市、区级的七人制、九人制至十一人制的比赛。应当基本做到平均每周有1场正规的比赛。比赛应当注重提高学生平时训练的各种基本技术、战术的实战运用能力。此外，要根据不同训练阶段，有选择地就学生的实战能力突出的1~2个主要方面进行重点培养，不断提高学生在该方面的能力，并对这些能力进行持续强化和检验。

3. 基本训练方法

3.1 小组传球、控球练习

训练目标

1. 提高小组传球、控球的准确性、精巧性。
2. 提高集体控制球权的意识、能力。
3. 提高队员选择、决策的能力。

组织方法

区域 30m×30m。

器材 球、标志服、标志桶。

方法 5V5，进行人盯人传球、控球对抗。每组练习2~5分钟，一方传球满15次得1分。

变化

1. 限制队员触球次数。
2. 更改练习时间。

训练要点

1. 接应队员无球跑动，不断形成三角形接应区域。
2. 观察同伴接应的时机、位置，形成默契。
3. 观察防守队员位置与变化。
4. 主动与同伴配合。

方法示意图

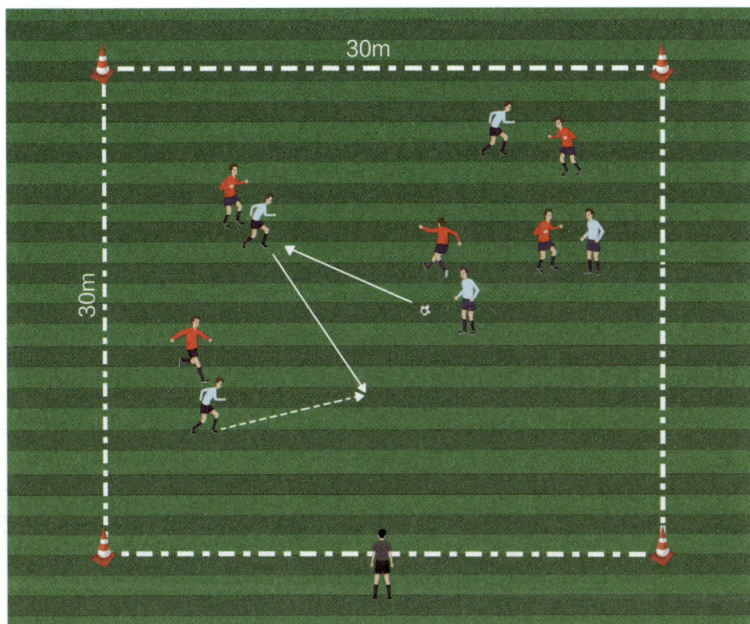

3.2　运球踩线练习

训练目标

1. 提高小组传球、接球配合的准确性、精巧性。
2. 提高集体控制球权的意识、能力。
3. 提高队员选择、决策的能力。

组织方法

区域　1/2场地。

器材　球、球门、标志桶、标志服。

方法　8V8+自由人，在区域内进行有进攻方向的传球、接球练习。由教练员开球，抢得球权组开始进攻，运球突破防守，将球踩在对方底线上可得1分。

训练要点

1. 注意球权的集体控制。
2. 注意无球队员的跑动。
3. 提高传球准确性。
4. 合理利用场地，局部形成以多打少，突破防守。
5. 注意队员之间的交流。

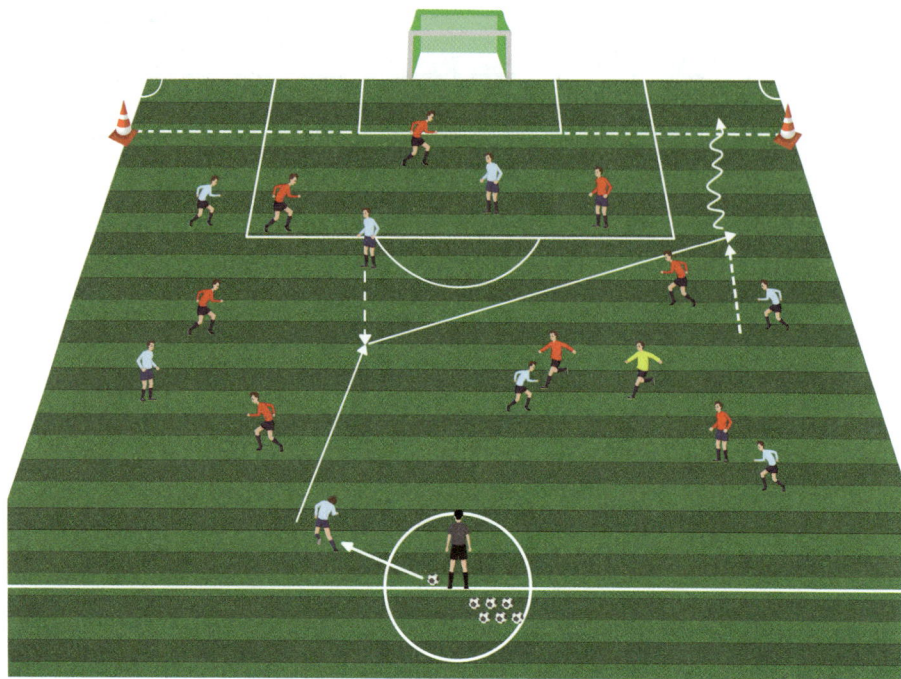

3.3　4球门分组比赛练习

训练目标

1. 提高队员观察、选择、决策的能力。
2. 提高队员快速转移、变换进攻方向的能力。
3. 提高队员快速摆脱、接应的能力。

组织方法

区域　40m×60m。

器材　球、球门、标志服、标志桶。

方法　8V8，进攻对方底线2个小球门，攻入任一球门得1分。

训练要点

1. 寻找防守人数少的一侧球门进行进攻。
2. 注意观察两侧防守队员位置与人数。
3. 快速传球转移，形成以多打少的局面。

方法示意图

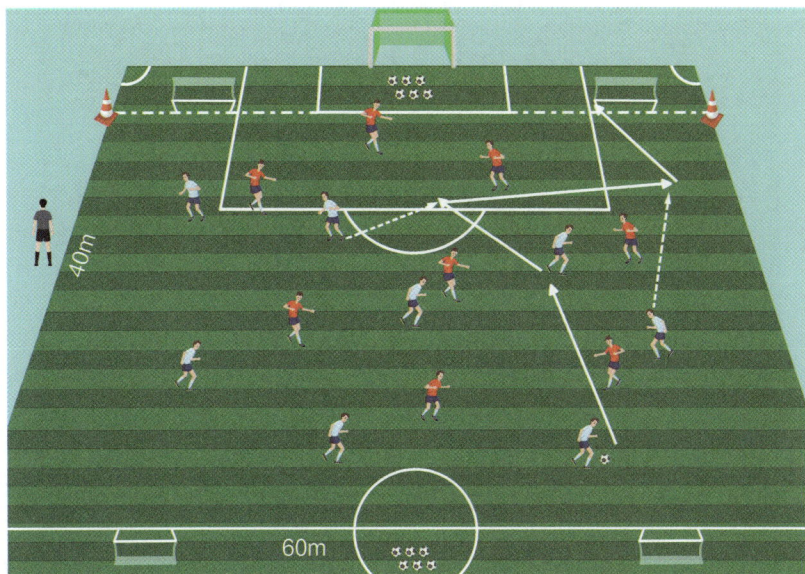

3.4 传球、控球比赛练习

训练目标

1. 提高队员向前进攻的能力。
2. 提高集体传球、控球的能力。
3. 提高队员快速摆脱、接应的能力。

组织方法

区域 45m×35m。

器材 球、标志服、标志桶。

方法 8V8，双方各有2名队员分别位于2个端线区域内，其他队员位于中间区域内进行6V6练习。控球方设法将球传给两侧端线区域内的同伴，两侧端线区域内的同伴成功接球，并回传给中间区域内的同伴，完成后计为成功1次。

变化

1. 根据队员水平限制触球次数，直至1脚传球。
2. 逐步缩小比赛场地。

训练要点

1. 控球方尽力把球传给两侧端线区域内的同伴。
2. 两侧端线区域内的队员要积极跑动，接应中间区域内的同伴。
3. 注重传球时机、方向、位置的选择。

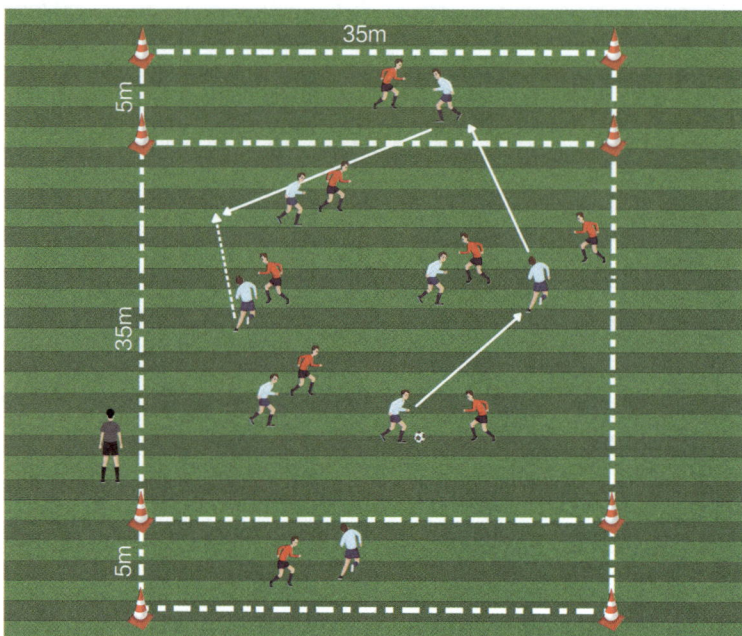

3.5 防守战术练习

训练目标

1. 提高队员"人随球动"，转移控球的意识与能力。
2. 提高队员快速形成局部以多打少局面的意识与能力。

组织方法

区域 1/2场地。

器材 球、球门、标志服。

方法 6V6+1GK，固定位置。有守门员的一方进攻2个小球门，另一方进攻大球门。进球得分后双方队员互换角色。

训练要点

1. 利用场地空间，合理运用基础战术。
2. 提前观察。
3. 快速转移。
4. 鼓励创新，培养场上队员个性特点。

方法示意图

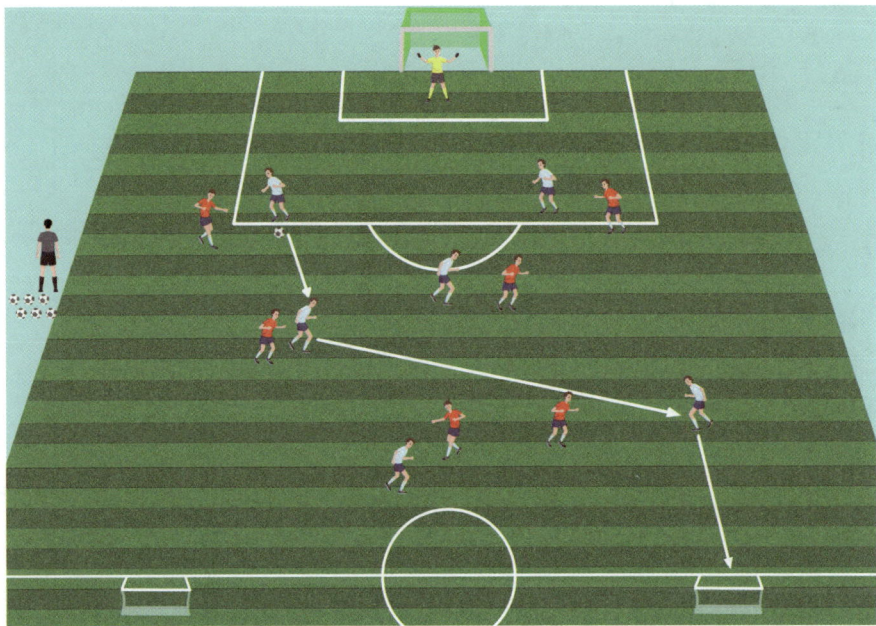

3.6 以少打多进攻战术练习（设3个球门）

训练目标

1. 培养队员不畏强敌、敢打必胜的信心。
2. 培养队员团结协作、勇挑重担的团队精神。
3. 提高小组控制节奏、变换战术的意识、能力。

组织方法

区域 1/2场地。

器材 球、球门、标志服。

方法 进行7V9以少打多进攻练习。7人小组从本方底线开始发起进攻，力争攻破球门。9人小组结阵防守，严防死守，阻其进攻。进攻方破门得1分，防守方在单位时间（1、3、5分钟）内未被破门得1分。

变化 变换双方人数。

训练要点

1. 积极跑动，利用空间，创造局部以多打少的局面。
2. 快速传球、接球。
3. 明确每个队员的位置与职责。

方法示意图

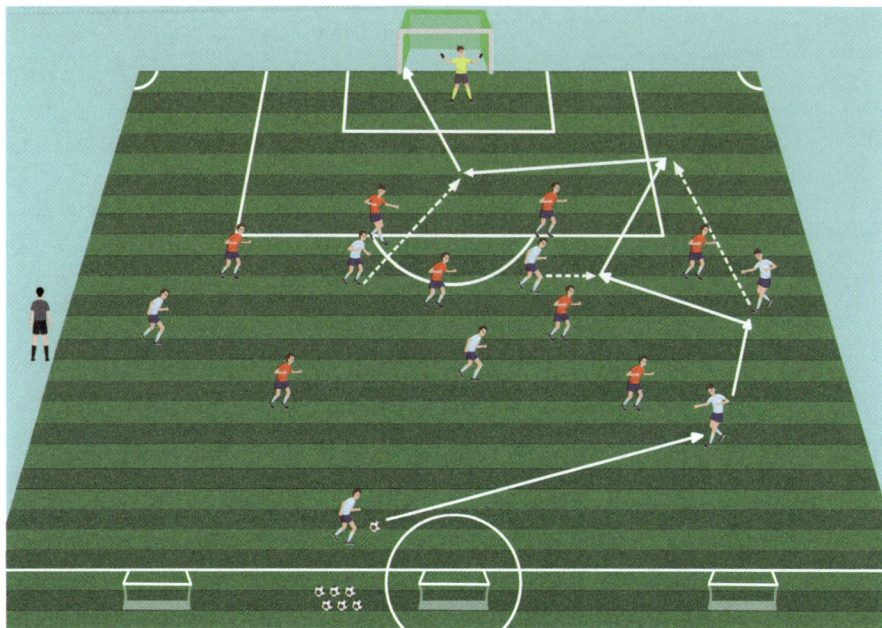

3.7 半场攻守练习

训练目标

1. 强化队员位置职责与能力。
2. 让队员熟练选取、运用进攻战术与配合。
3. 让队员熟练掌握整体防守体系。

组织方法

区域 1/2场地。

器材 球、球门、标志服、标志桶。

方法 11V11，在狭小空间区域内演练进攻、防守战术。

训练要点

1. 熟悉位置职责。
2. 提高战术执行力。
3. 强调队员间的相互信任。
4. 相互交流。

方法示意图

3.8　教学比赛

训练目标

1. 形成全队稳定、成型的基本战术体系。
2. 强化位置职责，提高队员位置技术水平。
3. 完善、丰富全队基础战术体系。

组织方法

区域　全场。

器材　球、球门、标志服。

方法　11V11，以4-4-2战术为基础，通过比赛演练、强化基本攻防战术打法，完善全队战术体系。

训练要点

1. 提高全队意志、执行力。
2. 执行战术纪律。
3. 注意比赛节奏的控制。
4. 鼓励队员合理变化、应用战术。

方法示意图

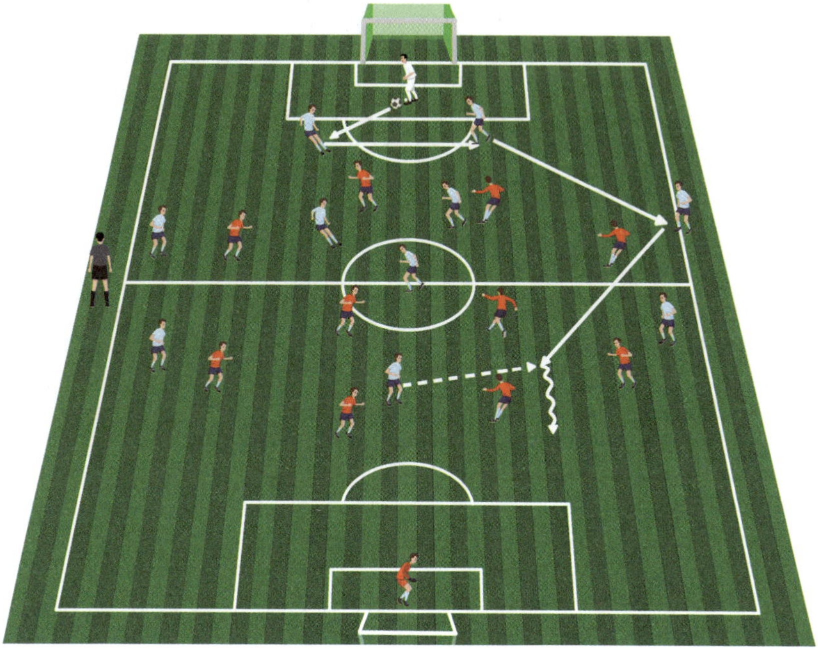

3.9　间接任意球战术练习

训练目标

1. 提高队员间接任意球战术配合、变化的合理性。
2. 提高全队配合的默契度。
3. 教练员要挑选、培养踢任意球的特定队员。

组织方法

区域　罚球区一侧角外附近。

器材　球、球门、标志服。

方法

1. A1直线传给A2，由A2传中，中路包抄射门（有守门员）。
2. A1直线传给A2，A2回传A1，A1沿罚球区线将球向正面或对侧转移，利用反越位战术，在正面或对侧完成突破、射门。

变化　无防守情况下重点演练传球和包抄，逐步增加防守人数，进行固定战术演练。

训练要点

1. 明确战术配合要点。
2. 明确参与队员的职责、动作时机、行动路线。
3. 教练员要发现、培养特定队员。
4. 集中注意力。

方法示意图

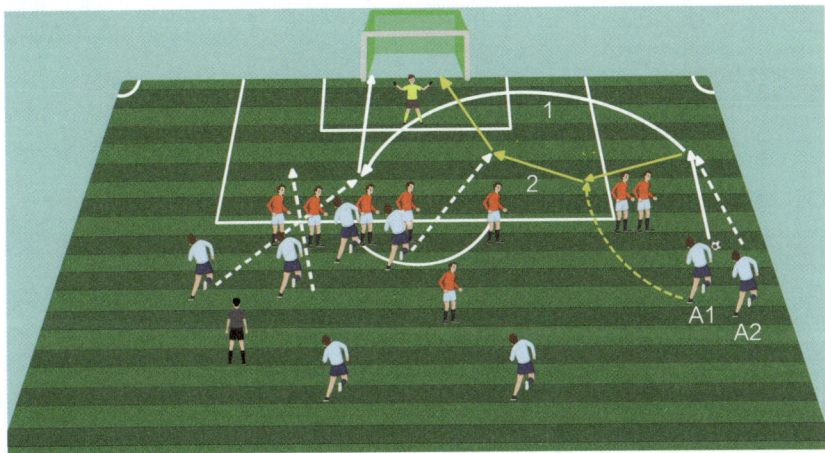

4. 基本要求

1. 教育要点。

进一步加强学生敬业精神和体育道德教育，进一步巩固学生形成良好的训练作风和比赛行为规范；促使学生在思想品德方面与行为规范方面向更加优秀的方向发展；营造维护荣誉，服从集体意志，遵守纪律的团队文化。

2. 心理训练要点。

培养、发展良好的心理素质，促进个性发展；强化情绪、情感的控制能力；强化团队意识，培养学生全心投入比赛、敢于承担比赛责任的体育精神；鼓励创新意识。

3. 专项训练要点。

强化专项技术、战术竞技能力的发展与提高。提高和完善个人位置技术、战术在比赛条件下的实际运用能力，基本形成个人技术、战术技巧与风格。让学生熟练掌握局部战术技能、技巧，提高小组、局部战术与全队战术衔接能力。基本形成、完善全队整体战术体系与风格。

根据比赛需要与个人特点，强化专项体能训练。

加强学生对足球专项理论的学习，突出对运动技能学、运动生理学、运动营养学等相关基础理论知识的学习。

4. 训练时间安排。

每周训练3~4次，每次60~90分钟，每周保证1~2场比赛。

5. 检查考核

该学龄阶段的学生在身体素质方面的检查考核参照教育部规定的学生体质健康标准，结合部分足球运动专项身体素质项目进行。技术技能检查考核参照本书第11章"检查考核部分"的相应评价标准。

5.1 传、接、运、控、抢截球考核

方法1：自由传接球。

1/2场地，2人控1个球。考查学生在无对抗条件下，进行长、中、短距离传球，各种方式的接球、控球的准确性、熟练性、精巧性。

方法2：人盯人抢截。

4V4（或6V6、8V8），12m×20m或1/8场地。考查学生在狭小空间对抗与高速条件下，各种距离传球，各种方式接球、控球、摆脱、接应、抢截技术运用的合理性、熟练性、精巧性、变化性。

5.2 射门、顶球考核

方法1：半场攻守。

8V8，1/2场地。明确攻防与位置，通过中路、边路进攻，考查学生射门、顶球技术运用的合理性、熟练性、精巧性。

方法2：教学比赛。

11V11，全场。明确攻防与位置，通过中路、边路进攻，考查学生射门、顶球技术运用的合理性、熟练性、精巧性。

5.3 个人战术意识考核

方法1：半场攻守。

6V6（或8V8），20m×30m或1/4场地。明确攻防与位置，通过有球、无球技术运用的合理性、目的性、创新性，主动与同伴协作，组织、形成进攻、防守局势（配合）的意识、动机、行为、效果等，考查学生个人战术意识的水平与能力。

方法2：教学比赛。

11V11，全场。明确攻防与位置，通过有球、无球技术运用的合理性、目的性、创新性，主动与同伴协作，组织、形成进攻、防守局势（配合）的意识、动机、行为、效果等，考查学生个人战术意识的水平与能力。

对于青少年足球训练效果的检查，更多是对平时的技术技能训练结果的检查。本部分是从定性的角度出发，对一些主要的技术技能指标的评价标准做出的定性描述，以此作为不同学龄阶段学生在技术技能方面的评价参考。

身体素质的考核需要有科学客观的评价标准，而且，青少年处在身体素质不断发展、不断成长的过程中，不同的学龄阶段应当有不同的评价标准，但这需要做大量的前期研究才能制定出相对科学客观的评价标准。由于受客观条件的限制，本书中尚未对不同学龄阶段学生的身体素质考核标准给出明确的规定。这方面的考核，需要广大教练员和教师根据学生的实际情况酌情考虑测试的内容与评价的标准。以下给出的一些评价标准可供参考。

1. 运球技术技能考核定性评价标准

运球技术评分标准	
优秀 86~100分	运球时连续推拨球或推送球动作规范，触球部位合理，用力柔和。在高速跑动运球中，能使球与身体始终保持在合适距离之内（每次运球将球推送出的距离往往控制在30cm之内），且能很好地控制球的运行速度与运行方向的变化，使球能与人很好地处于球随人走的可主动控制状态。可用左右脚熟练改变运球速度与方向，使球越过防守对象
良好 76~85分	运球时连续推拨球或推送球动作规范，触球部位合理，用力柔和。在高速跑动运球中，能使球与身体始终保持在合适距离之内（每次运球将球推送出的距离往往控制在30cm之内），且能较好地控制球的运行速度与运行方向的变化，使球能与人较好地处于球随人走的可主动控制状态。可用左右脚较熟练改变运球速度与方向，使球越过防守对象

续表

运球技术评分标准

及格 60~75分	运球时连续推拨球或推送球动作基本规范，触球部位基本合理，用力不够柔和。在高速跑动运球中，基本能使球与身体保持在尚能控制的距离之内（每次运球将球推送出的距离往往超过30cm），尚能控制住球的运行速度与运行方向的变化，使球能与人基本处于球随人走的勉强控制状态。偶尔可用左右脚改变运球速度与方向，偶尔可使球越过防守对象
不及格 0~59分	运球时连续推拨球或推送球动作明显错误，触球部位不合理，用力时不是推送或推拨而是踢击球。在高速跑动运球中，基本丧失了对球的控制能力，不能控制住球的运行速度与运行方向的变化，不能使球与人处于球随人走的基本控制状态。不能用左右脚动作改变运球速度与方向，不能使球越过防守对象

2. 传球技术技能考核定性评价标准

传球技术评分标准

优秀 86~100分	小腿后摆充分，发力动作明显，脚形控制规范、熟练，没有明显缺点，传球质量高 当向原地接球的同伴传球时，传球人传出球的第一落点或接球人的运行路线处于接球人不需要或最多只需要移动1步距离（1m之内）便可接到球的状态 当向跑动中接球的同伴传球时，传球人传出球的第一落点或接球人的运行路线处于接球人没有明显不合理地改变跑动速度的情况下，或者是能有利于接球人完成下一战术目的的情况下形成的"人到球到"或"球到人到"的状态。传球-接球连接动作合理、快速、正确、规范
良好 76~85分	小腿后摆充分，发力动作明显，脚形控制规范、较熟练，但传接球动作有小的缺点，传球质量较高 当向原地接球的同伴传球时，传球人传出球的第一落点或接球人的运行路线处于接球人需要移动2~3步距离（2~3m）才可接到球的状态 当向跑动中接球的同伴传球时，传球人传出球的第一落点或接球人的运行路线处于接球人需要较明显不合理地加速或减速跑动情况下才能形成有利于完成下一战术目的的"人到球到"或"球到人到"的状态。传球-接球连接动作较合理、较快速、较正确、较规范

续表

传球技术评分标准

及格 60～75分	小腿后摆较充分，发力动作较明显，脚形控制基本规范、基本熟练，但传接球动作有较明显的缺点，传球质量一般 当向在原地接球的同伴传球时，传球人传出球的第一落点或接球人的运行路线处于接球人需要移动3～4步距离（3～5m）可勉强接到来球的状态 当向跑动中接球的同伴传球时，传球人传出球的第一落点或接球人的运行路线处于接球人需要明显加速或减速跑动情况下才可勉强接到球的状态。传球-接球连接动作基本正确
不及格 0～59分	小腿后摆不充分，大腿发力动作明显，脚形控制基本不规范、不熟练，传接球动作有明显的缺点，传球质量较差 当向在原地接球的同伴传球时，传球人传出球的第一落点或接球人的运行路线处于接球人通过最大努力加速或减速跑动情况下也无法接到来球的状态 当向跑动中接球的同伴传球时，传球人传出球的第一落点或接球人的运行路线处于接球人需要明显加速或减速跑动情况仍然不能接到球的状态。传球-接球的连接动作较慢且基本不正确、不规范

3. 颠控球（熟悉球性）技能考核定性评价标准

颠控球（熟悉球性）技术评分标准

优秀 86～100分	能够熟练地用12个部位完成1套颠球动作
良好 76～85分	能够熟练地用10～11个部位进行颠球
及格 60～75分	能够用6～9个部位进行颠球
不及格 0～59分	只能够用6个以下的部位进行颠球

4. 接球技术技能考核定性评价标准

接球技术评分标准

优秀 86~100分	接球人第一次触球后，球处于接球人在1步之内（即不用调整助跑1步或2步才能传出球的情况下）就能将球传（运、射）出的位置与状态，且接球-传球（运、射）的连接动作快速、合理、正确、规范
良好 76~85分	接球人第一次触球后，球与人之间的距离至少有1.5m，接球人处于需要调整助跑1步或2步才能将球传（运、射）出的位置与状态，且接球-传球（运、射）的连接动作快速、合理、正确、规范
及格 60~75分	接球人第一次触球后，球与人之间的距离至少有2m，接球人处于需要调整助跑2步或3步才能将球传（运、射）出的位置与状态，且接球-传球（运、射）的连接动作基本合理、正确、规范
不及格 0~59分	接球人第一次触球后，球与人之间的距离大于2.5m，接球人处于需要调整助跑3步或4步才能将球传（运、射）出的位置与状态，且接球-传球（运、射）的连接动作基本合理、正确、规范

5. 头顶球技术技能考核定性评价标准

头顶球技术评分标准

优秀 86~100分	动作规范、熟练，顶球发力时收腹、收下颌，用力甩头时身体动作协调没有明显缺点，顶出球的落点准确，出球路线与落点控制能力强，顶出球质量高
良好 76~85分	动作规范、较熟练，顶球发力时收腹、收下颌，用力甩头时身体动作协调有一些不足，顶出球的落点较准确，出球路线与落点控制能力较强，顶出球质量较高
及格 60~75分	动作不规范、不熟练，顶球发力时收腹、收下颌，用力甩头时身体动作基本协调，但发力动作有较明显不足或缺点，顶出球的落点基本准确，出球路线与落点控制能力一般，顶出球质量一般，落点不稳定
不及格 0~59分	动作不规范，顶球发力时收腹、收下颌，用力甩头时身体动作不协调，发力动作有严重缺点，顶出球的落点不够准确，出球路线与落点控制能力较弱，顶出球质量较差

6. 射门技术技能考核定性评价标准

射门技术评分标准

优秀 86~100分	射门技术动作很规范与熟练，射门方式精巧、突然，射门发力策略与射门区域目标选择合理，射出球的路线与落点控制能力强，射门准确、质量高
良好 76~85分	射门技术动作规范与熟练，射门方式精巧、突然，射门发力策略与射门区域目标选择合理，射出球的路线与落点控制能力较强，射门较准确、质量较高
及格 60~75分	射门技术动作较规范与较熟练，射门发力策略与射门区域目标选择较合理，射出球的路线与落点控制能力一般，射门基本准确、质量一般
不及格 0~59分	射门技术动作基本规范但不够熟练，射门发力策略与射门区域目标选择不够合理，射出球的路线与落点控制能力较差，射门不准确、质量较差

7. 个人防守技术技能考核定性评价标准

个人防守抢截球技术评分标准

优秀 86~100分	防守动作与防守策略选择合理，防守技术动作很规范与熟练，防守抢截动作及时、突然，防守方式精巧，对控球队员向防守方门前危险区域运球、传球或进行射门的行为控制能力强，效果好、质量高
良好 76~85分	防守动作与防守策略选择合理，防守技术动作规范与熟练，防守抢截动作较及时，防守方式合理，对控球队员向防守方门前危险区域运球、传球或进行射门的行为控制能力较强，效果好、质量较高
及格 60~75分	防守动作与防守策略选择较合理，防守技术动作较规范与较熟练，防守抢截动作较及时，防守方式较合理，但对控球队员向防守方门前危险区域运球、传球或进行射门的行为控制能力一般，效果一般、质量一般
不及格 0~59分	防守动作与防守策略选择不合理，防守技术动作不规范、不熟练，防守抢截动作不及时，防守方式不合理，对控球队员向防守方门前危险区域运球、传球或进行射门的行为控制能力较差，效果较差、质量较低

8. 个人战术意识水平考核定性评价标准

个人战术意识评分标准

优秀 86~100分	比赛时，能够随时随地进行观察，表现出很好的观察习惯，有很强的观察能力，判断准确，采取相应的个人战术行为及时，攻守手段与策略选择合理，攻守行为效果好，个人职责完成很好
良好 76~85分	比赛时，能够随时随地进行观察，表现出良好的观察习惯，有较强的观察能力，判断较准确，采取相应的个人战术行为较及时，攻守手段与策略选择较合理，攻守行为效果较好，个人职责完成较好
及格 60~75分	比赛时，能够进行观察，表现出一定的观察习惯，观察能力一般，判断基本准确，采取相应的个人战术行为基本及时，攻守手段与策略选择基本合理，攻守行为效果一般，个人职责完成一般
不及格 0~59分	比赛时，观察不及时，没有不断观察的习惯，观察能力一般，判断不够准确，采取相应的个人战术行为不够及时，攻守手段与策略选择不够合理，攻守行为效果不够好，个人职责完成不够好

作者简介

卢石

亚足联Ａ级教练员；

北京市石景山区足球协会秘书处副秘书长及

教练员委员会主任；

曾执教多支企业、俱乐部及中小学足球队伍；

近年来主要从事中小学足球教育工作。